Das wiederentdeckte Griechenland

Louis Dupré, *Das Haus des französischen Konsuls in Athen,* 1819

173 Abbildungen, 30 in Farbe

Mit einer Einführung
von Sir Steven Runciman

Fani-Maria Tsigakou

Das wiederentdeckte Griechenland

in Reiseberichten
und Gemälden der Romantik

Gondrom

Für Mina

Ins Deutsche übertragen von Joachim Köhler

Lizenzausgabe der Gondrom Verlags GmbH & Co. KG, Bindlach 1987, mit freundlicher Genehmigung der Gustav Lübbe Verlag GmbH, Bergisch Gladbach

Die Originalausgabe erschien 1981 unter dem Titel
›The Rediscovery of Greece. Travellers and Painters of the Romantic Era‹ bei Thames and Hudson, London
Gesamtherstellung: Offset-Team Zumbrink KG, Bad Salzuflen

ISBN 3-8112-0555-2

Inhalt

Danksagung

Vor allem möchte ich dem Benaki Museum, Athen, und dem Museum der Stadt Athen für ihre Bereitwilligkeit danken, mit der sie mir einen großen Teil des abgebildeten Materials aus ihren Sammlungen zur Verfügung stellten. Mein Dank gilt aber auch all jenen Institutionen, die mir für Werke aus ihren Sammlungen die Abdruckerlaubnis erteilten: Gennadeios-Bibliothek, Nationalgalerie und Nationales Historisches Museum, Athen; Groeningemuseum, Brügge; Fitzwilliam Museum, Cambridge; Dick Institute, Kilmarnock; British Museum, Royal Institute of British Architects, Tate Gallery und Witt Library, London; Bayerische Staatsgemäldesammlungen und Staatliche Graphische Sammlung, München; Ashmolean Museum, Oxford; Bibliothèque Nationale et Universitaire, Straßburg; Museo d'Arte Moderna Ca' Pesaro, Venedig; Schweizerisches Landesmuseum, Zürich.

Besonderen Dank schulde ich auch all jenen privaten Sammlern, die mir die Reproduktion verschiedener Werke aus ihrem Besitz freundlich gestatteten, vor allem aber Georges Kouremetis und Mike Krassakis. Ganz besonders bin ich der Fine Art Society, London, verbunden, die dem Projekt mit Hilfe und echter Begeisterung zur Seite stand. Alle Werke aus griechischen Sammlungen wurden von Tassos Nollas fotografiert.

Ich möchte auch Herrn Professor White und seiner Frau Xenia für ihr Interesse und ihre Ermutigungen danken; außerdem Dr. Angeliki Kokkou, Dr. Miltos Papanikolaou, Frau Angeliki Amandry, Herrn Stathis Finopoulos, Fräulein Leonora Navarri und Professor Panos Tzonos, die meine Arbeit in vielfältiger Weise unterstützten. Mein tiefster Dank gebührt Colston Sanger für die vielen gemeinsamen Diskussionen und seine prägnante Kritik an der Struktur des Textes. Vieles habe ich auch von Nikos Stangos' sorgfältiger Redaktion meines Manuskripts gelernt.

Vor allem aber danke ich Sir Steven Runciman für seine Einführung zu diesem Buch, das von einer Schülerin seiner umfassenden Griechenlandkenntnisse geschrieben wurde.

Fani-Maria Tsigakou — Athen, im Jahre 1981

Einführung

von Sir Steven Runciman

Die Muse der Geschichte braucht Dienerinnen; denn solange sie uns nur eine Chronik vergangener Ereignisse erzählt, wird ihre Geschichte blaß und leblos bleiben. Wir selbst müssen ihr helfen, indem wir nachempfinden, wie Menschen früherer Epochen lebten, was ihre Bedürfnisse und was ihre Begierden waren; wie sie ihre Welt sahen, was sie dachten, fühlten – vor allem aber, was sie schufen.

Die Muse der Geschichte bedarf auch der Illustratoren. Und die besten sind jene, die uns ihre eigene Zeit vor Augen führen. Immer hat es Künstler gegeben, die ihrer Zeit voraus waren, deren Werke lange auf die verdiente Anerkennung warten mußten. Aber die meisten lebten eben in ihrer Zeit und auch von ihrer Zeit: Sie hatten ihre Kunden, die sie zufriedenstellen mußten, deren Interesse und Bewunderung sie zu wecken verstanden. Diese vor allem sind es, die uns hier weiterhelfen. Denn ist es unser Ziel, nachzuempfinden, wie Griechenland von unseren Vorfahren gesehen wurde, dann müssen wir uns an die Künstler halten, die aus unseren Breiten aufbrachen, um es in ihren Werken zu gestalten; oder an die Reiseschriftsteller, die auf ihre Art die Vorstellung jenes Landes ›auszumalen‹ wußten, mit Worten, statt mit Formen und Farben.

Die Einstellung Europas zu Griechenland hat viele Wandlungen durchgemacht. Aus Ignoranz begegnete das Mittelalter den Griechen mit Mißtrauen und offener Ablehnung (wenn man ihnen immerhin auch Grazie zugestand). In der Renaissance begann eine Verehrung für Literatur und Gelehrsamkeit des antiken Griechenland aufzukeimen, doch kam man seiner Kunst nur über den Umweg römischer Kopien näher, die zudem der römischen Kunst allzusehr ähnelten. Hatte man im europäischen Mittelalter die byzantinische Kunst noch bewundert, so lehnte man sie nun ab: Griechenland war fest in Händen der Ungläubigen, nur Kaufleute oder Diplomaten fanden ihren Weg dorthin. Das Interesse beschränkte sich auf Geistiges. Für Künstler war Griechenland nur wegen seiner Mythologie von Belang, die ihnen Stoff für ihre Bilder lieferte. Man darf allerdings nicht verschweigen, daß die westlichen Kirchen beständigen Anteil am Schicksal ihrer östlichen Brüder nahmen: Rom sandte seine Jesuiten, da es hoffte, einige orthodoxe Gemeinden zu bekehren. Die Protestanten sahen in den Orthodoxen Verbündete gegen den Papst. Vergeblich warben Lutheraner im sechzehnten und Calvinisten im frühen siebzehnten Jahrhundert um die Gunst der griechischen Patriarchen; im späten siebzehnten Jahrhundert war es dann die Kirche von England und eine Sekte von Eidesverweigerern, die sich für einige Jahrzehnte um die Ostkirche bemühten; einzige Folgen: die Einrichtung eines Griechischkollegs in Oxford und die Einführung des Kaffeetrinkens in Englands gehobener Gesellschaft. Dennoch bestand ein wachsendes Interesse an klassischen Altertümern. Im achtzehnten Jahrhundert, in dem Überlandreisen ihre Schrecken verloren hatten, sandten begüterte Europäer Agenten aus, die sich um Entdeckung und Abtransport der begehrten Fundstücke kümmern sollten; denn man sammelte (und gönnte sich auch selbst einmal ein wenig von dieser Art destruktiver Archäologie).

Wegbereiter in England war dabei eine Gruppe junger Adeliger, die sich zur *Society of Dilletanti,* zur Gesellschaft der Liebhaber, zusammengeschlossen hatte. Die beherrschende Figur dieser Zeit war aber ein Deutscher: Johann Joachim Winckelmann. Als der eigentliche Begründer der Studiums klassischer griechischer Kunst verhalf er ihr zu jener ästhetischen Vorrangstellung, die sie bis heute innehat.

Bei allen Kunstreisen hatte man damals einen Künstler dabei, der Baudenkmäler und Ruinen, häufig auch den bedauernswerten Zustand ehemals ruhmreicher Stätten mit Feder und Pinsel festhielt. Das Griechenland ihrer Gegenwart interessierte sie weniger. Es war ein Land, in dem Armut und Elend herrschten, geplagt von Dieben, unterdrückt vom Aberglauben des Klerus, regiert von korrupten, wenn auch höflichen Türken.

Dann kam die Romantik und Lord Byron. Fremde Länder waren mit einem Mal von einem abenteuerlichen Hauch umgeben, ihre Bevölkerung genoß ungeahnte Bewunderung. Mochten die Griechen auch nicht vollständig in das beliebte Bild von den ›Edlen Wilden‹ passen, so gewannen sie sich doch mit ihrem Unabhängigkeitskampf ungleich strahlendere romantische Glorie. Man sah sie mehr oder weniger als Erben des klassischen Griechenland, als klassische Menschen in klassischer Landschaft.

Doch bald war es auch das Land selbst, das viele der ›Philhellenen‹, die im Befreiungskrieg mitkämpften, zu lieben begannen. Seine zerklüftete Landschaft, im achtzehnten Jahrhundert noch abgelehnt, kam dem Geschmack der Romantik entgegen. Jetzt wurde zum ersten Mal die unvergleichliche Schönheit Griechenlands entdeckt. Bald trafen von überallher Landschaftsmaler ein, die in diesem Land ihr Können unter Beweis stellen wollten (unter ihnen auch Edward Lear, dem dies wohl am überzeugendsten gelang).

Die Einsicht, Gelehrsamkeit und Sensibilität, mit der uns diese Geschichte erzählt wird, dazu die großartige Bebilderung, werden dem Leser viel Freude machen. Ich empfinde es als ein Privileg, die Einführung zu diesem Buch beitragen zu dürfen.

I. Die Wiederentdeckung Griechenlands

»Dort also liegt Griechenland! Um seinetwillen habe ich dieses weite Meer durchfahren, verlassen Italien, meine Eltern und Freunde; alles für dieses Land! Warum aber konnte ich diese Reise nicht im eigenen Studierzimmer unternehmen, wie der Dichter des jungen Anacharsis? Hätte ich nicht alte und neue Reisebeschreibungen lesen können und ohne Mühen das erfahren, was Griechenland in unseren Tagen ist und wie es lebte in vergangenen Zeiten? Ja . . ., das hätte ich wohl gekonnt; aber dann wollte ich doch aufbrechen, einfach um es zu fühlen . . . Was bedeutet es denn, daß Sparta, Athen und Korinth für immer versunken sind? Der Boden, auf dem sie standen, trägt in seinem Busen noch die erhabenen Ideen, von denen sie einst entzündet wurden . . . Und diese Ruhe! Hier kann ich gerührt sein und frei atmen in dem majestätischen Theater, das so viele der herrlichsten Taten gesehen hat.«

Saverio Scrofani, *Viaggio in Grecia*, 1799

Klassisches Vorspiel

»Meine Herren, dank Phidias, Praxiteles, Agorakritos und Myron sind diese Steine wertvoller als Diamanten und Achate: Denn diesen Steinen verdanken wir unsere politische Wiedergeburt.« Mit diesen Worten eröffnete der griechische Wissenschaftler I. Rizos-Neuroulos 1838 die erste Sitzung der Griechischen Archäologischen Gesellschaft auf Athens alter Akropolis.[1]

Die Verbindungslinie zwischen klassischem Erbe und modernem Griechenland ist für jene Zeit durchaus charakteristisch: Es war das Vorbild der alten Hellenen, an dem sich die geistige und kulturelle Erneuerung Griechenlands orientierte. Doch nicht nur Griechenland selbst, sondern ganz Europa betrachtete dieses Land als bloßen Widerschein seines antiken Vorgängers. Bereits in der Renaissance hatte man mit dem Studium des klassischen Erbes begonnen und das zeitgenössische Griechenland lediglich unter den Vorzeichen der Vergangenheit betrachtet. Auch diese eher nostalgische Einstellung spielte bei der Schaffung des modernen griechischen Staates eine wichtige Rolle. Nicht die Griechen selbst waren es, die nach der Befreiung von osmanischer Herrschaft ihr Land gestalteten, sondern die europäischen Gewährsleute ihrer klassischen Vergangenheit.

Die Idee des antiken Griechenland war von tiefem und nachhaltigem Einfluß auf ganz Europa, wobei jede Epoche sich ihr eigenes Bild von Hellas schuf. Bis weit über das sechzehnte Jahrhundert hinaus existierte Griechenland nur als eine Idee, deren Wirklichkeit längst vergangen war. Daß es immer noch ein Land dieses Namens gab, hatte man vergessen; was nicht zuletzt daran lag, daß widrige Zeitläufte, politische Wirren und der Einfluß der Ostkirche ihm alle Attraktivität für Westeuropäer genommen hatten. Bereits in der Spätantike war Athen von Konstantinopel als Zentrum der griechischen Welt ersetzt worden; die Bewohner der griechischen Halbinsel, soweit man sich ihrer überhaupt noch erinnerte, waren nur Teil der Bevölkerung der östlichen christlichen Provinz des Römischen Reiches. In byzantinischer Zeit war der Name Hellene gleichbedeutend mit Heide, war Hellas ein Militär- und Verwaltungsbezirk Ost- und Zentralgriechenlands.

Andererseits wäre es falsch anzunehmen, daß die Byzantiner die Tradition der hellenistischen Kultur vernachlässigt hätten. Bereits während des Schismas zwischen Ost- und Westkirche fand eine Art Wiedergeburt der Antike in Form der Altertumswissenschaften statt: Im elften und dreizehnten Jahrhundert erinnerten sich die byzantinischen Gelehrten eines Erbes, das durchaus von der griechisch-römischen Tradition unterschieden war, und erhoben darauf Anspruch. Die Vorkämpfer dieser hellenisierenden Bewegung[2], die byzantinischen Philosophen Psellus und der spätere Gemistos-Plethon, betrachteten die Bewohner der griechischen Halbinsel als direkte Nachfahren der alten Hellenen. Der Einfluß dieses Ideengutes auf Europa blieb im allgemeinen begrenzt: Mittelalterliche Historiker wollten sich nicht einmal auf die genaue geographische Lage Griechenlands festlegen.

Im vierzehnten Jahrhundert hatte die Literatur über das zeitgenössische Griechenland einen erheblichen Umfang angenommen; daß sie dabei zumeist aus klassischen Quellen schöpfte und diese mit einem wahren Fleckenteppich aus Reisebeschreibungen und romantischen Geschichtchen ergänzte[3], ließ am Ende doch ein recht eigentümliches und phantastisches Bild entstehen. Typisch dafür ist die Beschreibung, die Mandeville in seinen 1357 erschienenen *Travels* gab:

Um Griechenland herum gab es viele Inseln, wie Calistre, Calcas, Critige, Tesbria, Mynea, Flaxon, Melo, Carpate *und* Lempne . . . *Und da gab es viele Sprachen und viele Länder, die dem Kaiser gehorsam waren; als da sind* Turcople, Pyneynard, Cornange *und viele andere, wie* Trachye *und* Macedoigne, *von dem* Alisandre *König war. In diesem Land wurde* Aristoteles *geboren, in einer Stadt, die man* Stragers *nennt, ein Weniges entfernt von der Stadt* Trachye. *Und in* Stragers *liegt* Aristoteles *und da ist ein Altar über seinem Grab: Und die Menschen feiern zu seinen Ehren große Feste jedes Jahr als wäre er ein Heiliger. Und an seinem Altar halten sie ihre großen Versammlungen und ihre*

Giovanni Battista Lusieri, *Das Denkmal von Philopappos,* 1800

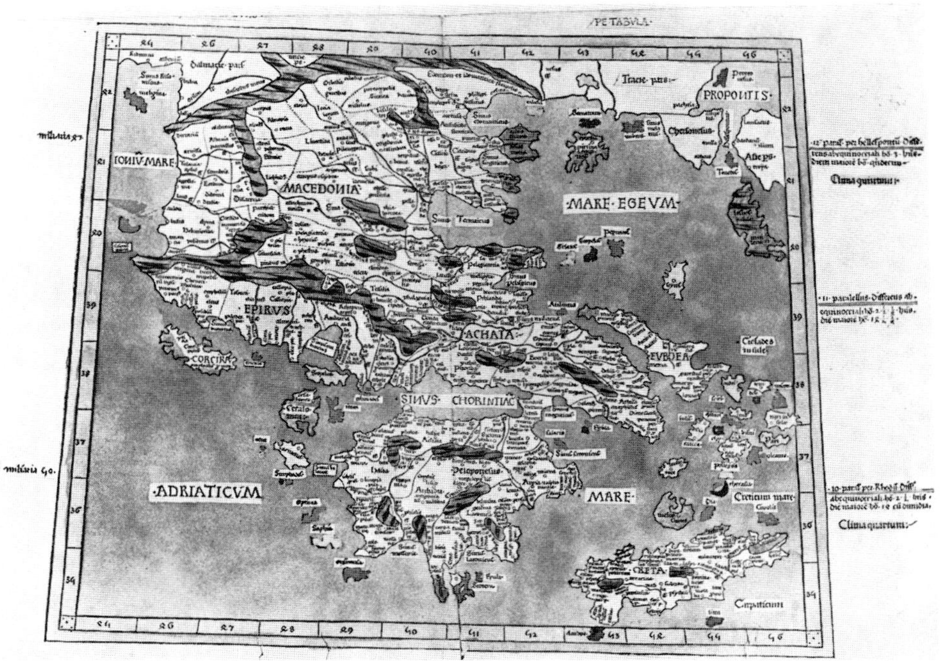

Alte Landkarte Griechenlands, aus Ptolemäus, *Geographia*, 1477

großen Beratungen ab: Und sie hoffen, daß sie durch Inspiration Gottes und seiner zum besseren Ratschlag kommen. In diesem Land . . . gibt es einen Hügel, den man Olympus *nennt . . . Und er ist so hoch, daß er die Wolken überragt. Und es gibt einen anderen Hügel, der* Athos *genannt wird, der so hoch ist, daß sein Schatten bis* Lempne *reicht, welches eine Insel ist . . .*[3]

Schon im dreizehnten Jahrhundert wurde das Byzantinische Reich zerstückelt und unter die Führer des Vierten Kreuzzuges aufgeteilt, die Konstantinopel im Jahr 1204 erobert hatten. Die griechische Halbinsel zerfiel in eine Reihe kleiner fränkischer Staaten, während die Ionischen Inseln, die Küste des südlichen Peloponnes und die meisten der Ägäischen Inseln von den Venezianern in Besitz genommen wurden.

Da das griechische Festland weder von einer der großen west-östlichen Handelsstraßen durchzogen wurde, noch über eigene nennenswerte Handelszentren verfügte, blieb es größtenteils isoliert und unbekannt, mit Ausnahme der Küste und der Inseln des Archipelagus, die den Europäern auf Grund der Handelsverbindungen und Pilgerfahrten zum Heiligen Land seit frühen Zeiten vertraut waren.

Tatsächlich ist auch eine Landkarte Griechenlands in der ersten Ausgabe der Ptolemäischen *Geographia* enthalten, die 1477 in Bologna verlegt wurde; ebenso werden die wichtigen Inseln der Ägäis in allen mittelalterlichen *Isolarien* und *Portolanen* – Inselkarten und Segelhandbüchern – eigens aufgeführt. Cristoforo Buondelmontis *Isolario* aus dem Jahre 1420 beispielsweise beschäftigte sich ausschließlich mit den griechischen Inseln.[4] Und mit dem sechzehnten Jahrhundert hatten sich Kreta, Rhodos und Chios zu bedeutenden Handelszentren entwikkelt. Eine Ansicht von Chios in den *Civitates Orbis Terrarum* (1572–1618) von Braun und Hogenberg zeigt eine geordnete Stadtanlage mit geschäftigem Hafen. Nicolas de Nicolay schrieb in seinen *Navigations* (1567) über Chios:

Die Insel ist zweigeteilt . . . Der obere Teil ist rauh und gebirgig, mit vielen Wäldern und schattigen Tälern und vielen Flüßchen, die hinab zum Meer streben und die Mühlen antreiben . . . Der Hafen ist sehr gut und kann viele Schiffe aufnehmen, die Stadt ist von

Ansicht von Chios, aus G. Braun und F. Hogenberg, *Civitates Orbis Terrarum*, 1572–1618

guten Mauern, breiten Wällen und tiefen Wassern umgeben. In einer Ecke des öffentlichen Platzes gibt es eine Arkade, wo sich täglich die Kaufleute treffen, nicht anders als in der Börse von Lyon und Antwerpen, um ihre Ware zu verkaufen. Die Straßen sind breit und schön . . . Häuser und Kirchen sind wie jene in Italien gebaut.[5]

Auch dank des Einflusses des byzantinischen Gelehrten Gemistos-Plethon und seiner Schüler Manuel Chrysoloras und Ioannes Argyropoulos erweiterte das Interesse an hellenistischen Studien im frühen fünfzehnten Jahrhundert Europas kulturelle Perspektiven.[6] Die Begeisterung der europäischen Humanisten über die Entdeckung der klassischen griechischen Literatur wurde auch durch jene byzantinischen Gelehrten angefacht, die nach der Einnahme Konstantinopels durch die Türken im Jahr 1453 in den Westen geflohen waren.[7] Noch vor dem Ende des fünfzehnten Jahrhunderts lagen die Werke der meisten griechischen Klassiker aus Geschichtsschreibung, Dichtung und Philosophie – von Homer bis Plotin – in lateinischen Übersetzungen vor. Doch hatte die Wiederentdeckung der griechischen Philosophie und Literatur, die das Europa des fünfzehnten Jahrhunderts so erregte, ihre Inspiration nicht direkt aus Griechenland, sondern über den Umweg griechisch-römischer und hellenistischer Traditionen bezogen. So überrascht es auch nicht, daß die Europäer, die mit wahrer Gier griechische Manuskripte studierten, die bewunderten griechischen Münzen sammelten oder sich für die römischen Kopien verlorener griechischer Skulpturen begeisterten, an Griechenland selbst und seinen derzeitigen Bewohnern nicht den geringsten Anteil nahmen. In Hartmann Schedels *Weltchronik* von 1492 finden wir zum Beispiel Athen als gesichtlose Stadt mit nordeuropäischen Zügen wiedergegeben; und in den meisten Landkarten jener Zeit trägt Athen, wie auf der Griechenlandkarte in Sebastian Münsters *Cosmographia* von 1555 nachzulesen ist, den Namen ›Setines‹. Erst der aus dem Fränkischen gebürtige Hellenist Martinus Crusius – Martin Kraus – sollte in seinen 1584 veröffentlichten Berichten, die er von griechischen Gelehrten gesammelt hatte, ein wahrheitsgetreues Bild von Athen liefern.[8] »Die berühmteste und freieste aller Städte ist jetzt versklavt und selbst ihr ruhmreicher Name ist verschwunden«, berichtete ihm der griechische Gelehrte Franciscus Portus. In der ersten Hälfte des fünfzehnten Jahrhunderts studierte der italienische Reisende Ciriaco d'Ancona mit außergewöhnlicher Hingabe die antiken Tempel Griechenlands.[9]

Obwohl das Interesse an Griechenland nun im ständigen Wachsen begriffen war, wurden die Vorstellungen, die man im sechzehnten Jahrhundert damit verband, immer noch von den Erfahrungen der Pilger, die ins Heilige Land zogen, und den Eindrücken levantinischer Kaufleute bestimmt. Auf kirchlicher Ebene war die Einstellung der Katholiken Westeuropas zu den orthodoxen Christen nicht nur von Gunst bestimmt. Zwar gehörten Darstellungen griechischer Priester und Mönche sowie Berichte über ihre religiösen Gebräuche zu den Paradestücken fast jeder illustrierten Reisebeschreibung des sechzehnten und siebzehnten Jahrhunderts; doch gab es trotz beständiger Versuche, die Kluft zwischen katholischem Westen und orthodoxem Osten zu schließen, eine stark ablehnend gefärbte Unterströmung von Vorurteilen. An Warnungen vor der orthodoxen Kirche ist kein Mangel, Griechen werden als ›Sünder‹ und ›Ketzer‹ bezeichnet, die von einem scheinheiligen Klerus beherrscht werden. Diese Verachtung der orthodoxen Kirche drückt sich in den Illustrationen zu André Thevets *Cosmographie de Levant* (1554) aus. Sein Landsmann Sieur de la Croix, Sekretär an der französischen Botschaft in Konstantinopel, schrieb noch hundert Jahre später:

Ein orthodoxer Priester, aus André Thevet, *Cosmographie de Levant*, 1554

Die Griechen glauben nicht daran, daß der Heilige Geist auch vom Sohn kommt. Deshalb hat der Heilige Geist, der uns das Licht gibt, aufgehört, sie zu erleuchten. Solange die Kirche den Papst als ihr Oberhaupt anerkannte, blühte sie in Glanz und Reinheit. Aber seit sie den wahren Glauben des Katholizismus verlassen hat und ihre Söhne das Oberhaupt verachten, fiel sie ins Elend, nun selbst verachtet und entehrt, dieweil sie Glanz und alle Größe verloren hat. Schwer ist Gottes Hand auf die Griechische Kirche niedergefallen und der Donner Seines Heiligen Zornes schmetterte die Griechen vom Thron ihrer stolzen Selbstgefälligkeit in den Abgrund des Nichtwissens und der Sklaverei.[10]

Was dann doch die Aufmerksamkeit auf Griechenland selbst richtete, waren seine Altertümer und die Hoffnung, sie zu entdecken: Sie allein waren der Magnet, der immer mehr Liebhaber, Künstler und adlige Reisende nach Griechenland lockte. Die ersten europäischen Altertumssammlungen datieren alle aus dem frühen siebzehnten Jahrhundert, als zu diesem Zwecke königliche Emissäre von den englischen und französischen Höfen ausgesandt wurden. Unter ihnen war Sir Kenelm Digby, der Charles I. von England mit einer ganzen Reihe »alter griechischer Marmorsockel, Säulen und Altäre« entzückte, die er von

Ansicht von Setines (Athen), aus Hartmann Schedel, *Weltchronik (Liber Chronicarum)*, 1493

Jacques Carrey, *Westliches und östliches Giebelfeld des Parthenon,* 1674

einer diplomatischen Mission ins Mittelmeergebiet 1628 mit nach Hause brachte; unter ihnen war auch Sir Thomas Roe, der englische Botschafter in Konstantinopel von 1621 bis 1628, der als Agent für zwei der größten englischen Sammler fungierte: den Duke of Buckingham und den Earl of Arundel. Dieser beabsichtigte allen Ernstes, wie Henry Peacham in seinem *Complete Gentleman* 1634 bemerkte, »das alte Griechenland nach England zu transplantieren«. Ludwig XIV. organisierte Sondermissionen, deren eine der Marquis de Nointel, ein Protegé Colberts, leitete. In ihrem Verlauf wurden 1673 und 1674 die Ägäischen Inseln durch eine Gruppe von Gelehrten und Künstlern erforscht[11], unter denen sich Jacques Carrey befand, der als erster Künstler detaillierte Zeichnungen der Giebelfelder des Parthenon anfertigte. Sehr nützlich für alle diese Reisenden und Altertumssammler erwies sich der erste genaue Stadtplan Athens, den französische Kapuzinermönche gezeichnet hatten. 1677 war von ihnen in Athen ein Kloster gegründet worden, das in unmittelbarer Nähe der ›Laterne des Demosthenes‹, wie das Lysikrates-Denkmal damals genannt wurde, stand.[12]
Dennoch läßt sich das wachsende Interesse an der Antike nicht von den damaligen politischen Ereignissen trennen. Als Handeltreibende waren die Venezianer die ersten Vorkämpfer des Christentums gegen die Türken gewesen. Ihre Hegemonie im Handel mit der Levante wurde im sechzehnten Jahrhundert der Reihe nach von Franzosen, Engländern und Holländern übernommen, die sich entsprechende Privilegien bei der Hohen Pforte zu sichern wußten. Nach zwanzigjähriger Belagerung fiel 1669 die letzte venezianische Festung innerhalb des Osmanischen Reiches, Kreta. Es war eben diese Belagerung, die die Aufmerksamkeit Europas auf die politischen und militärischen Ereignisse in der Levante richtete und gleichzeitig einen aufnahmebereiten Markt für alle Publikationen schuf, in denen die verschiedenen Stadien des Venezianisch-Türkischen Krieges in Bild und Text dargestellt waren. Auch wurden unter venezianischer Leitung wichtige geographische Vermessungen unternommen, zu denen die Folge von Coronelli zählt. Ingenieure der venezianischen Armee fertigten sorgfältige Pläne

Vicenzo Maria Coronelli, *Die Belagerung von Kalamata durch die venezianische Armee,* 1685–1686

und Zeichnungen der wichtigsten Schlachtfelder an. Leider sollte dieser Krieg für die griechischen Altertümer verheerende Folgen haben; 1687 erlitt das Parthenon durch venezianischen Beschuß irreparable Schäden. Andererseits wurde Griechenland durch die venezianische Besetzung Attikas und Moreas von 1685–1687 für europäische Reisende viel zugänglicher. Schon 1685 erschien darauf das erste Buch, das ausschließlich einem Teil des griechischen Festlands gewidmet war: *The Present State of Morea* des Engländers Bernard Randolph.

Diese Öffnung bisher kaum bekannter Gebiete Griechenlands verstärkte die Anziehungskraft seiner Altertümer und führte zu einer wachsenden Zahl europäischer Besucher im letzten Viertel des sechzehnten Jahrhunderts. 1675–1676 befanden sich unter ihnen der französische Arzt Jacob Spon und der englische Naturforscher George Wheler: Den Pausanias unter dem Arm kamen sie nach Athen, um detaillierte Aufzeichnungen über alle antiken Denkmäler anzufertigen, denen sie begegneten. Lange blieben die Illustrationen in Jacob Spons *Voyage d'Italie, de Dalmatie, de Grèce et du Levant* die zuverlässigsten Darstellungen des Parthenon, die in Europa zu finden waren. Außerdem waren Spon und Wheler die ersten Reisenden, die über Griechenland mit einer Mischung aus Sachverstand und Beobachtung aus erster Hand schrieben.

Während des achtzehnten Jahrhunderts wurde das europäische Interesse am Mittelmeerraum noch durch die Liebhaberei für Altertümer und die Ausweitung seines Handels verstärkt. Von äußerster Wichtigkeit für Griechenland erwies sich der faktische Zusammenbruch des Osmanischen Reiches und sein Zerfall in autonome Regionen. Gleichzeitig erfuhr auch Europa eine Machtverschiebung: Venedig verlor seinen Großmachtstatus, und Rußland trat als Vorkämpfer der Griechen in den Vordergrund. Sein orthodoxer – und nicht römisch-katholischer – Glaube legte eine Verwandtschaft zu Griechenland nahe. Unter Katharina der

Die Kanonade des Parthenon durch die venezianische Armee am 26. September 1687, nach G. M. Verneda

Ansicht von Misithra (Mistras), aus Bernard Randolph, *The Present State of the Morea*, 1685

Großen (1762–1792) unternahm Rußland systematische Anstrengungen, mit Hilfe der orthodoxen Kirche die osmanische Herrschaft über Griechenland zu unterwandern. In den ersten Jahren des Russisch-Türkischen Krieges von 1770 bis 1774 wurde Griechenland zum Betätigungsfeld russischer Agenten, die zu einer Rebellion in Morea aufriefen.[13]

Das achtzehnte Jahrhundert erlebte eine direkte Begegnung mit der griechischen Kunst, was vor allem durch die archäologischen Ausgrabungen in Herculaneum und Pompeji, wie auch die Entdeckung der griechischen Tempel in Paestum ermöglicht wurde. Die schon erwähnte ›Gesellschaft der Liebhaber‹, von aristokratischen Kunstfreunden zum Zwecke der Förderung des ›griechischen Geschmacks‹ gegründet, und Johann Joachim Winckelmann waren die herausragenden Repräsentanten dieses Stils, dessen allgemeine Anerkennung und Verbreitung schnelle Fortschritte machte.

1751 sandte die Liebhabergesellschaft James Stuart und Nicholas Revett nach Athen, um systematische Vermessungen der klassischen Denkmäler vorzunehmen. Der französische Architekt Julien David Le Roy veröffentlichte 1758 seine *Ruines des plus beaux monuments de la Grèce,* in denen sehr ungenaue Darstellungen der klassischen Altertümer in eine phantastische Rokokolandschaft eingebettet waren. Exaktheit der Abbildungen waren erklärtermaßen nicht eines von Le Roys Zielen gewesen, was sich in seiner Vorrede zur zweiten Ausgabe dieses Buches folgendermaßen liest:

Wenn man an einer Veröffentlichung . . . über die Ruinen der antiken Bauwerke arbeitet . . ., könnte das Ziel sein . . ., deren Maße sklavisch nachzuzeichnen; und die gewissenhafteste Exaktheit der Vermaßung würde, Mr. Stuart zufolge, fast das einzige Verdienst eines derartigen Buches sein. Ich bekenne, in diesem Punkt ganz anderer Ansicht zu sein. Ganz sicher wäre ich nicht nach Griechenland gereist, um die Beziehung zwischen

Jacob Spon, *Der Turm der Winde,* aus *Voyage d'Italie, de Dalmatie, de Grèce et du Levant,* 1678

Jacob Spon, *Das Lysikrates-Denkmal,* aus *Voyage d'Italie, de Dalmatie, de Grèce et du Levant,* 1678

Julien David Le Roy, *Imaginäre griechische Landschaft,* 1759

dem Ganzen eines Bauwerks und seinen Teilen mit unserem alltäglichen Ellenmaß festzustellen . . . In meinen Ansichten nehmen die Ruinen einen viel größeren Teil der Abbildung ein, als dies bei Mr. Stuart der Fall ist; wodurch sie den Betrachter viel unmittelbarer betreffen, indem sie nämlich in seine Seele all jene Bewunderung einfließen lassen, die einem der Augenschein dieser Denkmäler abnötigt.

Als vier Jahre darauf der erste Band der *Antiquities of Athens* von James Stuart und Nicholas Revett erschien, wurde er von Anfang an höher als alle anderen Werke eingeschätzt, obwohl Gesamtabbildungen von dorischer Architektur erst im dritten Band 1794 zu finden waren. Wenn diese hervorragende, von der Liebhabergesellschaft geförderte Publikation in ihren ebenso genauen wie schönen Abbildungen das zugänglich machte und bewahrte, was von der antiken griechischen Architektur geblieben war, so ist es Johann Joachim Winckelmann gewesen, der den Geist des klassischen Altertums am überzeugendsten wieder zum Leben brachte. »Der gute Geschmack wurde unter Griechenlands Himmel geboren«, schrieb er in seinen *Gedanken über die Nachahmung der griechischen Werke in der Malerei und Bildhauerkunst* 1755. Seine Geschichte der Kunst des Altertums aus dem Jahr 1764 verkündete das »überlegene Menschentum der Griechen« und zeichnete für das europäische Publikum ein begeistertes Bild der Bedingungen, die die Schaffenskraft des antiken Griechenland ermöglichten. Damit hatte der Prozeß der Idealisierung dieses ›klassischen Goldenen Zeitalters‹ begonnen. In ganz Europa wurde Winckelmanns Ansicht geteilt, daß die höchsten Ideale menschlicher Existenz und Kultur im klassischen Griechenland ihre vollendete Verkörperung gefunden hatten.

Die Verbreitung dieses Gedankenguts hatte unter anderem eine gesteigerte Nachfrage nach Informationen über Griechenland zur Folge. Viele europäische Schriftsteller begannen, die Lebens- und Empfindungswelt der alten Griechen nachzuzeichnen. In den von Voltaire gepriesenen *Letters* (1763) beispielsweise beschrieb Lady Mary Wortley Montagu ihre Eindrücke von einer Reise zu den griechischen Inseln:

Kaum kann ich mir etwas Angenehmeres vorstellen als diese Reise, hätte sie nur vor zwei- oder dreitausend Jahren stattgefunden – nach einem Täßchen Tee bei Sappho wäre ich noch am selben Abend zum Homer-Tempel nach Chios gepilgert, hätte auf der Fahrt Pläne der herrlichsten Tempel festgehalten, die Wunder der Skulpturen nachgezeichnet und mich dabei mit den höflichsten und heitersten Vertretern des Menschengeschlechts unterhalten![14]

An der Wende zum neunzehnten Jahrhundert waren C. A. Demoustiers *Lettres à Emilie sur la Mythologie* (1786) besonders populär, die sich hauptsächlich in gefühlslastigen Erörterungen und Gedichten über die griechische Heldenmythologie gefielen. Heinses Roman *Ardinghello und die glückseligen Inseln*, erschienen 1787 in Lemgo, entwarf das Bild einer Gesellschaft, die ganz nach der platonischen Ideenlehre aufgebaut war. In Abbé Barthélemys vielgelesener *Voyage du jeune Anacharsis en Grèce* von 1788 bereist ein junger Skythe, der in dieser aufgeklärten Nation sein Glück zu finden hofft, das klassische Griechenland. Die Beschreibung dieser Reise geriet zu einem idyllischen Panorama der antiken Welt, das nicht nur vierzig Auflagen erlebte, sondern auch in alle wichtigen Sprachen Europas übersetzt wurde. In C. F. Benkowitz' *Der Zauberer Angelion in Elis*, das 1798 veröffentlicht wurde, erlebt der Leser die Abenteuer eines jungen Engländers im zeitgenössischen Griechenland.
In diesem griechischen Phantasieland, das sich das achtzehnte Jahrhundert erdichtete, war das Leben noch rein, einfach und sittlich geprägt. Nach Winckelmann war dieses klassische Hellas die Quelle, an der die Künstler die Ideale ›edler Einfalt und stiller Größe‹ aufnehmen konnten. Der ›gôut grec‹, der griechische Geschmacksstil, drang nun in alle Bereiche der Kunst ein: in die bildende Kunst so gut wie in die Literatur, in Raumdekoration wie in Möbelschreinerei, in die Kleidermode und selbst in die Haartracht. Die Griechentümelei kannte keine Grenzen: Sie wurde geradezu der Lebensstil der Epoche. Indes, schon bald sollten Ereignisse diese Vollkommenheit (die leider nur in der Einbildungskraft möglich ist) trüben, Ereignisse, von denen Europa fortan nicht mehr die Augen abwenden konnte, überlagerten das schöne Bild, das man sich aus Erinnerungen an die Vergangenheit zurechtgebaut hatte.

Die Entstehung des modernen Griechenland

Zwar schritt die Ausbreitung klassischen Ideenguts auch im neunzehnten Jahrhundert voran, doch wurde der moralisierende Unterton, der der Wiederentdekkung des antiken Griechenland im achtzehnten Jahrhundert angehaftet hatte, mehr und mehr durch das ausschließliche Interesse an seinen ästhetischen Maßstäben ersetzt. Derart ihrer ›hohen Ideale‹ beraubt, wurde die Rückwendung zu einem Schönheitsideal, das man im alten Hellas verkörpert fand, zum Selbstzweck. Griechenland wurde Synonym für den herrschenden Modegeschmack. Klassische Anspielungen in bildender Kunst und Literatur traten jetzt eindeutiger und formelhafter hervor, klassisches Formen- und Ideengut wurde auf ein weniger anspruchsvolles Format gebracht, um es einem möglichst breiten Publikum zugänglich zu machen. Als Beispiel mögen hier Julius von Voss' Komödie *Die Griechheit*, uraufgeführt 1807, dienen – ein Baron verwandelt sein Dorf in ein hellenistisches Staatswesen – oder August von Kotzebues *Ruinen von Athen*, die 1812 im Königlichen Theater von Budapest mit Beethovens Musik ihre Premiere erlebten. Ein Artikel des französischen *Le Globe* brachte diese gewandelte Einstellung zu Griechenland auf den Begriff, als er 1820 meinte: »Wir sollten die Griechen nicht danach beurteilen, wie sie uns in ihren Tragödien vorgestellt werden. Diese antiken Charaktere mögen ihre edlen Gefühle und erhebenden Leidenschaften ausdrücken, doch . . . sind es eben auch Menschen wie du und ich, die wie Menschen fühlen und es auf eine Art mitteilen, die für alle verständlich ist.«[1]

Im Europa Napoleons traten dann die reinen Formen der griechischen Kunst zugunsten des überladenen römischen Dekorationsstils zurück, doch wurde zur selben Zeit die bildende Kunst und Architektur der Griechen noch einmal entdeckt, diesmal von englischen Architekten. In England hatte sich erst spät ein größeres Interesse an der griechischen Antike entwickelt. Und erst nach Veröffentlichung des dritten Bandes der *Antiquities of Athens* von Stuart und Revett im Jahre 1794, in dem Baudenkmäler des Dorischen Stils abgebildet waren, und der Ablehnung von James Wyatts römisch inspirierten Entwürfen für das Downing College in Cambridge 1804 durch Thomas Hope konnte sich der griechische Stil in der englischen Architektur durchsetzen.[2]

Englische Altertumsforscher traten auf den Plan: »Ich will denen, die nach mir kommen, nichts übriglassen. Nicht nur jeden Tempel, sondern jeden einzelnen Stein und jede Inschrift werde ich mit größter Gewissenhaftigkeit und Naturtreue abzeichnen lassen«, schrieb der 26jährige Cambridge-Student John Tweddell, als er 1799 seine Reise nach Griechenland antrat.[3] Im Frühjahr 1799 befand er sich bereits in Athen, in Begleitung seines Zeichners François Préaux. Tweddells Eifer führte schon einige Monate darauf zu seinem Tod. Nun zählte er zur erwählten Schar europäischer Reisender, die ihre letzte Ruhe im Theseion, dem heutigen Hephaistos-Tempel, fanden, den Reverend Thomas Smart Hughes einmal »jenes englische Mausoleum« nannte. Ein Bruchstück des Parthenon wurde zu Tweddells Grabstein.

Eine Griechenlandreise und das sorgfältige Studium der erhaltenen Baudenkmäler wurde als wesentlicher Bestandteil der Ausbildung zum *Greek Revival*-Architekten angesehen. Einer der Hauptexponenten dieser ›Griechischen Wiederbelebung‹ in England, William Wilkins, besuchte Griechenland 1801; zwei Jahre später folgte ihm Robert Smirke, der mit seinem Begleiter William Walker, einem Maler, Attika und Morea bereiste. »Wie soll ich Dir in Worten das außergewöhnliche Vergnügen beschreiben, das mir der Anblick dieser alten Bauwerke bereitete«, schrieb Smirke an seinen Vater; »jene in Rom (mit einigen Ausnahmen) werden schon bald bis zu einem gewissen Grad uninteressant – jetzt aber sind sie in meinem Geist bis zur Stufe der Geringschätzung, ja Verächtlichkeit herabgesunken.«[4]

Vor dem Ende des zweiten Jahrzehnts des neunzehnten Jahrhunderts waren die meisten der erhaltenen klassischen Baudenkmäler *in situ* studiert worden, von Gelehrten wie Charles Robert Cockerell, Charles Barry, William Kinnaird, John

Johann Karl Haller von Hallerstein, *Ansicht des Theseion*, 1810

Foster, George Ledwell Taylor, Edward Cresy, John Sanders, Thomas Allason und Francis Arundale. Sie alle waren auf eifriger Suche nach neuen Erkenntnissen über die bekannten Baudenkmäler, und einige hatten sogar das Glück neue architektonische Schätze auf griechischem Boden zu entdecken. So fiel Thomas Allason als erstem die typische *Entasis* (›Anspannung‹, die Schwellung des sich nach oben verjüngenden Säulenschaftes) der griechischen Säulen auf, während G. L. Taylor durch Zufall über den ›Löwen von Chaironeia‹ stolperte. Er berichtet in seinem griechischen Tagebuch:

Als wir uns der Stelle näherten, strauchelte mein Pferd ängstlich über einen Stein, der nur wenig aus dem Weg ragte. Als ich mich umwandte, glaubte ich eine vage Andeutung von Bearbeitung an dem Stein zu erkennen . . . Wir hielten an und ritten zurück. Als wir die oberste Erdschicht mit unseren Reitpeitschen entfernt hatten, erkannten wir mit Befriedigung, daß es tatsächlich eine Skulptur war. Wir stellten einige Bauern in Dienst . . . und verließen die Stelle nicht eher, als bis wir das kolossale Haupt und einige der abgetrennten Glieder des Löwen ausgegraben hatten.[5]

Bei anderen wiederum überragte der unersättliche Appetit auf Schatzsuche die professionelle Sachkenntnis. Die wohl spektakulärste Gruppe, die von diesem Motiv geleitet wurde, war die internationale archäologische Expedition, die die Tempel von Aigina und Bassai ausgrub.[6] 1811 entdeckten die englischen Architekten C. R. Cockerell und John Foster gemeinsam mit Baron Haller von Hallerstein und dem schwäbischen Maler Jakob Linckh den größten Teil der Skulpturen des Aphaia-Tempels von Aigina. Im nächsten Jahr stießen der aus Reval stam-

mende Maler Baron Otto Magnus von Stackelberg, der dänische Archäologe Peter Olaf Brönsted und Georg Christian Gropius, der spätere österreichische Konsul in Athen, zu der Gruppe. Ihre Grabungen konzentrierten sich dieses Mal auf Bassai, wo sie den Fries zum Tempel des Apollon Epikurios entdeckten. Daraufhin bildeten sie eine Gesellschaft mit dem Namen ›Xenion‹, bei der im wesentlichen jeder Mitglied werden konnte, der die »Begeisterung für Griechenland, antike Literatur und die Schönen Künste« teilte und einen Eid auf gegenseitige Hilfeleistung ablegte. Nachdem sie ihre archäologischen Unternehmungen zu einem erfolgreichen Abschluß gebracht hatten, trugen sie besondere Sorge für die sichere Ausfuhr ihrer unbezahlbaren Fundstücke.[7] Der Fries von Bassai wurde schließlich vom *British Museum* in London angekauft, während die Skulpturen von Aigina – die ›Ägineten‹ – von Kronprinz Ludwig von Bayern für die Münchener Glyptothek erworben wurden.
Wie schon in den vorangegangenen Jahrhunderten hatte das Altertum, oder besser, die sammelbaren Altertümer, die Hauptanziehungskraft auf europäische Griechenlandreisende ausgeübt. Der schottische Künstler Hugh Williams schrieb in seinen *Travels:*

Jahrhundertelang gab es schon einen Handel mit griechischen Altertümern, sowohl Münzen als auch Skulpturen. Was immer man auflas, fand schon bald seinen Käufer unter den Fremden und Kaufleuten, die dieses interessante Land besuchten; folglich sind diese Stücke über ganz Europa verbreitet und man findet kaum eine Kunstsammlung, die irgend von Bedeutung wäre, die sich nicht einiger Exemplare griechischer Kunstwerke rühmen könnte. Dies alles in Betracht gezogen, scheint es überraschend, daß es überhaupt noch wertvolle Stücke in diesem Land zu finden gibt, wo man sich so wenig um Neuentdeckungen durch Ausgrabungen bemüht. Griechischen Marmor und Münzen kann man in Rom, Paris, London und sogar Sankt Petersburg ebenso günstig erstehen wie in diesem Land selbst.[8]

Charles Robert Cockerell, *Ausgrabungen am Aphaia-Tempel in Aigina*, 1811

Tatsächlich führten die architektonischen und archäologischen Untersuchungen in Griechenland unabwendbar zu offiziellen wie privaten Ausgrabungen, die weiteren Export von Altertümern zur Folge hatten.
Das aufsehenerregendste Ereignis war in dieser Hinsicht der Ankauf des Parthenonfrieses durch den Earl of Elgin. Im September 1799 war Elgin als englischer Botschafter zur Hohen Pforte entsandt worden, wo er sogleich seinen Plan in die Tat umsetzte, seine Botschaft für eine »Förderung der Schönen Künste in Großbritannien« nützlich werden zu lassen.[9] Im August 1800 trat der italienische Landschaftsmaler Lusieri als Kopf einer Expedition auf, die den ›Figurenzeichner‹ Theodor (oder Feodor) Iwanowitsch aus Zentralasien – sein Spitzname war ›Elgins Kalmücke‹ – und zwei italienische Architekten, Vincenzo Balestra und Sebastiano Ittar, umfaßte. Lusieri war Elgins Agent. Daß er für seine Künstler überhaupt die Erlaubnis erhalten hatte, auf der Akropolis zu arbeiten, war auf die besondere politische Situation im Mittelmeerraum zurückzuführen: Napoleons Eroberung Ägyptens hatte sich auf die Beziehungen zwischen Frankreich und der Türkei ganz erheblich ausgewirkt. Die Schlacht am Nil und die dadurch ausgelöste türkische Kriegserklärung an Frankreich boten für die englische Regierung die Chance, Frankreich in der Gunst der Hohen Pforte abzulösen. Nach der erfolgreichen britischen Ägyptenexpedition wurde Elgin mit dem Ferman des Sultans ausgezeichnet.[10]
Wann immer sich die Gelegenheit bot, entwickelten sich die meisten Reisenden zu eifrigen Sammlern, auch wenn sie Elgins Aktivitäten verdammten. Durch den klassischen Gelehrten Edward Daniel Clarke beispielsweise sind uns bewegende Augenzeugenberichte von Lusieris Plünderung der Akropolis überkommen.[11]
Dies hinderte ihn allerdings nicht, während seiner Griechenlandreise 1801–1802 eine Münzen- und Manuskriptsammlung aufzubauen und seinem Land die Kolossalstatue der Ceres von Eleusis zu sichern, die sich heute im Fitzwilliam Museum, Cambridge, befindet.
Doch nicht nur außerhalb Griechenlands gab es Sammlungen von Altertümern. Reverend Thomas Smart Hughes, der standhaft »jedem Anreiz widerstand, dem Beispiel der vielen Reisenden zu folgen, die Ausgrabungen unternommen hat-

Benjamin Robert Haydon, *Dionysos-Torso, ausgestellt im Park Lane Museum,* 1809

Charles Robert Cockerell, *Lord Elgins Museum an der Park Lane*, 1808

ten«[12], zeigte sich von Lusieris Sammlung in Athen sehr beeindruckt; auch Gropius, der österreichische Konsul in Athen, war Sammler. Doch trotz der Tatsache, daß die zahlenmäßige Überlegenheit englischer Sammler-Reisender die Griechen dazu brachte, alle Ausländer als *Mylordi* anzusprechen[13], war der Antiquitätenmarkt in Attika Anfang des neunzehnten Jahrhunderts von einem Franzosen geradezu mit Monopol belegt: Es war dies der Künstler Louis François Sébastien Fauvel, der seit 1803 die Stelle eines französischen Konsuls in Athen bekleidete. Fauvel war für jeden gelehrten Reisenden der Cicerone in Athen und Umgebung[14]. Eifriger und geschickter Ausgräber, der er war, verwandelte er sein Haus in ein wohlausgestattetes und -organisiertes Museum. Es umfaßte Skulpturen, Vasen, Inschriften, Gipsabdrücke von den Skulpturen des Aphaia-Tempels, sogar detaillierte Karten von Athen, die aufgrund seiner eigenen Ausgrabungen angefertigt worden waren. Ein anderer Franzose, dessen Name mit dem Antiquitätenmarkt verbunden war, ist der Comte de Marcellus gewesen: Attaché der französischen Botschaft in Konstantinopel, verhandelte er im Jahre 1820 über den Ankauf einer weiblichen Statue, die jüngst von Oberst Voutier auf der Insel Melos entdeckt worden war.[15] Auf diese Weise wurde die ›Venus von Milo‹ den Trophäen europäischer Altertumssammler hinzugefügt.
Dennoch wäre es nicht ganz gerecht, wollte man feststellen, daß das Interesse der Europäer an Griechenland ausschließlich durch materialistische Überlegungen motiviert war. Im ersten Jahrzehnt des neunzehnten Jahrhunderts führte die gewachsene Bedeutung topographischer Studien auch zu wissenschaftlichen Arbeiten in Griechenland. Dabei war die damals weitverbreitete Faszination bei

der Suche und Identifizierung ›homerischer Stätten‹[16] nur ein Aspekt der neuen Beschäftigung, die die klassische Antike anhand der geographischen Gegebenheiten zu verifizieren suchte.
Doch wenn schon Troia ein interessantes Betätigungsfeld für topographische Studien bot, um wieviel aufregender mußten dann die Möglichkeiten in Griechenland sein! Lebendige Quellen für Informationen aller Art waren dort aufzufinden, die nicht nur die Literatur über das Land vervielfachten, sondern auch Gelegenheit boten, sie zu überprüfen. Sir William Gell, von Byron als ›Gell der Geck‹ bezeichnet, besuchte Griechenland im Jahr 1804; zwei Jahre später untersuchte er mit Edward Dodwell Ithaka, die Heimat des Odysseus, um seine alte Geschichte in neuem Licht zu sehen (aber auch, um die Glaubwürdigkeit der homerischen Beschreibungen nachzuprüfen). Gells *Itinerary in Greece* (1819) wurde zu einem beliebten Handbuch für Griechenlandreisende. Dodwell, Gells Begleiter, ein Antiquar, klassischer Gelehrter und Sammler, war bereits 1801 in Griechenland gewesen. Seine *Classical and Topographical Tour through Greece,* die ebenfalls 1819 erschien, bietet sowohl eine systematische Beschreibung der Topographie Griechenlands als auch eine detaillierte Untersuchung über die erhaltenen Zeugnisse der Antike.
Im frühen neunzehnten Jahrhundert hatte sich Griechenland zu einem Modetreffpunkt für Touristen aus aller Herren Länder entwickelt. John Cam Hobhouse, Byrons Reisegefährte nach Griechenland, schrieb in seiner *Journey through Albania* (1813):

In einer Zeit, da jeder betuchte Jüngling in Frankreich und England es als unentbehrlichen Teil seiner Erziehung ansah, die antiken Kunstdenkmäler in Italien zu studieren, wagten nur einige verzweifelte Gelehrte und Künstler, sich unter die Barbaren zu begeben, um vor Ort die Ruinen Griechenlands zu betrachten. Doch diese Ängste, von denen sich keiner, der je dort gewesen ist, vorstellen kann, wie sie entstanden sein mögen, sind nun endlich wie weggeblasen; augenblicklich wimmelt es in Attika von Touristen . . . und . . . in einigen wenigen Jahren wird der Piräus mit all den Bequemlichkeiten ausgestattet sein, die ihn zu einem Treffpunkt der Gesellschaft machen.[17]

Den Comte de Forbin verärgerte die Invasion Athens durch europäische Künstler. Er schrieb 1819:

Ich traf dort viele Künstler, englische und deutsche, die mit der pingeligen Genauigkeit des gewissenhaftesten Kommentators endlos die Denkmäler, jene Schöpfungen des Genies, abzeichneten und vermaßen. Erbärmliche Sklaven der Gesetze, der hingeworfenen Laune der Alten, schreiben sie ganze Bände voll, um einen Fehler zu korrigieren, . . . der ihnen bei der Vermaßung eines Architravs aufgefallen ist. Acht Jahre nisten sie sich in Athen ein, um drei Säulen zu zeichnen . . . und erst nach langjährigen Mühen erreichen ihre traurigen Aquarelle den höchsten Grad an langweiliger Perfektion.[18]

So wichtig wie die Aufzeichnung der klassischen Denkmäler war den europäischen Künstlern aber auch die Landschaft, in der sie die Ruinen antrafen. Doch scheinen eben diese Darstellungen griechischer Landschaft weitgehend Resultate eines intellektuellen Prozesses gewesen zu sein – charakteristischerweise waren Beschreibungen in Worten viel treffender als bildliche Darstellungen. Für den europäischen Reisenden im frühen neunzehnten Jahrhundert war der Griechenlandaufenthalt nichts weniger als der Besuch eines Ideals.

Zu diesem antiken Theater der Künste rufen wir die Künstler unseres Landes. Maler, Bildhauer! Hier in den Ebenen Arkadiens, an den Ufern des Eurotas . . . werdet ihr die Ernte neuer und erhabener Ideale einbringen. Hier werdet ihr die griechische Formenwelt in der Einfalt ihrer Schönheit entdecken . . . Ihr werdet nicht abstreiten, daß man das antike Idealbild nur in der dortigen Landschaft finden kann, die in ihrer Vollkommenheit alle Vorstellung übersteigt . . . Landschaftsmaler, kommt in dieses Land! Die Sonne scheint hier mit all ihrer Pracht in einem azurblauen Himmel, der frei ist von jenen grauen

Antoine Laurent Castellan, *Ein griechischer Schäfer*, 1808

Nebeln, die ihn so oft in unseren Breiten verdüstern und alle Dinge in einförmiges Licht tauchen. Wie viele Erinnerungen werden euch beim Studium dieser Landschaft überkommen! Hier ist es eine Säule, die aus einem Ruinenfeld ragt, die euch beim Nachzeichnen des Tempels hilft, der dort gestanden haben mag; . . . weiter drunten ist eine wilde Grotte, . . . die euch an das Goldene Zeitalter erinnern wird. Und mitten in einer fruchtbaren Ebene wird der Landschaftsmaler den Landmann erblicken, der seinen einfachen Pflug lenkt, an dem zwei Ochsen ziehen. Und dann wird auch er ausrufen können Et in Arcadia ego *und Bilder schaffen, die eines Poussin würdig wären.*

Solches proklamierte der französische Maler A. L. Castellan auf seiner Reise durch den Peloponnes.[19] Tatsächlich waren die Einflüsse von Tradition, Geschichte und Literatur so stark, daß das Vergnügen an einem Besuch Athens, Delphis, Marathons oder Spartas zweifellos mehr intellektueller als visueller Natur war. Dazu glaubte man, daß die körperliche Gegenwart eines Besuches wie durch ein Wunder die antike Atmosphäre des jeweiligen Ortes wiederbeleben würde. Dieser *spiritus loci*, den Griechenland zu bieten schien, war zumindest sehr attraktiv, und die Europäer kamen schon allein deshalb, um ihn am eigenen Leib zu erfahren: Um Griechenlands willen »habe ich dieses weite Meer durchfahren, verlassen mein Italien, meine Eltern und Freunde«, schrieb Saverio Scrofani in seiner *Viaggio* (1799) und erklärte: »Hätte ich nicht alte und neue Reisebeschreibungen lesen können und ohne Mühen das erfahren, was Griechenland in unseren Tagen ist und wie es sich lebte in vergangenen Zeiten? Ja . . . das hätte ich wohl gekonnt; aber dann wollte ich doch aufbrechen, einfach um es zu fühlen.« Europäische Künstler teilten wie ihre Kunden den Glauben, daß gewisse Stätten, die noch die Würde vergangener Ruhmestaten trugen, über Suggestivkräfte verfügten, die durch eine gelungene bildliche Darstellung der Einbildungskraft einen lebendigen Eindruck der Geschehnisse vermitteln konnten, die dort stattgefunden hatten. Ein Beispiel ist Karl Rottmanns *Kopais-See*, ein Gemälde, das eine verlassene Stätte zeigt, die aber durch eindrucksvolle Lichtführung und sichere Komposition der landschaftlichen Gegebenheiten direkt auf das Gefühl wirkt. Es gelingt dem Künstler dabei, den Eindruck feierlichen Ernstes und Stillstands hervorzurufen, der für die antike Welt zeitloser Wahrheit symbolisch ist. In seiner *Ansicht von Olympia* reizt die heitere Ruhe der Komposition zur literarischen Vorstellung. Dennoch war die harmonische Abstimmung der Malerei auf die klassische Literatur kein einfaches Unterfangen. Häufig versuchten die Künstler monumentale Eindrücke durch unnötig dramatische Kompositionen hervorzurufen, wie beispielsweise W. H. Bartlett in seinem *Minervatempel am Kap Sunion* (Taf. XIV, XXIV, 54).

Man mag in diesem Vorgehen einen Mangel an Vertrauen in die wirkliche Erscheinung der griechischen Landschaft erkennen; doch es zeugt auch von überraschender Unkenntnis der gewollten engen Beziehung zwischen einer Landschaft und ihrer Bedeutung als antiker Stätte. In Griechenland waren Eigentümlichkeiten der Landschaft von bestimmendem Einfluß auf die Mythologie, die man durchaus als Assoziation auf deren besondere Gegebenheiten ansehen kann: Stätten, von denen Mythen ihren Ausgang nahmen, wurden heiliggesprochen. Diese enge Beziehung zwischen Mythos, Geschichte und Geographie ist ein charakteristisches Element der griechischen Landschaft. Wie auch aus neueren Veröffentlichungen hervorgeht[20], ist der Ursprung der griechischen Mythologie aus dem Zusammenspiel von Landschaft und Vorstellungskraft abzuleiten: Viele Mythen können als Versuche verstanden werden, Naturereignisse oder besondere landschaftliche Eigenheiten zu erklären. Die alten Griechen entwickelten eine große Geschicklichkeit bei der Zuordnung der verschiedenen Gottheiten zu den Stätten, die am besten ihrem Temperament und Charakter entsprachen. Was den Besucher der alten *Temena,* der heiligen Bezirke, besonders beeindruckt, ist nicht nur die kunstvolle Anordnung der architektonischen Elemente, sondern auch die Wahl des Orts. Delphis Apolloheiligtum, überragt von stark zerklüfteten Felsen, mit einer dramatischen Aussicht auf die Ebene, war ganz auf die sublime Präsenz des Gottes abgestimmt. Ebenso scheint der Tempel von Bassai, entworfen vom Architekten des Parthenon, bewußt am Rand eines eindrucksvollen Plateaus errichtet worden zu sein, um ihn dadurch an der erhabenen Größe dieses wilden, abgelegenen Ortes teilhaben zu lassen.

In den ersten Jahrzehnten des neunzehnten Jahrhunderts war noch keine der klassischen Stätten ausgegraben worden, und die wenigen sichtbaren Reste wollten kaum zu den Beschreibungen der Städte und Heiligtümer passen, die uns in der antiken Literatur überliefert wurden. Ihre natürliche Umgebung hatte sich demgegenüber kaum verändert. Obwohl die antiken Flußläufe an Breite abgenommen hatten und die idyllischen Wälder spärlicher geworden waren, blieb die Landschaft im wesentlichen dieselbe. So überrascht es eigentlich, daß die Beziehung zwischen Ruinen und ihrer Umgebung ganz anders war, als es die europäischen Künstler in ihren Ansichten glauben machen wollten. Die meisten ihrer Darstellungen sind, was konkrete Informationen betrifft, wenig hilfreich, wenn man sich ein Bild vom damaligen Griechenland machen möchte. Ständig auf der Suche nach Stimmungen und Effekten, lag den Künstlern recht wenig daran, die tatsächlichen Züge der Landschaft für ihre Arbeiten zu studieren. Da sie beim Zeichnen die Unbequemlichkeit sengender Gluthitze in Kauf nehmen mußten, pflegten sie die Motive später neu anzuordnen und nach Bedarf auszuwählen, wobei sie einfach fallen ließen, was sie für unwichtig erachteten. Dazu neigte die Mehrzahl der Künstler, der Mode des Tages folgend, zu einer Darstellung der griechischen Landschaft im diffusen Licht eines Claude Lorrain, das die Konturen so weit verwischte, daß sie als Teil der schillernden Atmosphäre erschienen. Nur gibt es in Griechenland weder Dunst noch Halbtöne; selbst in unserer Zeit industrieller Luftverschmutzung ist Griechenland noch beispielhaft für klare Lichtverhältnisse und transparente Leuchtkraft des Himmels. Reinheit und Helle der griechischen Atmosphäre ermöglichten es dem Betrachter »mehr als dreihundert Meilen weit« zu sehen, wie Edward Dodwell bemerkte; trotz der Entfernung erschienen Einzelheiten in völliger Klarheit, was nur durch eine genaue Linienführung wiedergegeben werden konnte, die in Darstellungen des neunzehnten Jahrhunderts selten ist.

Was europäische Künstler und ihre Auftraggeber wirklich wollten, waren Bilder, in denen die Welt des klassischen Griechenland sich offenbarte, wie sie es sich in ihren Erwartungen zurechtgelegt hatten. Auch hier waren es die Stereotypen der literarischen Vergangenheit und nicht die Gegenwart, die Griechenland so anziehend machten. »Unser Besuch erinnert in nichts an die Einführung in einen Kreis neuer Bekanntschaften; es ist wie die Wiedersehensfreude bei der Rückkehr eines lange abwesenden geliebten Freundes«, schrieb der Maler und Dichter William Haygarth beim Betreten griechischen Bodens.[21] Und diese Illusion erwies sich für den Künstler als Herausforderung. Obwohl das Problem der Darstellung klassischer Stätten jenem ähnelte, dem man in Italien begegnet war, bot es hier doch zusätzliche Schwierigkeiten. Im neunzehnten Jahrhundert gab es in Italien noch pittoreske Dörfer, hervorragend erhaltene Baudenkmäler, ein reichhaltiges Landleben. In Griechenland hatte der Niedergang durch lange Kriegszeiten und Perioden der Fremdherrschaft zu einer Entvölkerung und Verarmung von Volk und Land geführt. Hatte sich ein Künstler Athen zur Vorlage gewählt, so konnte er, was das gesamte Erscheinungsbild betrifft, mit einigem Recht davon ausgehen, daß er – die türkischen Moscheen ausgenommen – denselben Blick auf die Akropolis hatte wie etwa Perikles oder Sokrates. Doch seine Mühe, in den verstreut stehenden Bäumen an den Thermopylen den Eichenwald zu erkennen, den er bei Herodot so lebendig beschrieben fand, wäre vergeblich gewesen. Und an einer ähnlich berühmten Stätte, in Theben, haben die Zeitläufte die Tempel hinweggefegt, die Hügel der Umgebung sind ausgetrocknet und kahl.

Die meisten griechischen Ansichten aus dem frühen neunzehnten Jahrhundert bieten ein nur annäherndes Bild des Tempels oder der berühmten architektonischen Gruppe, die als Vorlage dienten; sie sind eingerahmt von einer passenden, doch nur vage angedeuteten Landschaft und eingehüllt in eine entschieden antike Atmosphäre. Die wahre Umgebung wurde, je nach gewünschtem Effekt, ersetzt oder verändert. Die Szenerie wurde also dem Motiv untergeordnet, das durch den Geschmack der potentiellen Käufer bestimmt war; und dieser wiederum zog das legendäre Griechenland bei weitem dem zeitgenössischen vor. Die Künstler bemühten sich, die Neugier all derer zu befriedigen, die nicht selbst nach Griechenland reisen konnten, und jenen, die einmal das Glück gehabt hatten, zu angenehmen Erinnerungen zu verhelfen.

Für beide Gruppen gab es kein geeigneteres Motiv, Assoziationen über Erlebtes oder Gelesenes anzuregen, als die Akropolis von Athen; wobei es weniger darauf ankam, ob sie inmitten von dichtem Blätterwerk abgebildet wurde oder umgeben von nackten Felsen. Wichtig war nur, ob das Bild zu den emotionsgeladenen Eindrücken paßte, die der Tourist mit Athen verband. Am Ende verlor die Betitelung solcher Landschaftsbilder alle Bedeutung. Selbst der kenntnisreichste Betrachter wird Mühe haben, die Zitadelle von Mykene zu erkennen, wenn sie, statt von der bekannterweise kahlen und wilden Felslandschaft, von idyllischen, welligen Hügeln umgeben ist; oder die attischen Hügel, deren klare Konturen berühmt sind, als dunstige Vulkankuppen dargestellt werden, damit dem ›Akropolis-Felsen‹ in ihrer Mitte noch zusätzlich eine erhabene Atmosphäre vermittelt wird. Immer wieder sind es Märchenlandschaften, gebadet im goldenen Dunst, die man auf diesen Gemälden des neunzehnten Jahrhunderts sieht – bildgewordene Clichés des Goldenen Zeitalters.

Ohne den Künstlern die Aufrichtigkeit ihrer Gefühle abstreiten zu wollen, scheint es doch eine gängige Konvention gewesen zu sein, die den Ausdruck einer ganz bestimmten Stimmung forderte. Tatsächlich lieferten Claude (Lorrain) und Nicholas Poussin bequeme Vorlagen für die Verbindung von Ruinen und Natur: In Joseph Cartwrights *Stadt von Korfu* wird die Komposition auf der einen Seite von einer Baumgruppe abgeschlossen, während eine Reihe von Diagonalen das Auge des Betrachters zum bergigen Vordergrund lenkt, in dem ein Schäfer mit arkadischem Behagen seinem Tagwerk nachgeht; ein typisch Claudesches *Repoussoir* – ein Versatzstück im Vordergrund, das die Tiefenillusion steigert – öffnet William Haygarths *Ansicht von Ioannina;* selbst in Edward Lears *Ansicht von*

Parga ist die Hauptszene in den Mittelgrund eingelagert und von zwei perfekt gewachsenen Bäumen umrahmt. »Mr. Gell entbietet Miss Hawkins seine Verehrung und versichert sie, *daß er nicht so unklug ist, sich die Gelegenheit entgehen zu lassen, eine Ansicht* à la Poussin *zu malen*. Die Ansicht zeigt Athen, vom heiligen Weg nach Eleusis aus«, notierte William Gell auf der Rückseite einer Zeichnung. Seine Einstellung teilte der schottische Künstler Hugh William Williams:

Die Szenerie Athens erfordert . . . unser sorgfältigstes Studium . . . Wenn die Natur die zahllosen Wirkungen ihrer Schönheit und Größe vorführt, mögen wir mit unserem Urteil zögern . . . Bevor wir nicht mit dem vertraut sind, was ihre Lieblingssöhne entdeckt haben, wird sie uns nicht ihre elektrisierenden Wahrheiten offenbaren, die im Geiste aufblitzen, wenn wir sie nicht nur so studieren, wie sie ist, sondern gesehen durch das Medium genialer Meisterwerke . . . Die Werke Niccolo Poussins, Domenichinos und Sebastian Bourdons stimmen mit dem Charakter Athens überein, wie er uns aus nicht allzu weiter Entfernung in seinen antiken Gebäuden entgegentritt. Die schlichte Würde von Form und Farbe, die wir in den Werken dieser großen Männer erkennen, belebt den Geist seiner Geschichte und ruft die passenden Gefühle in uns hervor. Entfernte Ansichten Athens verlangen einen Claudeschen Stil; seine ungebrochenen Linien, die Kontinuität, das süße Ineinanderübergehen der dargestellten Dinge vermitteln dem Geist das Gefühl von Schönheit und drücken uns aus, was Athen, gekleidet in seine Gewänder von silbrigem Grau, wirklich ist. Auch Claudes Farbgebung ist stimmig und genau und paßt zu Griechenland in seinen einsamen und liebenswerten Ansichten.[22]

Williams griechische Ansichten brachten ihm den Namen ›William der Gräzist‹ ein. In einer Besprechung seiner Ausstellung in Edinburgh 1822 schrieb William Hazlitt:

Hier (im Calton Convening Room) blüht ein anderes Griechenland an den Wänden, . . . alte Tempel steigen empor . . . Als Kunstwerke verdienen diese Aquarellzeichnungen hohes Lob . . . Wir erhalten augenblicklich eine eindrucksvolle und befriedigende Vorstellung von diesem Land, über das wir so viel gehört haben . . . Einige mißgelaunte Reisende haben behauptet, daß Griechenland trocken, flach und kahl sei. In Mr. Williams authentischen Zeichnungen ist dem ganz anders . . . und wir danken ihm dafür, daß er uns die alte und, wie es scheint, wahre Illusion zurückgegeben hat.[23]

Noch bestimmter in der Meinung, daß der Claudesche Stil genau zur Wiedergabe griechischer Ansichten paßt, ist der Künstler William Linton:

Die Atmosphäre Griechenlands stimmt viel besser mit seinem (Claudes) Geschmack zusammen, als jene trockenere und herbere Italiens . . . In der Tat, man sieht Claude häufig in Griechenland und sehr selten in Italien (sic), *obwohl er ersteres niemals besucht hat.*[24]

Wie bei den meisten seiner Zeitgenossen finden wir in Williams griechischen Landschaften keine Spur von Trauer über die spärlichen Zeugnisse einer vergangenen Kultur. Sein *Aphaia-Tempel in Aigina* ist ebensowenig wie William Pages *Ansicht der Akropolis* oder *Ansicht von Korinth* ein ›Ruinenstück‹. Die Personen sind angemessen klein gezeichnet und wie dekorative Elemente in ein ästhetisches Schema harmonisch in die Landschaft eingebettet; in ihren leuchtend-farbigen Trachten sitzen sie entweder an Ruinenreste gelehnt, in aller Unbekümmertheit dem Betrachter den Rücken zuwendend, oder hüten ihre Herden wie Vergilische Hirten. Solche Bilder dienen viel weniger der konkreten Darstellung als der Hervorrufung eines Gefühlszustandes: Zu dieser Traumwelt passen keine alltäglichen Realitäten. Diese Bilder boten dem europäischen Kunstfreund die Möglichkeit, in einem verlorenen Paradies Zuflucht zu finden, einem glückseligen Eiland klassischer Vollkommenheit, das dennoch der geographischen Wirklichkeit entsprach und leicht aufzusuchen war.

In den ersten zwei Jahrzehnten des neunzehnten Jahrhunderts blieb die Mehrheit der europäischen Künstler und Reisenden, die Griechenland durchwanderten, gegenüber allem, was seit Perikles dort geschehen war, gleichgültig. Sie wußten genau, was sie dort zu finden hofften, und sie fanden es. Die lebendigen Bewohner dieses Landes fanden keinen Eingang in ihre Beschreibungen. (Viele westliche Besucher hegten nicht gerade besondere Sympathie für die Nachfahren der Hellenen.) Mochten sich die wilden Bergbewohner der Mani auch zu Recht als direkte Abkömmlinge der Krieger des Leonidas bezeichnen, so paßten die zeitgenössischen Griechen doch kaum in das Bild, das sich die Besucher von Perikles' Jüngern gemacht hatten. Dazu schien es, als hätten die modernen Griechen gerade die weniger erfreulichen Eigenschaften ihrer Vorfahren bewahrt: Sie waren ebenso streitsüchtig und dickköpfig wie Achill und ebenso schlau wie Odysseus. Je stärker die Besucherzahlen anwuchsen, desto mehr schwand die Illusion, dort Ebenbilder des klassischen Tugendideals vorzufinden. Waren sie nicht, bei rechtem Licht betrachtet, über vierhundert Jahre lang ihrer natürlichen Rechte beraubt gewesen? Hatte nicht Rousseau bewiesen, daß die Menschheit, in Sklaverei gehalten, mit der Zeit degenerieren muß? Und wie konnten Europäer im übrigen so gleichgültig gegenüber dem Schicksal der Griechen bleiben, da doch ihre eigene Kultur angeblich auf den Werten der alten Hellenen aufgebaut war?

William Gell, *Eine Ansicht von Athen ›à la Poussin‹*, 1800

Farbtafeln I–III

I Eugène Delacroix, *Ein griechischer Kämpfer,* ca. 1820

Wie viele seiner Zeitgenossen unter den europäischen Künstlern fühlte sich Delacroix durch das Drama des griechischen Freiheitskampfes zutiefst aufgewühlt. 1821 plante er nach dem Ausbruch der griechischen Revolution ein Gemälde, »dessen Sujet ich aus dem gegenwärtigen Krieg zwischen Griechen und Türken nehmen werde«; in derselben Zeit begann er eine Serie von Studien über die malerischen Trachten der Kämpfenden auf beiden Seiten – der griechischen Pallikaren, *der Freiheitskämpfer, und der türkischen Janitscharen. Diese Studien, vorgenommen an Trachten, die Jean Robert Auguste und andere Sammler nach Frankreich gebracht hatten, schlugen sich in Delacroix' erstem Meisterwerk zur griechischen Thematik nieder, dem* Massaker von Chios, *das er 1824 im Salon ausstellte.*

II James Stuart, *Stuart beim Zeichnen des Erechtheion,* 1751

Das Interesse des achtzehnten Jahrhunderts an griechischer Kunst fand seinen sprechendsten Ausdruck in der Zusammenarbeit von James Stuart, genannt ›der Athener‹, und Nicholas Revett, die von 1751–1753 in Athen mit peinlichster Genauigkeit Baudenkmäler untersuchten und Ausgrabungen vornahmen. Stuarts Selbstporträt, bei dem er das Erechtheion zeichnet, wurde später für Stuarts und Revetts monumentale Altertümer Athens *in Kupfer gestochen. Es trägt folgende Beschreibung aus der Feder Revetts:*

»Eine Ansicht vom westlichen Ende des Tempels der Minerva Polias und des Pandroseions. Der türkische Herr, der eine lange Pfeife raucht, ist Disdár-Agá; er lehnt an der Schulter seines Schwiegersohns, Ibrahim Agá, und schaut unseren Arbeitern zu, die gerade mit dem Ausgraben des Fundaments und der Stufen beschäftigt sind, die zum Sockel der Karyatiden führen. Er pflegte uns von Zeit zu Zeit zu besuchen, um sicherzugehen, daß wir das Gebäude nicht beschädigten; in Wahrheit aber um aufzupassen, daß wir keinen Schatz mitnahmen; er konnte sich nämlich kein anderes Motiv vorstellen, das uns bei der angestrengten Suche nach etwas, das sich unter seiner Burg befinden mußte, leiten konnte. Die zwei Türken waren von ihm im Pandroseion aufgestellt worden, um unsere Fortschritte im Auge zu behalten und ihm über unsere Entdeckungen Bericht zu geben. Das kleine Mädchen mit dem Lamm, auf das ein Negersklave aufpaßt, ist die Tochter von Ibrahim Agá. Das Lamm soll schön fett werden, um am Beiram-Fest verspeist zu werden, das, als dieses Bild gezeichnet wurde, vor der Tür stand.«

James Stuart und Nicholas Revett, *The Antiquities of Athens Measured and Delineated,* Band II, 1787

III Louis François Cassas, *Hadrians Aquädukt,* 1775

Hadrians Aquädukt, Vorlage für mehrere ›Ruinenstudien‹ des achtzehnten Jahrhunderts, wurde im Jahre 1778 auf Befehl des türkischen Gouverneurs abgerissen, um als Steinbruch für die Stadtmauern von Athen zu dienen.

»Ich verließ das Stadion und folgte dem Ilissos stromaufwärts. Nach einer Rechtswendung erreichte ich den Anchesmos-Berg, dessen Gipfel die Akropolis, den Museion-Hügel und den Areopag überragt . . . Am Fuß des Anchesmos befindet sich ein Baudenkmal im Ionischen Stil, auf dem festgehalten ist, daß an dieser Stelle Kaiser Hadrian den Aquädukt baute, um die Stadt von Athen mit Wasser zu versorgen. Der Inschrift zufolge wurde der Aquädukt im Jahr seiner dritten Konsulschaft vollendet und dem Kaiser Antoninus gewidmet . . .«

Julien David Le Roy, *Ruines des plus beaux monuments de la Grèce,* 1758

I

II

IMP CAESAR ET IVS
IN TRIB
HADRIANVS ANTONIN
ATHEMIS
HADRIANO

III

IV

V

VI

VII

Farbtafeln IV–VII

Byrons Einfluß auf die englische Kunst führte zu einer weniger gewaltsamen und dramatischen Interpretation als wir sie in den Werken von Delacroix oder anderer europäischer Künstler finden. Basierend auf den folgenden Zeilen aus Byrons Gedicht Der Traum *befinden wir uns bei Eastlake auf einer der »sonnigen Inseln« Griechenlands. Der Dichter ruht im Vordergrund unter Ruinen.*

IV Charles Lock Eastlake, *Byrons Traum,* 1829

». . . am Ende lag er dann
Und ruhte von der Mittagsschwüle aus,
Lag hingebettet zwischen Säulenstümpfen
Im Schatten einer Mauer, die die Namen
Der einstigen Erbauer überlebte;
Kamele grasten ihm zur Seite, Pferde,
gebunden an der Quelle; und ein Mann
Im fließenden Gewande stand und wachte,
Da seine Brüder schlummerten im Rund:
Und über ihnen wölbte sich der Himmel,
Als wolkenloser, blauer Baldachin . . .«

Byron, *Der Traum,* 1816

In der Mitte des neunzehnten Jahrhunderts waren griechische Trachten und Stickereien bereits ein beliebtes Thema der europäischen Künstler. Die Griechin auf diesem Bild trägt die für ihre Zeit typische Stadttracht, wenn auch ihr hoher Fez der männlichen Bekleidung entliehen ist.

V E. F. Green, *Landschaft mit einem griechischen Mädchen,* 1835

Der Künstler des neunzehnten Jahrhunderts, immer auf der Suche nach malerischen Sujets, fand in den zahlreichen Feiertagen und Festlichkeiten der Athener ideale Vorlagen. Der letzte Montag des Fastenkarnevals wurde als großes Freiluftspektakel, das den Namen Koulouma *trug, in der Nähe des Olympieion gefeiert.*

VI Christian Perlberg, *Fest beim Olympieion,* 1838

». . . es war der letzte Tag des Karnevals . . ., an dem sich eine große Schar Athener außerhalb der Stadt zu treffen pflegte, um sich an einfachen Stärkungen wie Oliven und Brot, dazu am bescheidenen Landwein, zu erfrischen, bevor sie sich den Volkstänzen widmete . . . Ich traf die gutgelaunte Gesellschaft über ihrem frugalen Mahle an. Sie hatten Kreise gebildet und einige tanzten bereits im albanischen Stil. Die schnellen Bewegungen der albanischen Tänze erinnern sehr an die der schottischen, wie auch die Geräusche, die die Tänzer hervorbringen, aus einem ›Highland Fling‹ stammen könnten.«

George Cochrane, *Wanderings in Greece,* 1837

Diese Szene ist Turners früheste Darstellung eines griechischen, von Byron beeinflußten Themas, in dem der Künstler Griechenland als Symbol für die Vergänglichkeit wählt. Der Titel stammt aus Byrons Gedicht Der Giaur.

VII Joseph Mallord William Turner, *›'S ist Hellas, doch es lebt nicht mehr!‹,* 1822

»So tönt es von den Küsten her,
'S ist Hellas, doch es lebt nicht mehr! . . .
Allmächt'ger Götter hoher Schrein,
Soll das von dir geblieben sein?«

Byron, *Der Giaur,* 1813

Die Existenz eines zeitgenössischen Griechenlands begann Europa erst zu dämmern, als sich gegen Ende des achtzehnten Jahrhunderts politische und soziale Veränderungen im Osmanischen Reich anbahnten. Der Russisch-Türkische Krieg von 1787–1792 schuf dann die Bedingungen dafür, daß eine ganze Reihe dieser Veränderungen zugunsten der Griechen ausschlugen. Im Juli 1770 kommentierte das *Gentleman's Magazine:* »Vor einem halben Jahrhundert hätte niemand geglaubt, daß diese Wilden zu solchen Höhen steigen würden; und wer weiß, vielleicht werden eben diese Menschen eines Tages mit den anderen Seemächten um die Herrschaft auf den Meeren ringen!« Dies sollte sich bis zu einem gewissen Grad bewahrheiten. Das Kuchuk-Kainarji-Abkommen, das die Russen dem Sultan im Jahr 1774 aufzwangen, erwies sich für die griechischen Händler als sehr hilfreich, da es ihnen eine freie Geschäftsausübung ohne die Gefahr einer Besteuerung durch die Hohe Pforte ermöglichte. Von nun an dehnte sich der griechische Handel über Italien bis nach Frankreich, Deutschland, Österreich, Ungarn und Rußland aus; was wiederum zur Bildung griechischer Gemeinden in den großen Handelszentren Europas führte: Wien, Marseille, Triest, Odessa, Budapest, um nur einige zu nennen. Bald war ein deutliches Anwachsen kultureller Aktivitäten zu verspüren, die von einer breiten merkantilen Schicht innerhalb und außerhalb Griechenlands getragen wurden.[25] Angesichts dieser florierenden griechischen Gemeinden begann man in Europa die überkommenen Vorstellungen von den modernen Griechen zu überdenken und jene Ansicht in Frage zu stellen, derzufolge die Bewohner der hellenischen Lande nur die heruntergekommenen Nachfahren ihrer glorreichen Ahnen waren.

In der Reiseliteratur der Zeit wurden Parallelen zwischen modernen und antiken Verhaltensformen gezogen, und man machte sich sogar Gedanken über die Zukunft der versklavten Griechen. Der französische Gelehrte Pierre Augustin Guys zum Beispiel erklärte im Vorwort zu seiner *Voyage littéraire de la Grèce* (1771):

Beim Studium der alten Geschichte muß man notgedrungen bei den Griechen beginnen . . . Darüber hinaus ist es, meiner Meinung nach, die Pflicht eines Reisenden, zu prüfen, ob die Bewohner eines an Altertümern so reichen Landes unserer Aufmerksamkeit wert sind . . . Die Tatsache, daß sich die Griechen ihren Charakter bewahrt haben, ist ihrer tiefen Überzeugung zu verdanken, daß ihre Sitten und Überlieferungen der einzige Besitz sind, der ihnen geblieben ist.[26]

Die Illustrationen in Guys' Buch, nach zeichnerischen Vorlagen von David, sind thematisch ihrer Zeit verpflichtet, während der Stil noch ganz im Banne der klassischen Komposition steht. Friedrich Hölderlins *Hyperion oder der Eremit in*

J. L. David, *Ein griechisches Begräbnis,* aus Pierre Augustin Guys, *Voyage littéraire de la Grèce,* zweite Auflage, 1776

Das sterbende Griechenland zwischen klassischen Ruinen, aus Comte de Choiseul-Gouffier, *Voyage pittoresque de la Grèce,* Band I, 1782

Griechenland, erschienen 1797–1799 bei Cotta in Tübingen, ist ein dithyrambisches Preislied auf das antike Griechenland, zur selben Zeit aber ein beredtes Plädoyer für seine politische Wiedergeburt. Die dreibändige *Voyage pittoresque de la Grèce* (1782–1812) des Comte de Choiseul-Gouffier schwelgt in Ansichten der blühenden Hafenstädte der Ägäis. Das Frontispiz zum ersten Band ist geradezu ein Vorbote des philhellenischen Erwachens: Griechenland sitzt zwischen den zerfallenen Gräbern des Perikles, Themistokles und anderer griechischer Heroen, über sich den lateinischen Spruch *exoriare aliquis* (»Aus meinen Gebeinen wird dereinst der Rächer erstehen«).[27] »Es kann gar nicht klar genug ausgesprochen werden«, betont Choiseul-Gouffier in der Einleitung, »daß es in diesem Lande noch Männer gibt, stark genug, dem Vermächtnis ihrer Ahnen neues Leben zu verleihen.« – Im neunzehnten Jahrhundert begannen neue Themen in der Reiseliteratur über Griechenland aufzutauchen. So interessiert sich der italienische Künstler Simone Pomardi, der eine große Zahl griechischer Skizzen an Dodwell verkaufte, für das Alltagsleben. Sein *Viaggio della Grecia* (1820) ist voll von Beschreibungen griechischer Gebräuche. Dasselbe Interesse finden wir in der *Voyage à Smyrne, dans l'archipel et l'île de Candie* (1817) des französischen Diplomaten J. M. Tancoigne. Der ungarische Fürst Etienne Szechenyi, einer der wenigen mitteleuropäischen Politiker, die Griechenland besuchten, schrieb überschwengliche Berichte über die griechischen Schulen, die er in Ioannina und Chios gesehen hatte. Aber die denkwürdigste Veröffentlichung dieser Jahre war *An Essay on Certain Points of Resemblance between the Ancient and Modern Greeks* (1813) von Frederick S. Douglas, dem Cousin des berühmten Earl of Guildford.
Auf einem anderen Feld – die Erforschung Griechenlands fiel mit der Entwicklung naturgeschichtlicher Studien zusammen – beschäftigten sich europäische Wissenschaftler mehr und mehr mit der einzigartigen Vielfalt der griechischen Pflanzenwelt. Der böhmische Botaniker Franz Sieber beispielsweise sammelte und trocknete griechische Pflanzen der Inselwelt. Noch heute ist das Standardwerk über die griechische Flora die wundervoll illustrierte Publikationsfolge *Flora Graeca* (1806–1828), die auf den Forschungen John Sibthorps an der Wende zum neunzehnten Jahrhundert basierte.
Auch Untersuchungen mit politischer Motivation wurden unternommen, so von offiziellen Repräsentanten europäischer Regierungen. Schon seit dem Anfang des neunzehnten Jahrhunderts wimmelte es in Griechenland – dank der Rivalität der europäischen Mächte bei der Verteilung des osmanischen Erbes – von militärischen und diplomatischen Missionen. Im Jahre 1800 stellte der napoleoni-

Ein Klephte (griechischer Freiheitskämpfer), aus François Charles Pouqueville, *Voyage dans la Grèce*, zweite Auflage, 1826–1827

sche Handelskommissionär André Grasset-Saint-Sauveur in seinem dreibändigen Werk *Voyage historique, littéraire et pittoresque dans les isles et possessions ci-devant vénitiennes du Levant* eine Zusammenfassung der gründlichen Erkenntnisse vor, die die Franzosen über die griechischen Territorien erworben hatten. Im selben Jahr veröffentlichte Félix de Beaujour, der französische Konsul in Thessaloniki, sein *Tableau du Commerce de la Grèce*, das auch heute noch eine wertvolle Quelle zur griechischen Ökonomie an der Wende zum neunzehnten Jahrhundert darstellt; in dessen ersten Jahren war es wiederum ein Engländer, der unermüdliche Oberst William Martin Leake, der für seine Regierung einen äußerst detaillierten Bericht über Griechenland erstellte.[28] Vielgelobt wegen ihrer Reichhaltigkeit war auch die fünfbändige *Voyage dans la Grèce* (1825) des napoleonischen Konsuls in Ioannina, François Charles H. L. Pouqueville.
Dennoch, die europäischen Besucher Griechenlands waren nichts weniger als einstimmig in ihren Ansichten, ja, einige konnte man durchaus als ›Mishellenen‹ bezeichnen, während andere später zu Mitgliedern der vielen europäischen Komitees wurden, die die Sache Griechenlands auf ihre Fahne geschrieben hatten.
1805 lieferte der spätere preußische Generalkonsul in Rom, Jakob Salomon Bartholdy, eine Beschreibung der Griechen als eines »Haufens ausgetrockneter Stämme, die das einzige Zeugnis für einen einstmals stolzen, edlen Wald sind«. Zu Bartholdys *Bruchstücken zur nähern Kenntniss des heutigen Griechenlands* steht das Ergebnis einer Griechenlandreise des hervorragenden französischen Malers Ambroise Firmin-Didot im Jahre 1816 in deutlichem Kontrast: Die *Bibliothèque des auteurs grecs*, herausgegeben unter der Aufsicht von Adamantios Korais, sollte zu einem seiner bedeutendsten Unternehmen werden. Die stark gefühlsmäßig geprägte Erzählung Chateaubriands *Itinéraire de Paris à Jerusalèm* (1811), die den kurzen Aufenthalt des Autors in Griechenland zum Thema hat, führt dem Leser das Pathos des Verfalls in diesem Lande vor Augen:

Dies Schauspiel Attikas, über dem ich sann, war einst von Augen überblickt worden, die seit über zweitausend Jahren geschlossen sind . . . Von dem Punkt aus, an dem wir uns befanden, mag man zu Athens Blütezeit die Flotte gesehen haben, wie sie aus dem Piräus auslief, dem Feind entgegen oder hinüber zu den Delischen Festen; vielleicht hätten wir des Ödipus, des Philoktet und der Hekuba Gram vernommen, wie er uns aus dem Bacchus-Theater entgegengehallt wäre: wir hätten den Beifall der Bürger gehört und die Reden des Demosthenes. Doch ach! Kein Ton erreichte unser Ohr, nur verirrte Rufe dieses versklavten Volkes, die von Zeit zu Zeit zwischen den Mauern aufklangen, die einst das Echo freier Stimmen zurückgeworfen hatten.[29]

Angesichts dieser Realitäten begann sich das europäische Gewissen unwohl zu fühlen – welches Gefühl noch verstärkt wurde, als der junge Harold die Szene betrat, der Held von Byrons 1812 veröffentlichtem *Childe Harold's Pilgrimage.* Byron drängte den Zustand des modernen Griechenland der Vorstellung und dem Gewissen Europas förmlich auf: Von nun an war Griechenland nicht mehr nur der verlassene Aufenthaltsort von Nymphen und Musen. In Byrons Leidenschaft enthüllte es sich als pulsierende Welt der tausend Farben, eine Welt, die *lebte:*

Und doch, in deinem Leid wie bist du schön,
Verschwund'ner Götter, toter Helden Land;
Es künden grünes Tal und schneebedeckte Höh'n,
Daß die Natur als ihren Liebling dich erkannt . . .[30]

Griechenland spürte deutlich die Erschütterungen, die durch die Französische Revolution ausgelöst wurden. Auch erwiesen sich der Zerfall des Osmanischen Reiches und seiner zentralistischen Regierung für die griechische Sache günstig. Schon in den ersten Jahren des neunzehnten Jahrhunderts bildete sich in Griechenland ein neuer Sinn für nationale Eigenständigkeit heraus, der dem Entste-

Ferdinand Bauer, *Vignette mit einer Ansicht des Parnaß*, aus *Flora Graeca*, Band I, 1806

MONS PARNASSUS.

hen einer organisierten Revolte als Katalysator diente. Durch die nominelle Unabhängigkeit der Ionischen Inseln im Jahr 1814 wurde auch das griechische Festland ermutigt.[31] Im selben Jahr wurde die *Philiki Etaira,* eine Geheimgesellschaft zur Bildung eines großen, von Griechen beherrschten Staates, in Odessa gegründet. Sechs Jahre später suchten die Mitglieder dieser *Hetärie* den Grafen Ioannes Kapodistrias als ihren Führer zu gewinnen, der, obgleich Grieche, einer der wichtigsten Minister des Zaren war. Nach seiner Ablehnung übernahm Alexandros Ypsilanti, ein russischer Armeegeneral und fanariotischer Grieche (aus dem Stadtviertel Fanar von Konstantinopel stammende Griechen hatten einst hohe Ämter in türkischen Diensten bekleidet), das Amt. Anfang März 1821 begann der Aufstand. Ypsilanti fiel in die Moldau ein, fand dort aber nur wenig Sympathie für die griechische Sache. Sein Unternehmen scheiterte. Doch mit der Ausrufung der Revolte durch den Metropoliten Germanos von Patras am 25. März breitete sich die Erhebung gleichermaßen über Festland wie Inseln aus.

Dies ist die Zeit des Krieges der Unterdrückten wider ihre Unterdrücker, in der die Rädelsführer der privilegierten Mörder- und Betrügerbanden, die gemeinhin Herrscher genannt werden, sich gegeneinander ihrer Hilfe zu versichern suchen gegen den gemeinsamen Feind; die angesichts der größeren Furcht, die sie beherrscht, sogar den Neid aufeinander zurückstellen. Alle Despoten dieser Erde können zu Mitgliedern dieser ›Heiligen Allianz‹ werden. Doch ganz Europa erlebt den Aufgang einer neuen Menschenrasse: Aufgezogen im Abscheu vor den Vorurteilen, aus denen ihre Ketten geschmiedet sind, wird sie selbst wieder neue Generationen hervorbringen, um das Schicksal zu erfüllen, vor dem die Tyrannen bangen und zittern.

Dies schrieb Shelley in seiner Einleitung zu *Hellas* im Jahre 1822. Was Griechenland betrifft, fand die allgemeine Ansteckung mit freiheitlichem und emanzipatorischem Gedankengut – das den romantischen Revolutionären aller Länder als Aktionsprogramm diente – ihren Ausdruck in der ›Philhellenischen Bewegung‹.[32] Der Philhellenismus bildete die neue Grundströmung in Europas Einstellung zu Griechenland und lief damit der Politik der meisten Regierungen diametral entgegen. Als sich die Neuigkeiten über den griechischen Aufstand in Europa verbreiteten, eilte eine große Zahl Freiwilliger zu seinen Fahnen; unter diesen europäischen ›Sympathisanten‹ eines unabhängigen Griechenlands fanden sich ehemalige Soldaten, Söldner, Berufsrevolutionäre, politische Flüchtlinge, Universitätsabsolventen ebenso wie verkrachte Existenzen, dazu Romantiker und Abenteurer aller Gesellschaftsschichten. Einige Monate nach dem Massaker von Chios im Jahr 1822 organisierte sich das Bataillon der Philhellenen. Am Ende dieses Jahres fand sich die ›Deutsche Legion‹ in Griechenland ein. In ganz Europa wuchsen Philhellenische Gesellschaften und Komitees aus dem Boden, um Gelder aufzubringen und Freiwillige für die griechische Sache anzuwerben. Das Londoner Griechische Komitee wurde 1823 gegründet; das Pariser zwei Jahre später. Durch Byrons Ankunft auf griechischem Boden verwandelte sich die Philhellenische Bewegung in eine Art romantischen Kreuzzug. Sein Tod in Griechenland im Jahr 1824 wurde zu einem Symbol, das die philhellenische Stimmung noch weiter anheizte. Mit der Zerstörung von Missolunghi, zwei Jahre darauf, hatte der Philhellenismus in Europa wohl seinen Höhepunkt erreicht.

Wird unser Jahrhundert tatenlos zusehen, wie Horden von Wilden eine Kultur im selben Augenblick auslöschen, in dem sie sich anschickt, aus dem Grab derer aufzuerstehen, die einst die Welt zivilisierten? Wird das Christentum seelenruhig zulassen, wie Türken Christen erwürgen? Und können die rechtmäßigen Monarchen Europas schamlos gestatten, daß ihr gesalbter Name eine Tyrannei ziert, die mit dem von ihr vergossenen Blut den Tiber röten könnte?

So schrieb Chateaubriand 1825 in seinen *Notes sur la Grèce.* Seine feurige Stellungnahme ist ein gutes Beispiel für die verschiedenen Betrachtungsweisen des Philhellenismus. Tatsächlich wurde die griechische Sache gleichermaßen von

H. L. V. J. B. Aubry-Lecomte, *Chateaubriand und Mme de Staël unter Griechen,* 1827

den Liberalen, den Christen, den Humanisten, den klassischen Gelehrten, ja, von jedem anständigen Europäer für sich beansprucht. Alle Mitglieder des Britischen Parlaments, die zum Griechischen Komitee gehörten, waren entweder Liberale oder Radikale, und selbst Jeremy Benthams Name steht auf der ursprünglichen Mitgliederliste. Die erste französische Gesellschaft zugunsten der Griechen war die *Société de la morale chrétienne,* die Gesellschaft der christlichen Moral, eine philantropische Organisation, die sich Sozialreformen widmete. Das Pariser Komitee setzte sich zum größten Teil aus Liberalen und Orleanisten zusammen. In Deutschland fanden sich die feurigsten Anhänger unter den liberalen Studenten, auch wenn es anfangs die Professoren gewesen waren, die sich an die Spitze der philhellenischen Bewegung gesetzt hatten. 1825 wurde ein ehemaliger napoleonischer Offizier und erklärter Liberaler, Oberst Fabvier, zum Kommandanten der regulären griechischen Streitkräfte. Im selben Jahre fiel der Conte di Rosa, ein berühmter *Carbonaro*-Geheimbündler und Mitanführer der Piemonteser Revolution, als einfacher Soldat in Griechenland.
Der Kampf in Griechenland wurde bald zum heiligen Krieg der Christen gegen die Ungläubigen. Zudem erinnerte er an die Kreuzzüge, in denen die Auseinandersetzung zwischen Kreuz und Halbmond bereits Geschichte geworden war. »Würde unsere Stimme nur gehört, dann wehte die Standarte des Kreuzes über den Dächern Konstantinopels oder dem Parthenon und die Hagia Sophia könnte ihrer ursprünglichen Bestimmung zugeführt werden«, verkündete der *Constitutionnel* am 26. Juli 1821. Die Griechen wurden nicht mehr nur als Nachkommen des Perikles angesehen, sondern auch als Kinder der Gemeinde des Apostels Paulus. Der englische Philhellene Edward Blaquiere bekannte, daß er sich deshalb für die griechische Sache einsetzte, weil er »enthusiastischer Anhänger der griechischen Freiheit« sei, »nicht weniger aus einem religiösen Gefühl heraus, als aus Dankbarkeit für ihre Vorfahren«. Doch blieb es auch die Bewun-

derung für das antike Hellas, die in Europa die Sympathie wachsen ließ. »Europa hat eine gewaltige Schuld gegenüber Griechenland, . . . keinem anderen als diesem Land verdankt es seine Künste und Wissenschaften«, erklärte Kronprinz Ludwig von Bayern. Klassische Anspielungen waren in der philhellenischen Literatur und Kunst gang und gäbe. Bei einer Vorlesung über Racines *Iphigénie* meinte Abel François Villemain zum Publikum gewandt: »Die Iphigenien des modernen Griechenland, das sind jene christlichen Jungfrauen, die sich lieber umbringen als dem Feind ausliefern. Auf ihre Gräber werden wir den Namen ›Märtyrerinnen des Schönen‹ setzen.« In Spanien war es Francisco Martínez de la Rosa, der die Griechen mit folgenden Versen anspornte:

Edle Kinder Spartas und Athens
Vernehmt die Stimme eures Landes
Zerbrecht die beschämenden Ketten
Und schmiedet die Waffen des Kampfes.[33]

Wieder schien die Sonne Hellas' auf das moderne Griechenland; doch dieses Mal versuchten die Führer der Revolution, es zu seinem Nutzen zu verwenden.

Erinnern wir uns, tapfere und edelmütige Griechen, der Freiheit des klassischen Griechenland, der Schlachten bei Marathon und den Thermopylen; laßt uns über den Gräbern unserer Ahnen kämpfen, die für unsere Freiheit kämpften und gestorben sind. Vergießen wir das Blut unserer Tyrannen für die Schatten des Thebaners Epaminondas und des Atheners Thrasybulos, . . . des Harmodius und Aristogiton, . . . vor allem aber für jene des Miltiades, Themistokles, Leonidas und der Dreihundert, die aus der unzählbaren Masse des barbarischen Perserheeres ein vielfaches ihrer eigenen Zahl mit in den Tod nahmen – die Stunde ist gekommen, in der wir deren Nachfahren vernichten werden, die um soviel barbarischer und verachtenswerter noch sind als jene es waren!

So lautete der Text der von Alexandros Ypsilanti im Jahr 1821 herausgegebenen Proklamation.[34] Die Führer der griechischen Revolution hatten erkannt, daß sie von einer Inanspruchnahme ihres hellenischen Erbes nur profitieren konnten. Die Betonung der Ähnlichkeit zwischen modernen Griechen und Hellenen ließ die griechische Sache in den Augen Europas nicht nur attraktiver erscheinen, sie vermittelte auch dem wachsenden Gefühl der Griechen für nationale Eigenständigkeit den entscheidenden Akzent. Auch schien es nur billig für die Griechen, die hellenische Welt als ihr Mutterland zu beanspruchen, nachdem der Rest Europas sich schon dazu bekannt hatte. »Wir sind alle Griechen . . . unsere Gesetze, unsere Literatur, unsere Religion, unsere Künste, sie alle sind in Griechenland verwurzelt«, erklärte Shelley in der Vorrede zu *Hellas.* So sollte nun die in Europa genährte hellenische Tradition nach Griechenland zurückkehren.

»Nicht die Regierungen Europas haben Griechenland gerettet, sondern die öffentliche Meinung.« Diese Erkenntnis ist keine Übertreibung, denn der Philhellenismus war vor allem eine Bewegung im Volk. Er sprach ebensogut den französischen Arbeiter an wie den Schweizer Bankier, die Dame der französischen Aristokratie wie den deutschen Intellektuellen, die königliche Familie Schwedens ebensogut wie den bayerischen Kronprinzen – jeder vornehm gesinnte Europäer fühlte sich betroffen. Der Philhellenismus wurde zur Mode, ja zur Sensation. In ganz Europa wurde Literatur über Griechenland den Druckern aus den Händen gerissen, Wohltätigkeitskonzerte wurden veranstaltet, Theaterstücke zugunsten der *Pallikaren,* der griechischen Unabhängigkeitskämpfer, aufgeführt, Bilderausstellungen organisiert.

Wilhelm Müller, genannt Griechenmüller, der vor allem durch Schuberts Vertonungen seiner Liederzyklen bekannt wurde, war dichterischer Wortführer des deutschen Philhellenismus. Müllers *Lieder der Griechen,* die in seiner Geburtsstadt Dessau 1821 erschienen, wurden in den ersten sechs Wochen nach ihrer Veröffentlichung über tausendmal verkauft. Im selben Jahr druckte das *Morgenblatt* bewegende Gedichte von Friederike Brün, Karoline Marie Louise Brachmann

und Amalie von Helvig-Imhoff ab – Namen, die in der deutschen Literaturgeschichte so gut wie vergessen sind; was auch für Karl Iken gilt, in dessen 1822 erschienenem Werk *Hellenion, über Kultur, Geschichte und Literatur der Neugriechen* der Leser eine Panoramaübersicht über das Griechenland am Vorabend der Revolution fand. Einige Monate darauf brachte ein Gedicht im *Morning Chronicle, Die Tränen von Chios,* die englischen Leser zum Weinen. Und aller Herzen wurden durch Casimir Delavignes Elegien *Tyrtée bei den Griechen* und *In den Ruinen von Griechenland* aus seiner Sammlung *Messeniennes* (1818) bewegt. In seinem Gedicht *Anrufung für die Griechen* beschwor Alphonse de Lamartine 1826 den Kriegsgott, auf seiten der Griechen zu kämpfen. 1825 fand Michael Pichats Tragödie *Leonidas* ein begeistertes Publikum, wobei die Anwesenheit eines Sohnes des Seehelden Kanaris in der Loge des Duc d'Orléans ihr Teil dazu beitrug. Im folgenden Jahr erlebte Rossinis Oper *Die Belagerung von Korinth,* nach einem Libretto von Alexandre Soumet, ihre Uraufführung. Nach dem Fall von Missolunghi trat auch Victor Hugo mit seinem Gedicht *Die Köpfe des Serail* (1826) den Reihen der Philhellenen bei.
Verständlicherweise ergriffen sowohl Maler als auch Dichter vom Thema des griechischen Kampfes Besitz. Ein französischer Kunstkritiker schrieb über die im Salon von 1827 ausgestellten Bilder mit griechischer Thematik:

Glücklich die Völker, die einen bescheidenen Platz in der Geschichte einnehmen; glücklich jene, die niemals die Augen von Dichtern und Künstlern angezogen haben. Das immergleiche Dasein einer friedlichen Nation bietet keine der feurig-lebhaften Vorstellungen, die das Genie sucht. Jene Nationen aber, die so oft mit Lyra und Feder gefeiert werden, müssen ihren Ruhm mit ihrer Glückseligkeit bezahlen. Gerade heute geschieht es, daß Griechenland sich mit dem Preis von Blut und Tränen das Recht erwirbt, die Kinder der Musen mit Inspirationen zu versorgen. Die Hellenen, mit ihrem Heroismus, ihren Katastrophen, ihren Siegen und Niederlagen, haben eben damit unseren Malern eine Menge Stoff geliefert.[35]

Rein bildlich betrachtet, haben die heroischen, religiösen, klassischen und orientalischen Elemente in den griechischen Kriegen tatsächlich für europäische Maler ein ungewöhnlich attraktives Themenfeld geboten. Zusätzlich war die Sachlage dem europäischen Publikum bald so vertraut, daß die Künstler ihre Darstellung als indirekte Anspielung auf die Unterdrückung in ihrem eigenen Land benutzen konnten.
Besonders bei den französischen Malern waren philhellenische Themen beliebt. 1826 wurde in der Galerie Lebrun eine Ausstellung *au profit des Grecs* abgehalten.[36] Unter den 198 ausgestellten Werken waren auch die Namen der herausragendsten Künstler vertreten: Horace Vernet, A. M. Colin, Ary Scheffer, A. Devéria, R. P. Bonington und Delacroix, der vier Werke, darunter das *Massaker von Chios,* beigetragen hatte. Delacroix wird allgemein als der europäische Maler des Philhellenismus par excellence angesehen. Sein *Massaker von Chios* war das einzige Bild griechischer Thematik, das im Salon von 1824 ausgestellt worden war.[37] Es zeigte dem Betrachter zum ersten Mal eine griechische Darstellung, die weder von paradiesischer Ruhe noch von künstlicher Dramatik geprägt war. Sein düsterer Himmel diente nicht mehr dem Zweck, beim Publikum die melancholische Erkenntnis der Vergänglichkeit klassischer Größe hervorzurufen. Die verwüstete Landschaft, die von Rauch und Feuer erfüllte Luft waren nicht mehr bloße Lichteffekte – sie waren Wirklichkeit.
»Rapelle-toi, pour t'enflammer éternellement, certains passages de Byron« – »Erinnere dich, um dich auf ewig zu entzünden, an bestimmte Passagen bei Byron« –, notierte Delacroix am 11. Mai 1824 in sein Tagebuch. Durch Byrons Verse hatte sich ihm Griechenland enthüllt, wie so vielen anderen seiner Zeitgenossen, die sich mit griechischen Themen beschäftigten. Es war Byron gelungen, vibrierende Farben und das Geheimnis des Ostens mit der aktuellen Realität zu verbinden. Die tragischen Helden und Heroinen, denen wir in *Der Korsar, Der Giaur, Die*

Eugene Delacroix, *Griechischer Kämpfer zu Pferde*, 1856

Braut von Abydos und *Don Juan* begegnen, entstammen der farbigen Welt der Phantasmagorie. Stellte nun Byrons Dichtkunst die orientalischen Geschmacksansprüche der Zeit zufrieden, so ließen seine Rolle als poetischer Vorkämpfer Griechenlands und sein Tod in Missolunghi ein ganzes Spektrum an griechischer Ikonographie entstehen. Byrons Jungfrauen und suliotischen Freiheitskämpfer (die das Kastell Suli gegen zahlreiche Angriffe der türkischen Übermacht lange Zeit behaupteten) traten in den Ausstellungsräumen an die Stelle der Nymphen und Flußgötter, während die Orte, an denen seine Gedichte spielten, in den Rang klassischer Stätten aufstiegen. Der Name Missolunghi wurde zum Symbol für die Bestrebungen aller europäischen Förderer der griechischen Sache.
Während die Jahrhundertwende Griechenland noch als klassisch gewandete Frau dargestellt hatte, die zwischen den Gräbern antiker Helden ruht (wie im Frontispiz zu Choiseul-Gouffiers Buch) oder zu Füßen der Akropolis trauert (wie in J. M. W. Turners Fantasie; Taf. VII), sieht man im Jahr 1827 das moderne Griechenland in Missolunghi sterben. Es trägt nicht mehr die Tunika, und kein klassischer Tempel ist in Sichtweite. In den Worten Sir Walter Scotts:

Griechenland, die Wiege der Dichtkunst, unseren Studien seit frühesten Zeiten vertraut, wurde uns (von Lord Byron) im Zustand des Zerfalls und der Trauer gezeigt. In Lord Byrons Poesie trat diese beglückende Landschaft vor unsere Augen. Die Gottheiten, denen sie einst geweiht war, sind heute zwar von ihrem Olymp vertrieben, doch verkörpern sie immer noch ein Reich der Poesie. Byron bereicherte sein Bild durch die moralischen Lehren, die aus dem vergangenen und gegenwärtigen Griechenland zu ziehen sind, obwohl gerade dies durch die ewig neu aufgewärmten Vergleiche in Zweifel gezogen wurde, Vergleiche zwischen den Philosophen und Helden, die einst dieses romantische Land bevölkert hatten,

Louis Duprè, *Landschaft mit einem Griechen*, ca. 1830

Antoine Charles Horace Vernet, *Die Niederlage*, 1827

Richard Parkes Bonington, *Porträt eines jungen Griechen*, ca. 1825–1826

Karl Krazeisen, *Griechen im Kampf zwischen klassischen Ruinen*, 1829

Bronzenes Tintenfaß mit einer Statuette des sterbenden Markos Botsaris, ca. 1835–1840

Louis Dupré, *Die Jungfrau des Thyamis*, 1825

Joseph Denis Odevaere, *Byrons Tod*, 1826

und ihren Nachkömmlingen, die sich entweder ihren skythischen Besatzern unterwerfen, oder in ihrer klassischen Bergwelt eine Unabhängigkeit aufrechterhalten, die so wild und ungezähmt wie bedenklich ist.

Damit soll nicht gesagt sein, daß die klassischen Anspielungen völlig hinter den Kriegsszenen verschwanden, im Gegenteil: Sie wurden immer noch auf breiter Basis verwendet, doch in einem neuen Kontext. Sie waren nun Anspielungen auf ein klassisches Erbe, das sich als treibende Kraft für die Griechen erwiesen hatte und das sie mit einem Heldentum verteidigten, das ihrer Vorfahren würdig war. In Karl Krazeisens *Griechen im Kampf zwischen klassischen Ruinen* sehen wir die stolzen Krieger unter dorischen Säulen. Auf einem französischen Tintenfaß stirbt der griechische Volksheld Markos Botsaris, ein moderner Leonidas, mit derselben Würde wie die berühmte hellenistische Skulptur im *Museo Capitolino.* In Joseph Odevaeres *Byrons Tod* steht das Sterbelager des Dichters unter einer Freiheitsstatue, an deren Sockel sein Schwert lehnt, während »die Lyra den Händen des Barden der Hellenen entgleitet«. Der Ausdruck vollkommener Ruhe in Byrons Gesicht und sein lorbeerbekränztes Haupt erinnern an den Hektor in Davids *Andromache betrauert den Tod des Hektor* (1783). Unter Verwendung klassischer Elemente verklärt Odevaere das konkrete Ereignis in ein Urbild von universaler Bedeutung.

Dennoch erwiesen sich die religiösen Implikationen der griechischen Sache als nicht minder bedeutend als die klassischen. Der Kampf zwischen Kreuz und Halbmond regte Szenen wie Duprés *Jungfrau des Thyamis* an, der erklärte:

So dokumentieren die schändlichen Türken ihre Gegenwart und ihre Verachtung für die christliche Religion. Vergleicht man all die vielen, ähnlich unerhörten Gewalttaten auf der einen Seite mit dem unendlichen Leiden auf der anderen, so beginnt man sich zu fragen, ob die Mohammedaner in Europa stärker sind als die Christen.[38]

Lodovico Lipparini, *Byrons Eid in Missolunghi,* 1824

Ary Scheffer, *Ein junger Grieche verteidigt seinen verwundeten Vater,* 1827

Cesare dell'Acqua, *Griechische Mutter*, 1860

An Darstellungen, auf denen Sterbesakramente verteilt, christliche Jungfrauen von grausamer Türkengier verfolgt und ehrwürdige Priester erniedrigt werden, erhitzten sich die Gemüter des christlichen Europa. Mit Gewißheit kann man sagen, daß die romantischen Künstler sich mehr durch die Tragödien als die Errungenschaften der Revolution bewegt fühlten. Es waren meist die Niederlagen der Griechen – das Massaker von Chios, die Zerstörung von Missolunghi, das Opfer der suliotischen Frauen, die Evakuierung von Parga –, nicht ihre Siege, die sie darstellten. Die meisten philhellenischen Bilder verraten die Bemühung des Künstlers um emotionale Wirkung. Lodovico Lipparinis *Byrons Eid* beispielsweise überzeugt sowohl vom Gefühl her als auch durch die historische Treue bei der Darstellung einer heroischen Geste als einer alltäglichen Szene. So wie der alte Mann seinem Enkel auf dem Bild, möchte der Maler dem Betrachter die geschichtliche wie die moralische Dimension des Ereignisses mitteilen. In Ary Scheffers *Ein junger Grieche verteidigt seinen verwundeten Vater* verbindet sich der historische Augenblick mit dem persönlichen Drama, wodurch Patriotismus und moralische Verpflichtung hervorgehoben werden. Der Künstler versucht die Tapferkeit und das Ethos des Jungen zu vermitteln, der trotz seiner Jugend in einem verzweifelten Augenblick seiner Pflicht nachkommt. Die Botschaft lautet: Für einen Griechen ist kein Unterschied, ob er für seinen Vater oder seine Freiheit kämpft. Eine solche Szene bewegte nicht nur das Herz, sie heiligte auch die griechische Sache. Cesare dell' Acquas *Griechische Mutter* ist dramatisch und gefühlsgeladen. Trotz ihrer Angst von grimmiger Entschlossenheit, läßt die junge Mutter keinen Zweifel daran, daß niemals ein Feind das Kind ihren Armen entreißen wird. Sehr erfolgreich war das Motiv vom *Kampf zwischen Giaur und Pascha*.[39] Obwohl vom Bildlichen her der Fantasie entstammend, übermittelte es eine klare Aussage mit einer ganzen Reihe romantischer Anspielungen. So

Giovanni Boggi, *Porträt von Theodoros Kolokotronis,* 1825

Ludwig Vogel, *Porträts griechischer Flüchtlinge in Zürich,* 1823 (oben und unten)

wurde der Kontrast zwischen dem Griechen und dem Türken als Symbol für den Kampf zwischen Christen und Heiden, Zivilisation und Barbarei, Freiheit und Unterdrückung angesehen.

Die populärsten griechischen Motive wurden lithographiert und dadurch weit verbreitet. 1823 erhielt der Schweizer Genremaler Ludwig Vogel vom Schweizer Philhellenischen Komitee den Auftrag, die nach Zürich geflüchteten Kämpfer aus Ypsilantis Armee zu porträtieren. Seine Zeichnungen sollten lithographiert und dann zugunsten der Griechen verkauft werden. Zwischen 1826 und 1829 wurde Giovanni Boggis Sammlung der berühmtesten Charaktere des griechischen Kampfes veröffentlicht, während Adam Friedels *Porträts der Helden der griechischen Revolution* 1827 in London erschienen. Obwohl nach der Natur gezeichnet, hatten die meisten dieser Porträts wenig Ähnlichkeit mit den Abgebildeten. Für einen neutralen Beobachter wäre es schier unmöglich gewesen, in Friedels zuckersüßer Dame jene angeblich abgebildete *Bobolina, die berühmte Heldin von Spezia* zu erkennen. 1828 bot Jean Zubers Tapetenfabrik in Rixheim eine Serie von Panoramen an, die den Titel *Ansichten des modernen Griechenland oder die Kämpfe der Griechen* trug. Die Szenen, zusammengestellt von Jean Julien Deltil, boten ein Pasticcio der populärsten griechischen Szenen des Tages.[40] In Wohltätigkeitsbasaren wurden philhellenische Töpfe, Teller, Kaminschirme und Fächer mit Darstellungen verwundeter *Pallikaren* und athenischer Jungfrauen feilgeboten; ein Pariser Juwelier verkaufte *au profit des Grecs* Broschen in Form und Farben der griechischen Flagge; in Magdeburg verkaufte ein Konditor Torten, die mit philhellenischen Reimen geschmückt waren; philhellenische Plakate, auf denen Lord Byron beim Besteigen des Schiffes nach Griechenland seiner Heimat Abschied winkt, fanden in ganz Europa Verbreitung. Französische Arbeiter steuerten zur Revolution ihren Groschen bei und meinten ganz philosophisch: *Die Griechen sind Franzosen. Tun wir für sie eine gute Tat mehr und trinken wir eine Flasche weniger!* Man sah Darstellungen, auf denen Damen der Aristokratie ihren Schmuck für die griechische Sache opferten. Und die Kämpfe in Griechenland boten den Künstlern schier unerschöpfliches Material für ihre meist trivialen Werke. In den lithographierten Bilderfolgen *Der sterbende griechische Kämpfer* oder *Der griechischen Kämpfer letztes Gefecht* finden wir bedauernswerte Griechen, die in anmutigsten Posen dahinsterben: Operettenszenen, deren Geschmacklosigkeit

Adam Friedel von Friedelsburg, *Porträt der Lascarina Bouboulina,* 1827

BOBOLINA

The distinguished Heroine from Spezia

This Print forms one of the Series of Greek Portraits 1st Part now in course of Publication in London & Paris 1827 by A Friedel & Sold by the principal Book & Printsellers in Town & Country

Une Héroine distinguée du l'Isle de Spezzia

Publie a Londres et a Paris 1827 par A Friedel Ces dessins forment une Serie de Portraits des Grecs, (1re Partie) et se trouve chez tous les principaux libraires et marchands d'estampes a Paris & dans les departements

Bronzene Uhr, geschmückt mit einer Statuette des Konstantinos Kanaris, ca. 1835–1840

Bronzene Uhr, geschmückt mit einer Szene aus dem griechischen Unabhängigkeitskrieg, ca. 1825–1830

Porzellanvase mit einer Darstellung ›Kampf von Giaur und Pascha‹

Porzellanteller mit einem Gruppenbild des Französischen Philhellenischen Komitees, ca. 1830

Notenheft zu ›*Le dernier cri des Grecs*‹ (›Der letzte Schrei der Griechen‹), 1828

Die Niederlage, Kaminschirm mit einer Darstellung nach dem Gemälde von Antoine Charles Horace Vernet (siehe S. 51)

George Philip Reinagle, *Die Schlacht von Navarino*, 1827

George Cruickshank, *Das Mahl der Großmächte nach der Schlacht von Navarino* (Das Gericht ist offensichtlich ein *Turkey*, was im Englischen sowohl Türkei als auch Truthahn bedeutet), 1827

Charles Langlois, *Das Treffen von General Maison und Ibrahim Pascha an der Bucht von Patras,* 1828

keine Grenzen kannte. Dennoch halfen diese Machwerke, die griechische Sache im Brennpunkt des europäischen Interesses zu halten.

Obwohl die Griechen zu Beginn ihrer Revolution gehofft hatten, daß Europa dieses Unternehmen auch offiziell gutheißen würde, ließ doch im Laufe ihres Kampfes wechselseitiges Mißtrauen zwischen den Großmächten eine Reihe von Versuchen scheitern, Griechenland mit einer militärischen Intervention beizustehen. Doch erzwang die Landung eines ägyptischen Heeres unter Ibrahim Pascha in Morea 1824 einen Wechsel der europäischen Politik. Die Großmächte erkannten, daß zur Stabilisierung des östlichen Mittelmeerraumes gemeinsames Handeln nötig war. Im April 1826 wurde ein englisch-russisches Protokoll unterzeichnet, in dem die beiden Mächte ihre Zustimmung zu einer englischen Vermittlung zwischen Griechen und Türken gaben, die eine Umwandlung Griechenlands in einen autonomen Satellitenstaat des Osmanischen Reiches zum Ziel hatte. Als am Ende dieses Jahres Österreich, Preußen und Frankreich zu einer Mitwirkung am Friedensprozeß Griechenlands aufgefordert wurden, nahm nur Frankreich diese Einladung an. Am 6. Juli 1827 schlossen die drei Regierungen den Londoner Vertrag und wiesen ihre Marinebefehlshaber im Mittelmeer an, den Nachschub aus Ägypten abzuschneiden. Am 10. Oktober fand die Seeschlacht von Navarino statt, jenes »widerwärtige Geschehen«, wie der Duke of Wellington es nannte, das mit der vollständigen Niederlage der osmanischen Flotte endete. Englands außerordentlicher Verlegenheit über das Geschehen entsprachen heftige Reaktionen in den europäischen Hauptstädten.[41] Dennoch, die öffentliche Meinung frohlockte, und neue Griechendrucke füllten die Schaufenster. Schon nach wenigen Wochen erschienen in Frankreich und England Illustrationen und Beschreibungen der Schlacht. A. L. Garneray lieferte eine Faustskizze des Gefechts und mehrere Gemälde; G. P. Reinagle, ein Augenzeuge, sammelte genug Material, um damit einen Folianten mit lithographischen Darstellungen der Schlacht zu füllen und Navarino-Szenen von 1829 bis 1831 auszustellen. Ganze Volksmassen strömten in ein Panorama der *Battle of Navarin,* das Robert Burford in Londons Strand-Straße 1828 aufgebaut hatte; in Paris war es Charles Langlois, der ein solches Panorama ausstellte. Im Salon von 1827 waren siebzehn der ausgestellten Werke griechischen Motiven gewidmet[42]; zur allgemeinen Begeisterung steuerte die *Académie Française* im selben Jahr bei, indem sie als Preisaufgabe für das Gebiet Dichtkunst *Die Unabhängigkeit Griechenlands* wählte.

Ein Jahr nach der Schlacht von Navarino beschlossen die Großmächte, den Abzug der ägyptischen Truppen unter Ibrahim Pascha aus dem Peloponnes durchzusetzen. Die französische Armee stellte sich dieser Aufgabe, und am 30. August 1828 landete ein Expeditionskorps von 14000 Mann unter dem Oberbefehl von General Maison in Petalidi. Frankreich wollte damit sowohl seine entschlossene Präsenz im östlichen Mittelmeer dokumentieren, als auch Griechen wie Europäern vor Augen führen, welch entscheidende Rolle ihm bei der Befreiung Griechenlands zukam. Einen Monat später hatten die ägyptischen

Unbekannter französischer Maler,
Küstenszene in Morea mit griechischen und französischen Soldaten, 1828

Truppen das Gebiet verlassen. Doch diente die französische Expedition auch noch einem anderen Zweck. Im Frühjahr 1828 war eine Gruppe französischer Wissenschaftler in Griechenland angekommen, um Topographie, Pflanzenwelt, Archäologie und Architektur des Peloponnes zu studieren (was eine frühere wissenschaftliche Expedition bereits in Ägypten unternommen hatte). Die griechische Expedition setzte sich aus Naturwissenschaftlern, Mineralogen, Ingenieuren, Geographen, Altertumswissenschaftlern, Archäologen und Architekten zusammen. Ihre Arbeit auf dem Peloponnes erwies sich als bemerkenswert.[43] Zum ersten Mal wurden systematische Ausgrabungen durchgeführt und bis ins feinste Detail gehende topographische Landkarten angefertigt. Ergänzt wurde ihre Arbeit durch statistische Erhebungen der Bevölkerung. Die meisten Expeditionsteilnehmer zeichneten auch das alltägliche Erscheinungsbild der jeweiligen Gegend auf, ebenso wie die Sitten und Trachten ihrer Einwohner. Zwischen 1831 und 1833 erschien das Ergebnis in drei reich illustrierten Bänden unter dem Titel *Expédition scientifique de Morée.* Allerdings versäumten die Wissenschaftler auch nicht, sämtliche Skulpturen vom Zeustempel in Olympia, die sie bei ihren Ausgrabungen entdeckt hatten, mit nach Hause zu nehmen.
Wenn sie auch nicht ihre Probleme löste, so stärkte die Seeschlacht von Navarino doch die Position der Griechen außerordentlich. Im März 1828 entwarf die Griechische Nationalversammlung in Troezene eine neue Verfassung und wählte den Grafen Kapodistrias zu ihrem Präsidenten. Seine unmittelbare Aufgabe war es, mit den Mächten ein größtmögliches griechisches Staatsgebiet auszuhandeln. Am 22. März 1829 wurden in einem englisch-französisch-russischen Protokoll die Grenzen des neuen griechischen Staates gezogen. Sie waren im Westen etwas südlich des Golfs von Arta angesetzt und reichten bis zum Golf von Volos an der Ägäischen Küste; ausgeschlossen blieben die Inseln Samos und Kreta. Als Herrscher des Landes schlugen die Großmächte Leopold von Sachsen-Coburg-Gotha vor, der das Angebot ablehnte. Auf die Ermordung von Kapodistrias im Oktober 1831 folgte eine Periode der Instabilität im neuen Staat. Vier Monate später kamen die Großmächte überein, den siebzehnjährigen Prinzen Otto, den zweiten Sohn König Ludwigs I. von Bayern, zum Herrscher Griechenlands zu ernennen, das nun ein unabhängiger, monarchistischer Staat unter der Garantie der drei Mächte geworden war. Am 6. Februar 1833 landete König Otto in Nauplion im Golf von Argos, begleitet von seinen drei bayerischen Regenten[44], die bis zu seiner Volljährigkeit die Regierungsgeschäfte übernehmen sollten.

Der malerische Kompromiß

Der neue griechische Staat umschloß mit seinen Grenzen nur etwa den halben Lebensraum der griechischen Bevölkerung. Ausgegrenzt blieben Thessalien, Epirus und Makedonien, ebenso wie Kreta und die meisten der Inseln, außer jenen, die dem Festland direkt benachbart waren: keines der wichtigen Handelszentren der Griechen im Osmanischen Reich war dem neuen Staat zugesprochen worden, der zusätzlich noch eine Abfindung an die Pforte zahlen mußte. Vor der Volljährigkeit des Königs sollte das Land von seinen drei bayerischen Regenten geführt werden: Graf Joseph von Armannsperg, Professor Ludwig von Maurer und Generalmajor Karl Wilhelm von Heydeck.[1] Obwohl es keine geschriebene Verfassung gab, wurde eine öffentliche Verwaltung eingeführt, während die innere Ordnung durch eine fünftausend Mann starke Schutztruppe, die in Bayern ausgehoben worden war, gewährleistet wurde.
Das Erziehungssystem wurde auf der Basis deutscher und französischer Modelle entwickelt, was Professor Maurer damit erklärte, daß, »ebenso wie die Griechen im vierzehnten und fünfzehnten Jahrhundert dem restlichen Europa ihre Weisheit mitgeteilt hatten, es jetzt die Europäer, besonders aber die Deutschen waren, die jenem Land das Licht zurückbringen mußten, aus dem es seit so langer Zeit verschwunden war.«[2]
Gemäß dieser Idee, das Licht des Geistes seiner eigensten Heimat zurückzugeben, entschied man, daß die Hauptstadt des neuen Reiches nach Athen verlegt würde. Am 1. Dezember 1834 war es dann soweit, daß König Otto seinen öffentlichen Einzug in die Hauptstadt Griechenlands halten konnte:

Unter den Salutschüssen von einundzwanzig Kanonen ging König Otto im Piräus von Bord eines griechischen Kriegsschiffes. Die Regentschaft, . . . begleitet von . . . Innen- und Außenminister, . . . vom Nomarchen von Athen und . . . der ganzen Stadtverwaltung, empfing Seine Majestät bei der Landung. Als sich der Zug in Richtung Stadt bewegte, schwoll die Kavalkade um jene an, die in den Piräus eilten, um der Hoheit die schuldige Reverenz zu erweisen. Angeführt von General Church hatten sich alle griechischen Kriegsveteranen eingefunden; die berühmten Männer trugen auf ihre Art viel zur Szenerie bei . . . Nahe dem Theseion gibt es einen überwölbten Torweg, der auf eine der Hauptstraßen der Stadt führt. Um den Torbogen herum hatte man Lorbeer- und Olivenzweige angebracht, und unter ihm ritt Seine Majestät hindurch in die neue Hauptstadt seines Herrschaftsbereichs. Kurz bevor man an diesem Torbogen ankommt, sieht man eine Erhebung; und auf dieser hatten sich fünftausend Athener mit Weib und Kind versammelt, um den jungen Monarchen willkommen zu heißen, der seinerseits ihre Hochrufe sehr anmutig entgegennahm.
Nachdem Seine Majestät mitsamt Gefolge die gewundenen Straßen seiner neuen Hauptstadt passiert hatte, gelangte er zu seiner vorläufigen Residenz – einer sehr bescheidenen, die sich aus zwölf Räumen zusammensetzt und eine Viertelmeile vor der Stadt gelegen ist.[3]

Die Herausforderung, die mit der Schaffung eines neuen hellenischen Staates, den er anführen würde, verbunden war, reizte den jungen König. Bereits im Mai 1834 wurde von der Regierung eine Archäologische Abteilung eingerichtet, im August desselben Jahres in Anwesenheit Ottos die symbolträchtige Restaurierung des Parthenon begonnen. Leo von Klenze, der den ersten Abschnitt der Restaurationsarbeiten überwachte, richtete folgende Worte an seinen König:

(Mit Beginn der Arbeiten) stiegen die Schatten jener großer Geister aus ihren friedlichen Gräbern, die bis dahin bei jedem Streich eines Beils oder den Lauten von Arbeiterstimmen das Verhängnis ihrer Zerstörung erwarten mußten, und hielten ihre Arme wie zum Schutz über diese erhabenen Ruinen. So war alles gegen unser Unternehmen verschworen. Die Hebel brachen, die Arbeiter erkrankten, die Maurer hielten dafür, die Arbeiten einzustellen. Doch O!, die blaue Fahne der Hoffnung erschien am fernen Horizont: Der König kam mit seinen Beratern, um Rettung zu bringen . . . und wie durch ein Wunder begannen die riesenhaften Marmorblöcke den Maurern zu gehorchen und sich beim Klang der Hymnen, die den König begrüßten, harmonisch zusammenzufügen.[4]

Karl Friedrich Schinkel, *Entwurf zu einem Königspalast auf der Akropolis*, 1834

Die Musen sollten nach Hellas zurückgebracht werden; davon waren die Bayern fest überzeugt. Von 1834–1836 leitete der hervorragende Archäologe Ludwig Roß die Archäologische Abteilung und begann während dieser Zeit mit der Vorbereitung einer systematischen Erhebung aller archäologischer Stätten.[5]
Seit den späten zwanziger Jahren wurde die Aufgabe der Archäologen durch das Eintreffen ausländischer Architekten im befreiten Griechenland erleichtert[6]: Eduard Schaubert kam 1828, Christian Hansen und F. Stauffert 1833, Hansens Bruder Theophil 1838; Pläne zum Wiederaufbau von Nauplion, Patras, Argos, Sparta, Chalkis und Hermupolis wurden angefertigt, während Schaubert mit dem Griechen Stamatios Kleanthis einen grandiosen Entwurf für das neue Athen zeichnete (den Leo von Klenze später vereinfachte).
Das große Ziel war die Verwandlung Athens aus einem bloßen »Trümmerhaufen« in eine europäische Hauptstadt. 1834 unterbreitete Karl Friedrich Schinkel König Otto eine aufsehenerregende Architekturskizze für einen Königspalast auf der Akropolis unter Einbeziehung der antiken Gebäudereste. Dieser »Sommernachtstraum«, wie Klenze ihn nannte, wurde zum Glück zugunsten eines etwas bescheideneren Entwurfs Friedrich von Gärtners (ausgeführt 1836–1840) fallengelassen. Athen wurde bald zum Schauplatz einer bienenhaften Betriebsamkeit seitens der Architekten. Die sogenannte Athenische Trilogie – Akademie, Universität und Nationalbibliothek – wurde zwischen 1838 und 1888 von Christian und Theophil Hansen erbaut. Theophil setzte auch die Pläne für das Observatorium (1843–1846) in die Wirklichkeit um. Das Militärkrankenhaus wurde 1836 durch Wilhelm von Weiler erbaut. Ludwig Lange schuf Entwürfe für das Archäologische Museum (das erst 1866 vollendet wurde). Die 1836 eröffnete Grundschule für Zeichenkunst wurde von einem internationalen Lehrerkollegium geführt: Ludwig Lange war Zeichenlehrer, Charles Laurent Professor für Architektur und Pierre Bonirote für Malkunst.
Ottos Thronbesteigung lieferte einer ganzen Künstlergemeinde ihr Programm: Peter von Hess, der Otto nach Griechenland begleitet hatte, erhielt durch König Ludwig von Bayern den Auftrag, die Ankunft des Monarchen künstlerisch festzuhalten und außerdem eine Serie historischer Szenen aus dem Unabhängigkeitskrieg zu entwerfen. In München bot der bekannte Lithograph Johann L. Rugendas eine Folge von Drucken an, auf denen die populärsten Begebenheiten aus Ottos Karriere zum Monarchen festgehalten waren.
Während historische Szenen und Heldenporträts der Revolution von bleibender Anziehungskraft auf die Künstler waren, wurden sie doch in vielen Fällen nur noch als Grundlage für Kostümstudien und diverse Exotika benutzt. In A. M.

Peter von Hess, *König Ottos Ankunft in Nauplion am 6. Februar 1833,* 1839

Peter von Hess, *König Otto wird vom griechischen Patriarchen am 13. Januar 1835 vor dem Theseion empfangen,* 1835

Alexandre Marie Colin, *Landschaft mit einem griechischen Jungen,* 1831

Ein junger Grieche verteidigt seinen verwundeten Vater, Bildteppich nach dem Gemälde von Ary Scheffer (siehe S. 54)

Colins *Landschaft mit einem griechischen Jungen* sehen wir den Dargestellten in wunderschönem Kostüm, inmitten aufgehäufter Musketen und Schwerter, die ihn wie einen Spielzeugsoldaten erscheinen lassen. Auch Charles Lock Eastlakes Bild *Griechische Flüchtlinge* scheint sich dieser neuen Möglichkeit zu bedienen, wenn auch sein Hauptanliegen die positive Hervorhebung der englischen Rolle in den griechischen Kriegswirren gewesen sein dürfte: Laut Findens Beschreibung in seiner *Gallery of British Art* könnte »das Bild als Darstellung einer Episode dieses verheerenden Krieges angesehen werden, in der die unglücklichen Griechen, die aus ihren Häusern vertrieben wurden, manchmal auf englischen Schiffen Zuflucht fanden, die nahe der Küste stationiert waren, um ihnen zu Hilfe kommen zu können«. Ausgestellt 1838 in der *Royal Academy,* im selben Jahr, in dem das neue griechische Königreich proklamiert wurde, bewegte das Gemälde die Herzen der englischen Betrachter. Doch schon damals war der Kampf der Griechen kein zeitgenössisches Ereignis mehr, und mit dem Schwinden der Erinnerung wurden die Darstellungen stereotyp und manieriert. In den dreißiger Jahren waren die griechischen Helden bereits gealtert. Besonders wirkungsvoll in dieser Hinsicht ist Lipparinis Bild *Alter Krieger* mit seinen sentimentalen Untertönen: Der Krieger, der auf einer zerbrochenen Säule sitzt und über seine Schulter blickt, hält sein Schwert immer noch fest in Händen; doch schon in Ludwig Köllnbergers *Innenansicht des ›Orea Hellas‹* sehen wir die *Pallikaren* als Gäste eines modischen Kaffeehauses (S. 70). Der Bildteppich *Junger Grieche, seinen verwundeten Vater verteidigend,* nach einer Vorlage von Ary Scheffer, mag als Beispiel für die Trivialisierung eines heroischen Themas dienen.
Während Ottos Regierungszeit besuchten viele Künstler das Land in offiziellem Auftrag. 1833 begleitete Johann Michael Wittmer Ottos Bruder Maximilian auf

Charles Lock Eastlake, *Griechische Flüchtlinge,* 1833

Lodovico Lipparini, *Alter griechischer Kämpfer,* 1842

Unbekannter französischer Maler, *Französische Touristen besuchen die Akropolis,* ca. 1860

einer Griechenlandreise. Im November 1840 wurden die Künstler Ulrich Halbreiter, Joseph Kranzberger und Claudius von Randolph nach Athen gesandt, um den von Ludwig Michael von Schwanthaler angefertigten Friesentwurf für die Trophäenhalle im Königspalast auszuführen. 1842 wurde die Gruppe um Joseph Scherer, Thomas Guggenberger und Franz Joseph Vourm erweitert.
Viele Gebäude wurden damals in Athen geradezu aus dem Boden gestampft. Ein Reisender bemerkte 1850:

Am äußeren Erscheinungsbild Athens ist nichts eigentümlich Griechisches. Die besser gebauten Häuser sehen äußerlich wie deutsche aus, während die ärmeren Behausungen an jene in italienischen Dörfern erinnern. Hier und dort sind noch einige gedrungene alte Kirchen stehengeblieben, die den milden Geschmack des Byzantinischen Reiches an sich haben; die neuen sind gleichfalls byzantinisch, doch von einfacherer, weniger malerischer Erscheinung.[7]

Julie von Nordenflycht, eine der Hofdamen der Königin, schrieb: »Man mag es durchaus als heldenhaft ansehen, sich auf vier Rädern durch Athens Straßen zu bewegen; jede von ihnen ist aufgefüllt mit Steinen und Baumaterial, dazu so eng, daß es unmöglich ist, zu wenden.«[8]
Alle Künstler bestätigen diesen auffälligen Kontrast, der nicht nur in der Architektur, sondern auch in der Kleidung – man trug *fustanellas* (die männliche Nationaltracht der Griechen, ein Rock aus weißer Baumwolle) zusammen mit *redingotes* (= *riding coats,* die leicht taillierten Männerüberröcke der englischen Mode) –, im Lebensstil, in Sitten und Ideen sich bemerkbar machte und erheblich zum pittoresken Allgemeinbild beitrug, das sie begeisterte. W. H. Bartlett kommentierte die Einführung europäischer Elemente ins griechische Leben folgendermaßen: »Neben anderen Zeichen der Verbesserung gab es da eine ganze Reihe verrückt aussehender Fahrzeuge, die offenbar Droschken darstellten; doch statt von einem verdrossenen Gesellen im schmutzigen Regenumhang wurden sie von einem ›fröhlichen, goldglänzenden Griechen‹, angetan mit rotem Jacket und Mütze, weißem Rock und Beinkleidern, gelenkt.«[9] Tatsächlich konnte man im Griechenland der Jahrhundertmitte ein breites Spektrum an Bildern aus dem pittoresken Repertoire entdecken. *Ein athenisches Viertel* (Taf. 45) von J. P. E. F. Peytier ist wie eine Werbung für die malerischen Möglichkeiten, die Griechenland bereithielt: Im Vordergrund einige mittelalterliche Ruinen, die von Unkraut-

büscheln bekrönt sind; eine Schar buntgekleideter Griechen sitzt zwischen antiken Ruinen; dann ist da eine Palme und in der Ferne ein klassischer Tempel (das Theseion), umgeben von modernen Häusern – ein perfektes Bühnenbild. Ein ähnliches Arrangement findet sich in Ippolito Caffis *Tor der Agora* oder in J. N. H. de Chacatons *Hadriansbibliothek* (Taf. 42, XX).
Sind es in William Coles Illustrationen zu den *Remains of Ancient Monuments in Greece,* die 1835 veröffentlicht wurden, auch die klassischen Baudenkmäler, denen das Interesse des Künstlers gilt, so werden sie eher als etablierte Bildmotive denn als Gegenstände wirklichen Studiums aufgefaßt. In Christian Perlbergs *Fest beim Olympieion* beeindrucken die Säulen des Tempels, doch sind sie durch die Figuren im Vordergrund ihrer eigentlichen Bedeutung beraubt. John Linton ist in seinem Bild *Schäfer und Schäferin* trotz der Verwendung klassischer Motive eine wirklich intime Szene gelungen. Es war die Zeit, in der Griechenlands klassische Ruinen von den europäischen Liebhabern des Pittoresken eher als Kuriositäten betrachtet wurden. 1851 veröffentlichte der englische Architekt Henry Cook eine Artikelfolge im *Art Journal,* die *Der gegenwärtige Zustand der Baudenkmäler in Griechenland* betitelt war. In ihr setzte er sich für die Konservierung der antiken Monumente ohne weitere Restaurierung ein:

Ich denke, daß die augenblicklich vorherrschende Neigung zur Restauration der Ruinen und der Klassifizierung der Fragmente . . . durch den vereinten Protest aller wahrhaften Liebhaber des Pittoresken niedergeschrien werden sollte. Ich weiß nicht warum, aber ich bin sicher, daß der Parthenon, wie er jetzt vor uns steht, als Ruine im wahrsten Sinne des Wortes, mit seinen zerstörten Mauern, seinen zerschmetterten Säulen, seinen verstreuten Friesen und seinen durch ihr eigenes Gewicht in den Boden halb eingesunkenen Kapitellen – doch frei von allem anderen –, ein wenn auch nicht größerer, so doch sicherlich eindrucksvollerer Kunstgegenstand ist als in den glorreichen Tagen der athenischen Blüte, in denen sein Marmor . . . zum ersten Mal von den Strahlen der Sonne getroffen wurde.[10]

Um ihrer Kunden willen, deren Interesse an klassischen Einöden langsam zu erlahmen begann, eilten die europäischen Künstler auf die Suche nach attraktive-

John Linton, *Schäfer und Schäferin,* ca. 1850

Ludwig Köllnberger, *Das berühmte Athener Kaffeehaus ›Orea Hellas‹*, 1837

rem Material für ihre Zeichenmappen. Joseph Scherer, der Griechenland von 1842–1844 besuchte, spezialisierte sich auf Figuren und Trachten. Auf seinen Skizzen, die Straßenszenen festhalten, können wir auch das kleinste Detail der bestickten Kleider erkennen. Bei seinem kurzen Besuch in Griechenland im Jahr 1842 war auch Richard Dadd von den Menschen fasziniert: »Nie zuvor habe ich eine ähnliche Versammlung von so herrlich gaunerhaften Gesichtern angetroffen«, notierte er in sein Tagebuch; »O! solche Köpfe! genug, um einen Künstler verrückt zu machen.«

Die vielen illustrierten Reiseführer über Griechenland, die zu dieser Zeit publiziert wurden, boten ihren Lesern angemessen bildkräftige Beispiele des Landes mit den östlichen Bräuchen und der westlichen Architektur, den sonnigen Küsten, den klassischen Tempeln und den europäischen Reisebequemlichkeiten. 1837 veröffentlichte Francis Hervé einen illustrierten Bericht über seine Griechenlandreise in zwei Bänden, den er *A Residence in Greece and Turkey* betitelte. Zehn Jahre später erschien die *Voyage pittoresque en Grèce et dans le Levant,* ein reich illustrierter Band über eine ausgedehnte Reise durch Festland und Inselwelt, die der Zeichner Etienne Rey und der Architekt A. M. Chenavard, beides Franzosen, unternommen hatten. Der Schweizer Maler J. J. Wolfensberger besuchte Athen im Jahre 1834, um Illustrationsvorlagen für populäre Reisebücher der Epoche, wie G. N. Wrights *The Rhine, Italy and Greece* (1840), zu sammeln. Andrea Gasparinis Sammlung von athenischen Ansichten, die er 1843 zeichnete, enthält belebte Genreszenen. Théodore du Moncels Illustrationen zu seinem Buch *De Venise à Constantinople* (1843) verraten genaues Studium der Vorlagen. Hauptverdienst der Bildtafeln in Edward Lears 1851 veröffentlichten *Journals of a Landscape Painter in Albania* ist die Einfühlsamkeit des Künstlers, mit der er die historischen Bezüge jeder einzelnen Stätte zu Griechenlands jüngsten Ereignissen transparent werden läßt. Lears 1863 herausgegebener Folioband *Views in the Seven Ionian Islands* ist ein bemerkenswertes Dokument der landschaftlichen Gegebenheiten jener Inseln. – In dieser Zeit gab es eine ganze Anzahl europäischer Künstler, die eine romantischere Annäherung an Griechenland versuchten. Weniger interessiert an den pittoresken Aspekten, bemühten sie sich um eine Belebung der gewohnten Szenerie, indem sie ihr zu einer Intensität verhalfen, die an ein Zwiegespräch zwischen Künstler und Gegenstand denken ließ. »Die Überreste der Gebäude oder Tempel . . . passen nicht in die Mappe des Künstlers«, schrieb William James Muller 1838 bei einem Besuch Griechenlands.[11] Müller war ein Landschaftsmaler, der sich »an der Natur, . . . in ihren Stimmungen und Schönheiten« erfreute. Seine *Ansicht von Salamis* (Taf. 70) . . . vermittelt eine melancholische Grunderfahrung; in seiner *Ansicht von Rhodos* (Taf. 77) scheint der Künstler eher bemüht, seine eigene Erfahrung der Stätte zu vermitteln, als sich auf schlichte Landkartenzeichnung zu beschränken. Alphonse de Lamartine erklärte bei seinem Griechenlandbesuch 1834:

Mir ist ein Baum, eine Quelle unter einem Felsen oder ein Rhododendron am Flußufer unter einem bröckelnden Brückenbogen, den Efeu bedeckt, lieber als die Monumente eines dieser antiken Königreiche, die keine andere Saite in mir anklingen lassen, als die der Langeweile, die sie mir schon in meiner Kindheit verursacht hatten.[12]

T. H. Cromeks *Hügel des Areopag* (Taf. 41) ist auf den ersten Blick die Ansicht einer bekannten klassischen Stätte; doch indem der Künstler sie gegen einen neutralen Landschaftshintergrund stellt, versteht er es, durch sie die Empfindung der Einsamkeit zu erwecken. Edward Lears *Die Felsen von Suli* (Taf. 6) ist eine genaue topographische Wiedergabe, doch vermittelt sie ebensosehr das überwältigende Gefühl der Ehrfurcht, das der Künstler dort empfand. Ähnlich ist in Karl Rottmanns *Ansicht von Santorin* (Taf. XXVIII) die Atmosphäre der Insel eingefangen.

Griechenland lag aber auch an der Schwelle zum Orient. Mehrere orientalisch angehauchte europäische Maler statteten Griechenland in den dreißiger und vierziger Jahren einen flüchtigen Besuch ab: A. G. Decamps im Jahr 1827, Eugène Flandrin zwei Jahre später, J. F. Lewis 1840, Horace Vernet 1843 – sie alle verbrachten einige Zeit, manche nur Tage oder gar Stunden, in Korfu oder Athen, und eilten dann weiter zu exotischeren, bunteren Plätzen. Prosper Marilhat schrieb 1831 an seine Schwester aus Athen:

Ich sage nicht, daß Griechenland ein charmanter, kultivierter, dichtbewaldeter Flecken Erde ist, . . . denn ich wäre ein Lügner, wenn ich derlei behauptete; doch kann ich wohl sagen, daß es ein Land ist, . . . das Felsen bedecken, die zwar ohne Bewuchs sind, doch eindrucksvolle Formen haben, und daß es wüstenähnliche Ebenen besitzt, die gleichwohl Größe und feierliche Schönheit ausstrahlen.[13]

War es um 1800 Hauptanliegen der europäischen Künstler gewesen, klassische Mythen und Legenden an ihren wirklichen Schauplätzen aufzusuchen und zu belegen, so galt es ein halbes Jahrhundert später, dasselbe mit der biblischen Topographie zu unternehmen. Tatsächlich brachte das Wiederaufleben einer spezifisch religiösen Themenstellung in der Kunst – zusammen mit einem neuen Interesse in Europa am Studium der byzantinischen Kultur – eine Neubewertung der erhaltenen byzantinischen Baudenkmäler in Griechenland mit sich, die bis dahin weitestgehend ignoriert worden waren. In seinem 1845 veröffentlichten *Manuel d'iconographie chrétienne, grecque et latine* drängte A. N. Didron König Ludwig von Bayern, seinen Sohn Otto zu einer Beendigung der Abrisse byzantinischer Bauwerke im Bereich von klassischen Stätten Griechenlands zu überreden. 1855 fanden Ludwig Thierschs Fresken im Nazarenerstil, die er in Athen für die restaurierte byzantinische Kirche der Soteira Lykodimu ausgeführt hatte, begeistertes Echo in der griechischen Presse. Einige Jahre darauf schrieb die Künstlerin Mary Hogarth:

Allein die mittelalterlichen Kirchen (in Griechenland) sind es, . . . die den Wunsch des historischen Sinnes nach einem sichtbaren Zeugnis für den Zusammenhang zwischen Vergangenheit und Gegenwart erfüllen . . . Der ermüdete Besucher wird bemerken, daß er häufig von der zerbrochenen Größe einer toten Vergangenheit zu den unvollkommen ausgeführten Prätentionen der Gegenwart . . . zurückkehrt.[14]

Nachdem die Griechen nun ihre Freiheit errungen hatten, begannen sich die europäischen Christen über die Rettung ihrer Seelen Gedanken zu machen. »Welcher Anblick! Welch lebendige Erinnerungen!« rief Reverend S. S. Wilson bei seinem Besuch Thebens aus.[15] »*Hier* war es, daß Homers ritterliche Heldenscharen gekämpft, gesündigt und geblutet hatten. *Hier* war es, wo mancher Sänger sein Lied angestimmt, mancher Held die Zahl der Witwen und Waisen vermehrt hatte . . . *Hier* war es, daß die vom Geist erfüllten Apostel das ›glorreiche Evangelium‹ gepredigt und Apoll durch die einfache Geschichte vom Kreuz besiegt hatten.« Trotz der fehlgeschlagenen Versuche der katholischen Kirche in der Vergangenheit, versuchten die ersten englischen und amerikanischen Protestanten, die 1828 in Griechenland ankamen, das Erziehungssystem durch die Eröffnung von Schulen und die Herausgabe von Moraltraktaten zu bereichern. Doch auch ihre Bemühungen erwiesen sich im ganzen als erfolglos, da ihre Gegenwart einen kulturellen Konflikt mit dem Klerus und den konservativ eingestellten Massen heraufbeschwor.

Die Anziehungskraft des modernen Griechenland sollte nicht von Dauer sein. Hatten jüngst noch europäische Reisende den pittoresken Kontrast in Gebräuchen und Erscheinungsbild gepriesen, so begannen sie jetzt, ihn grotesk zu finden. Griechenland konnte nicht länger ihre Erwartungen erfüllen; in gewisser Weise, dachten sie, verleugnete das neue, befreite Griechenland seine Vergangenheit. In seiner 1830 veröffentlichten *Geschichte der Halbinsel Morea während des Mittelalters* und dem Traktat *Über die Entstehung der Neugriechen,* das fünf Jahre später erschien, behauptete der in Brixen geborene Professor Jakob Philipp Fallmerayer, daß die Griechen albanischer und slawischer Abstammung seien, »mit kaum einem Tropfen griechischen Blutes in ihren Adern«. Für den Comte d'Estourmel war Griechenland, wie er es in seinem 1844 veröffentlichten *Journal d'un voyage en Orient* ausdrückte, ein Land von Lügnern und Dieben. Die Europäer entdeckten, daß die Regenerierung Griechenlands doch ein langsamer Prozeß war. Besucher fanden, daß sich die reichen Griechen in ihrer Nachahmung westlicher Sitten reichlich lächerlich benahmen, während der Anblick der vielen Bettler in den Straßen die Frage laut werden ließ, was aus ihrem »guten philhellenischen Geld« geworden war. Darüber hinaus verabscheuten die Europäer die politische Instabilität unter Ottos Regierung. Der österreichische Botschafter Anton Prokesch von Osten meinte dazu: »Regierung und Regierte sind wie zwei Menschen, die einander nicht vorgestellt worden sind.« Als Otto im November 1836 Amalie von Oldenburg heiratete, erfuhren die Griechen das Ereignis nur aus der europäischen Presse. Am 3. September 1843 forderte eine Demonstration von Menschenmassen und Truppen vor dem Palast, daß der König dem Land eine Verfassung gebe – die dann auch im März des folgenden Jahres bekanntgegeben wurde.

»Die Griechen, für die unsere Mütter Fahnen bestickten, sind nicht gastfreundlich«, erklärte der französische Schriftsteller Edmond About und bezog sich dabei möglicherweise auf die Tatsache, daß nach der Verfassung von 1844 alle Ausländer aus dem Staatsdienst entlassen werden mußten. Dennoch konkurrierten die Europäer um den Rang einer griechischen Schutzmacht. Die Franzosen haßten die snobistischen englischen *Mylordi,* die vorgaben, keine Sprache außer der eigenen zu sprechen; die Engländer ekelten sich vor der Vorstellung, mit den lärmenden und angeberischen Franzosen unter einem Hoteldach zu schlafen; Engländer und Franzosen mokierten sich darüber, daß Athen die »Hauptstadt eines deutschen Kleinstaats« geworden war; und Franzosen, Engländer und Deutsche trugen ein gemeinsames Mißtrauen gegen die orthodoxen Russen in der Brust. Während dieser Kampf um Einflußsphären durch die Griechen selbst noch begünstigt wurde, da er ihnen wie eine Garantie dafür schien, daß keine der verschiedenen Parteien eine politische Vorrangstellung (und die damit verbundenen Willkürakte) ausüben konnte[16], verachteten die Europäer die Griechen eben dafür, daß sie sich allen Seiten gegenüber entgegenkommend zeigten:

Ludwig Thiersch, *Porträt einer griechischen Dame,* ca. 1870

Gustave Doré, *Szene mit griechischen Banditen,* aus Edmond About, *Le Roi des montagnes,* fünfte Auflage, 1861

Die Gefühle der Griechen gegenüber den westlichen Nationen, besonders aber gegenüber ihren Schutzmächten, sind nicht leicht zu entwirren. Der Bauer, der durch Zufall mit einem Europäer zusammentrifft, beginnt das Gespräch mit der Frage, ob er Franzose, Russe, Deutscher oder Engländer sei, um, entsprechend der Antwort, mit dem Brustton der Überzeugung zu entgegnen: »Ich liebe die Franzosen sehr, sie sind so lebendig und großzügig«; oder: »Ich bewundere die Russen, sie sind orthodox«; oder: »Ich verehre die Deutschen, sie haben uns den besten der Könige gegeben«; oder: »Ich hege die größte Hochachtung gegenüber den Engländern, sie sind ebensogute Seeleute wie wir«.[17]

Die frühen vierziger Jahre waren von nationalistischen Bewegungen in ganz Griechenland geprägt, die ständige Interventionen der Großmächte in die griechischen Angelegenheiten und damit eine wachsende Ablehnung Griechenlands in Europa zur Folge hatten. Um diese Zeit bekannten sich fast alle Griechen zu dem, was später unter dem Namen *Megale Idea* (Große Idee) populär werden sollte, der Vereinigung aller noch nicht vom Osmanischen Reich befreiten Griechen in einem griechischen Staat. »Es gibt zwei hauptsächliche Zentren des Hellenismus: Athen, die Hauptstadt des griechischen Königreiches, . . . (und) ›Die Stadt‹ (Konstantinopel), Traum und Hoffnung aller Griechen«, erklärte Premierminister Kolettis in der verfassunggebenden Versammlung im Jahre 1844.[18] Während der Nahostkrise von 1839–1840 revoltierten die Kreter mit der Forderung nach *enosis* (Vereinigung)[19], in die die nördlichen Territorien des Festlandes einstimmten. Der Zeitraum von 1839–1840 erlebte eine nationalistische Agitation auf den Ionischen Inseln, die von England erheblich mißbilligt wurde. Der Vorfall um Don Pacifico, einen Malteser Juden und britischen Staatsbürger, dessen Haus an Ostern 1847 bei antisemitischen Pogromen in Athen geplündert worden war, führte zu einer schweren Anklage der griechischen Regierung durch Palmerston, den englischen Außenminister, der eine Blockade des Piräus im Januar 1850 anordnete. Die Gefahren, die von dieser Situation ausgingen, blieben dem Künstler Edward Lear nicht verborgen, der gerade eine Reise durch das Festland plante. 1849 schrieb er aus Korfu an seine Schwester Ann: »Griechenland ist gegenwärtig in einiger Aufregung, . . . ich neige eher zu einer Reise durch Albanien.«[20]

Die Franzosen teilten die Feindseligkeit der Engländer gegen die Griechen. Als Rußland in Ausübung seines Schutzrechts für die orthodoxen Christen im Osmanischen Reich die Fürstentümer der Donauländer überfiel, erklärten England und Frankreich im März 1854 den Russen den Krieg und besetzten Piräus, um die Neutralität Griechenlands zu schützen. Während diese Besatzung, die bis zum Februar 1857 währte, den Unmut der Griechen gegen ihre Schutzmächte weckte, wurde der 1854 veröffentlichte Band Edmond Abouts, *La Grèce contemporaine,* in Frankreich und England zu einem der populärsten Bücher. Abouts Eindrücke eines athenischen Aufenthalts im Jahr 1851 als Mitglied des *Institut Français* wurden in die Form einer verleumderischen Satire auf die Griechen und ihre bayerische Monarchie gebracht. Die Griechen sahen, wie es die Zeitung *Le Spectateur de l'Orient* ausdrückte, in About einen buckligen Hanswurst, der versuchte, Europa vom schlechten Gewissen für die Vernachlässigung Griechenlands abzulenken. Abouts Buch ist voller kritischer Kommentare über Griechenland. Einige der Kapitelüberschriften lassen an Deutlichkeit nichts zu wünschen übrig: »Das Klima in Griechenland, unerträgliche Hitze und schreckliche Kälte – Griechenland ist seit seiner Gründung bankrott – Gerechtigkeit: Es gibt keine Gerechtigkeit – Die Griechen sind disziplinlos und eifersüchtig – Die Männer schlafen auf der Straße, die Frauen auf den Dächern – Alle Griechen, obwohl praktizierende Gläubige, sind deshalb noch lange keine besseren Menschen – König und Königin sind deutsch geblieben: Sie lieben die Griechen wie man einen Besitz liebt – Was dem König an Gesundheit gebricht, hat die Königin im Übermaß«; und an andererer Stelle: »Die Literatur des Landes erschöpft sich in den Tageszeitungen.«

The Times wurde mit begeisterten Leserbriefen überschüttet, die About in allen Punkten Recht gaben. Manche meinten sogar, daß er nicht kritisch genug gewesen sei, da er eines der schlimmsten Übel des griechischen Staates zu wenig herausgehoben habe, das Räuberunwesen, das während Ottos Regierungszeit ganze Landstriche beherrschte. Obwohl die Männer der Berge, die behaupteten, gegen die Unterdrückung durch Ottos Regiment zu rebellieren, von den Griechen mit einem gewissen wilden Adel ausgestattet wurden, war dennoch nicht zu übersehen, daß ihre Reihen ständig mit Verbrechern aller Art aufgefüllt wurden. Viele Reisende waren ihnen in die Hände gefallen, doch verloren sie gewöhnlich nicht mehr als ein Lösegeld. 1857 veröffentlichte About eine heitere Geschichte, *Le Roi des montagnes,* in der ein solcher Vorfall beschrieben wird. Höhepunkt der Geschichte ist die Drohung der Heldin, sich bei Lord Palmerston zu beschweren und an *The Times* einen dringlichen Leserbrief zu schreiben, in dem sie die Entsendung der Mittelmeerflotte nach Piräus verlangt. Eine Reihe von Revolten und diplomatischen Interventionen führte zu Ottos Absetzung und Verbannung am 23. Oktober 1862. Die Suche nach einem Souverän begann von neuem. Diesmal war der populärste Kandidat Prinz Alfred, der zweite Sohn von Königin Viktoria. Als Leutnant zur See hatte er im Jahr 1859 Griechenland besucht und dabei aller Herzen gewonnen. Für die Griechen war er fortan »unser Alfred«, doch für seine Mutter kam eine Kandidatur nicht in Frage. Schließlich stießen die Großmächte auf Prinz Christian Wilhelm Ferdinand Adolph Georg, den achtzehnjährigen Sohn des dänischen Thronerben. Die Tatsache, daß er als König Georg I. zum ›König der Hellenen‹ statt zum ›König von Griechenland‹ ernannt wurde, gefiel den Griechen, da es einschloß, daß er der Souverän aller Griechen, und nicht nur jener, die augenblicklich innerhalb der Grenzen des griechischen Königreichs lebten, sein würde. Im März 1864, ein Jahr nach seiner Proklamation, übergab England durch Vertrag die Ionischen Inseln an Griechenland, was als Geste des guten Willens gemeint war.

Doch der Wechsel in der Dynastie bewirkte kaum einen Wandel der europäischen Gefühle gegenüber Griechenland. Mark Twain bemerkte bei seinem Besuch des Landes im Jahr 1867:

Vergleicht man das alte mit dem neuen Griechenland, so ergibt das, wie ich annehme, den äußersten Kontrast, der überhaupt in der Geschichte zu finden ist. Auf den Plätzen von Themistokles, Perikles und der berühmten Gelehrten und Feldherren aus Griechenlands

Gustave Doré, *Szene mit griechischen Banditen,* aus Edmond About, *Le Roi des montagnes,* fünfte Auflage, 1861

Goldenem Zeitalter sitzen nun Georg I., ein Kind von achtzehn Jahren, und ein armseliges Nest voll ausländischer Beamter . . .
Der griechische Thron . . . ging eine gute Weile betteln. Man diente ihn einem von Viktorias Söhnen an, und danach den verschiedensten anderen Königssöhnen jüngeren Alters, die weder Thron noch Beschäftigung hatten, doch waren sie alle großherzig genug, die traurige Ehre abzulehnen, und, um der Verehrung für Griechenlands frühere Größe willen, seiner traurigen Lumpen und Unreinlichkeit in der Stunde seiner Erniedrigung nicht mit einem Flitterthron zu spotten – bis man auf diesen jungen Dänen Georg stieß, der sie annahm.[21]

1869 wurde Griechenland von den Großmächten gezwungen, ihrer Forderung nachzukommen, weitere Einfälle in das türkische Territorium auf europäischem Boden zu unterlassen. Wegen der sogenannten Dilessi-Morde zog sich Griechenland im folgenden Jahr beispiellosen Zorn zu.[22] Schon 1854 hatte ein europäischer Griechenlandreisender in einem Brief an *The Times* hervorgehoben, daß, »während der Räuber in Europa gemäß der Formel ›Geld *oder* Leben‹ seinem Geschäft nachgeht, der Grieche die Formel ›Geld *und* Leben‹ vorzieht«.
Leider sollte sich dies im Frühjahr 1870 bewahrheiten, als eine Reisegruppe, bestehend aus drei englischen Adligen und einem italienischen Fürsten, von Räubern ermordet wurde. Trotz der Bestürzung, die die Griechen selbst darüber empfanden, kam die öffentliche Meinung in Europa zu dem Schluß, daß Griechenland ein Räubernest und eine Schande für die Zivilisation sei.

Jean Léon Gérome, *Das Atelier von Tanagra*, ca. 1850

Lord Leighton, *Griechische Mädchen beim Ballspiel,* 1889

Die letzten Jahrzehnte des neunzehnten Jahrhunderts waren in Griechenland durch Aufstände und politische Unsicherheit geprägt. Im Jahr 1880 erwarb Griechenland Thessalien und die Hälfte von Epirus; doch als es 1885 den Rest von Epirus beanspruchte, wurde eine weitere Blockade Griechenlands durch die Großmächte durchgeführt: Die Ironie des Schicksals wollte es, daß der Kommandeur des englischen Geschwaders eben jener Prinz Alfred war, den man als einen der Kandidaten für den griechischen Thron ausgewählt hatte.
Im späten neunzehnten Jahrhundert schien das zeitgenössische Griechenland auch den letzten Rest an Anziehungskraft für europäische Künstler zu verlieren. Doch was war mit dem alten Hellas? In einer Zeit beschleunigter Industrialisierung und sich wandelnder Werte bot die Antike scheinbar einen Ansatz für neue Orientierungspunkte. Vielleicht war es die einzige sichere Zuflucht. Ein neues Bild Griechenlands begann die europäischen Künstler zu inspirieren. Hatten die Künstler des frühen neunzehnten Jahrhunderts Griechenland als zeitlos erhabene Welt des Geistes dargestellt, so präsentierten die Klassizisten des ausgehenden neunzehnten Jahrhunderts dem Betrachter ein spektakuläres Reich nie endender Feiertage. Nicht länger um die Einbildungskraft ihrer gebildeten Käufer bemüht, lieferten sie dem Betrachter eine farbenfrohe Rekonstruktion des Alltagslebens im antiken Griechenland. Nicht viel bleibt im *Atelier von Tanagra* des Malers J. L. Gérome für die Fantasie des Betrachters übrig. Da es eine falsche Vorstellung von Vertrautheit mit den alten Griechen suggerierte, nahm der Betrachter an, daß es ohne weiteres möglich war, solche Szenen ohne die Hilfe klassischer Bildung zu genießen.
Die Bildwelt der Klassizisten war durch ästhetische Prinzipien wie Harmonie, Jugend und Leuchtkraft geprägt. Ihre Vorliebe für leuchtende Farben hing unter anderem mit der Entdeckung der ursprünglichen Polychromie griechischer Skulpturen zusammen. Bei der Wiedereröffnung des Kristallpalastes in Sydenham im Jahr 1854 enthielt sein ›Griechischer Hof‹ einen lebhaft kolorierten Abguß

des Parthenonfrieses. Dazu kam, daß die übliche Gleichsetzung von Jugend und Unschuld es den Klassizisten ermöglichte, Themen für ihre Bilder zu wählen, die unter anderen Umständen das Publikum schockiert hätten. In der Tat, die nackten griechischen Jünglinge und Jungfrauen in ihren verliebten, graziösen Posen bedurften vor den strengen Augen der Zeit einer Rechtfertigung durch die Ästhetik. Hiram Powers Skulptur *Die griechische Sklavin*, präsentiert in der Großen Ausstellung von 1851, zeigte ein griechisches Mädchen, nackt, mit zusammengeketteten Handgelenken, offensichtlich für einen türkischen Harem bestimmt. Die erotische Anspielung war kaum zu verbergen – und doch dichtete Elizabeth Barrett Browning ein Sonett zum Preis ihrer »Vollkommenheit, die frei von Leidenschaft«. In der prüden Vorstellungswelt des viktorianischen Zeitalters gelang es der hellenischen Nacktheit, schlechthin jede nackte Figur mit dem Freibrief der Unanstößigkeit zu verstehen, was von manchen allerdings nur mit Widerwillen akzeptiert wurde[23]. »Wir scheinen selbst die griechischen Zeitalter mit dem Atem unserer Scheinheiligkeit infiziert zu haben«, erklärte John Ruskin[24], der selbst eines der Opfer dieser Scheinheiligkeit wurde.

Dieses ästhetische Konzept des Hellenismus ermutigte die Künstler, ihre Fantasien und Sehnsüchte in Szenen von extravaganter Theatralik zu projizieren, die von hübschen Männern und appetitlich gerundeten Frauen mit Nereidenhaar und ›klassischen Nasen‹ bevölkert waren, herausgeputzt mit stilisierten Drapierungen, festgefroren in künstlerischer Haltung, umgeben von klassischer Architektur mit glänzend polierter Oberfläche. ›Hollywood‹-Bilder wie Lord Leightons *Griechische Mädchen beim Ballspiel* wurden gleichwohl als vollwertige Gegenstücke zu den verlorenen Meisterwerken der berühmten Maler des klassischen Griechenland, Polygnot und Zeuxis, beklatscht.

Doch noch vor dem Ende des neunzehnten Jahrhunderts wurde diese klassische Bilderwelt durch Gemälde wie Edouard Manets *Olympia* entlarvt, ja, die angenommene Allgemeingültigkeit der Klassik in Frage gestellt. Hinter der Fassade der klassischen Welt spürte man nun die dunklen Kräfte:

Dionysos ist ein Richter! *Es ist kein Zweifel, daß die Griechen die letzten Geheimnisse ›Vom Schicksal der Seele‹ . . . aus ihren dionysischen Erfahrungen zu deuten suchten . . .* man kennt die Griechen nicht, *solange hier der verborgene unterirdische Zugang noch verschüttet liegt.*

Friedrich Nietzsche schrieb dies in einem seiner nachgelassenen Fragmente aus den achtziger Jahren. Heinrich Schliemanns Ausgrabungen in Mykene und Tiryns während der späten siebziger und achtziger Jahren offenbarten neue Aspekte der griechischen Antike. Das europäische Bild vom klassischen Griechenland wollte nicht mehr in den gewohnten Rahmen passen. Die europäischen archäologischen Schulen in Athen unternahmen Ausgrabungen (das Deutsche Archäologische Institut war 1874, die *British School of Archaeology* 1885 gegründet worden). In Europa öffneten sich komplexere Perspektiven für das klassische Kunst- und Geschichtsstudium; nicht länger war die klassische Elle das einzige Maß, das an Griechenlands Mitwirkung an der europäischen Politik angelegt wurde.

Im Vorwort zu ihrem *La jeune Grèce*, erschienen 1897, schrieb Marie Anne de Bovet:

Man erwartete, daß sich das moderne Griechenland auf seiner nackten Gegenwart aufbauen ließe, . . . mit all den Unsicherheiten, die sich aus seinem immer noch erheblich orientalischen Charakter ergaben, . . . doch auch versehen mit einer legendären Vergangenheit, einem glorreichen Erbe von dreitausend Jahren . . . In der Tat, es gibt Vermächtnisse, die unerträglich in ihrer Glorie sind. Ein solches ist das Vermächtnis Griechenlands.

II. Eine Reise durch Griechenland

Man muß die griechische Luft, die griechische Sonne und den Charakter der griechischen Landschaft, welcher sich in seinem ganzen Reize nur in der Ferne entwickelt, kennen, um sich einen Begriff von der Schönheit dieses Anblickes machen zu können.
Selbst Süditalien, Kalabrien, Apulien und Sizilien geben keinen Begriff von diesen griechischen Fernen, worin die reichsten Gebirgsformen deutlich und plastisch wie Statuen des Pheidias und Praxiteles modelliert und in einem Farbenreichtume erscheinen, welchem sich nichts an Harmonie, Freiheit und Abwechslung der Töne, Übergänge und Lichteffekte vergleichen läßt.
Jene Länder haben in landschaftlicher Hinsicht in den Vor- und Mittelgründen über Griechenland den großen Vorteil der Kultur, schönerer und üppigerer Vegetation und malerischer Architektur. Aber Fernen, Gebirge und Felsengruppen gibt es nur in Griechenland, und der italienische Himmel hat nie den unendlichen Reiz des griechischen, so schon durch das Wort λαμπρότατος αἰθὴρ bezeichneten Lichtraums.

Leo von Klenze, *Aphoristische Bemerkungen gesammelt auf einer Reise nach Griechenland*, 1838

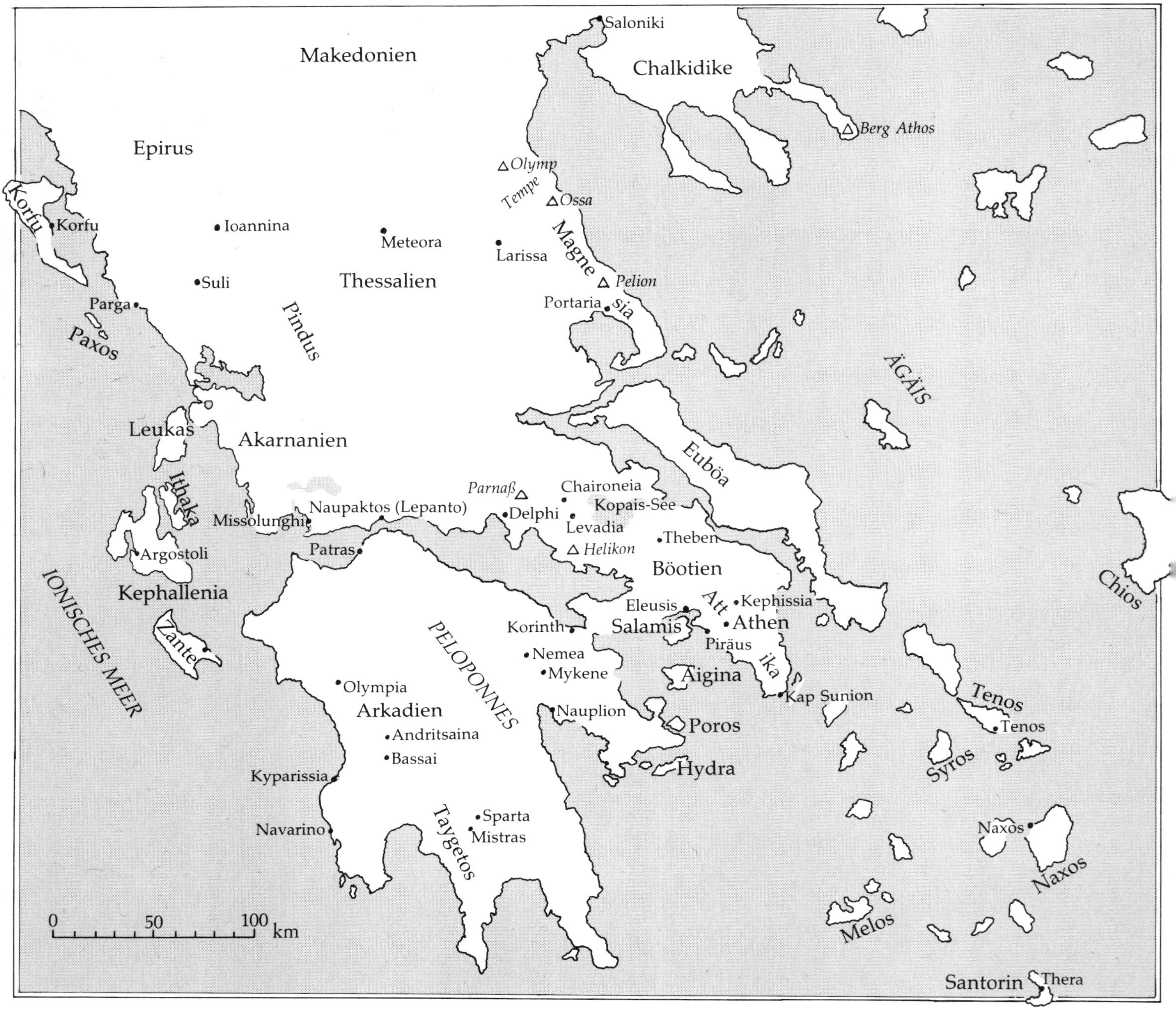
Saloniki
Makedonien
Chalkidike
Berg Athos
Epirus
Olymp
Tempe
Ossa
Korfu
Korfu
Ioannina
Meteora
Larissa
Magne
sia
Pelion
Suli
Thessalien
Portaria
Parga
Paxos
Pindus
ÄGÄIS
Leukas
Akarnanien
Euböa
Ithaka
Parnaß
Chaironeia
Kopais-See
Naupaktos (Lepanto)
Delphi
Missolunghi
Levadia
Theben
Helikon
Argostoli
Patras
Böotien
Kephallenia
Att
ika
Kephissia
Eleusis
Chios
IONISCHES MEER
Zante
Korinth
Salamis
Athen
Piräus
PELOPONNES
Nemea
Mykene
Aigina
Olympia
Kap Sunion
Tenos
Arkadien
Nauplion
Tenos
Poros
Andritsaina
Bassai
Syros
Hydra
Kyparissia
Sparta
Taygetos
Mistras
Navarino
Naxos
Naxos
0
50
100
km
Melos
Santorin
Thera

Reisende, die auf dem Weg über Deutschland oder Norditalien gekommen waren, begannen ihre Griechenlandreise in Korfu, während jene, die auf dem Seeweg über Malta oder Süditalien anlangten, erste Station in Athen machten. Von Korfu aus bot sich eine Tour durch die Ionische Inselwelt an – Paxos, Leukas, Kephallenia, Ithaka, Zante und Kythera –, auf die die Überfahrt zur Küste von Epirus und ein Besuch von Parga, Suli und Ioannina folgten. Von Ioannina aus konnte der Reisende dann Thessalien durchqueren und nördlich in Richtung Makedonien vorstoßen. Um Athen, die Hauptattraktion jeder Griechenlandreise, zu erreichen, reiste man von Ioannina entweder über die Ebenen Thessaliens nach Attika, oder segelte zum Golf von Naupaktos (Lepanto), wo man in Patras anlegte. Nach der Landung konnte man die Reise entweder durch den nördlichen Peloponnes nach Korinth fortsetzen, oder den Golf von Naupaktos in Richtung Missolunghi durchqueren, um von dort aus über Delphi, den Parnaß, Levadia und Theben nach Athen zu gelangen. Athen war nicht nur wegen seiner eigenen Sehenswürdigkeiten von so großem Interesse, sondern auch wegen seiner günstigen Lage, die es zum Ausgangspunkt für Touren durch das ganze Land werden ließ. Für eine Reise durch den Peloponnes konnte man auf dem Landweg über Korinth und den Isthmus nach Nauplion gelangen, oder dorthin ein Schiff nehmen, um die nahe gelegenen Staaten von Mykene und Nemea zu durchwandern und anschließend in südlicher Richtung nach Sparta und Mistras weiterzureisen. Von dort führte ein langer Weg den Reisenden nach Arkadien im Herzen Moreas, wo Besuche von Bassai, Andritsaina und Olympia an der Westküste der Halbinsel unternommen werden konnten. Auf dem Rückweg nach Athen schloß ein Besuch Korinths die Rundreise ab. Wer die ausgetretenen Pfade des Tourismus zu verlassen wünschte, konnte eine Kreuzfahrt durch die Ägäis einschieben. Die Inseln Salamis, Aigina, Poros und Hydra konnten alle an einem Tag von Athen aus besucht werden. Die Kykladen – Tenos, Syros, Melos, Santorin – waren von Piräus nicht allzu weit entfernt, während die Inseln der westlichen Ägäis – Chios und Rhodos – und Kreta hauptsächlich von Reisenden auf dem Weg in den Nahen Osten besucht wurden.

Die Ionischen Inseln

Die Ionischen Inseln – Korfu, Paxos, Leukas, Kephallenia, Ithaka und Zante – erstrecken sich in einer Kette entlang der Küste Niederalbaniens, des Epirus und Akarnaniens, während Kythera gegenüber der Südküste des Peloponnes liegt. Bis 1797 gehörten die Inseln den Venezianern, dann gingen sie durch den Vertrag von Campo Formio in den Besitz der Franzosen über. Nach einer kurzen französischen Besatzungszeit (1797–1799) wurden sie durch ein russisch-türkisches Kondominium verwaltet – eine Einrichtung, die in einem ausschließlich russischen Protektorat endete –, bis sie 1807 noch einmal an Frankreich zurückfielen. 1814 waren die Ionischen Inseln unter englischer Herrschaft und wurden durch den Vertrag von Paris (November 1815) zu den ›Vereinigten Staaten der Ionischen Inseln‹ unter englischem Protektorat.
Korfu war Hauptregierungssitz der sieben Inseln umfassenden Republik. Für Reisende war es im neunzehnten Jahrhundert die populärste aller Ionischen Inseln, nicht nur wegen der Schönheit ihrer Landschaft, sondern auch, weil es allen denkbaren Komfort für den europäischen Besucher bereithielt.

1 Joseph Cartwright, *Stadt und Zitadelle von Korfu,* 1820

»Die Insel ist äußerst malerisch. Die Westküste fällt abrupt gegen das Meer ab, mit einem Überhang üppigen Blattwerks. Gegen Süden ist sie durch das cheimerische Vorgebirge und die Insel Leukas abgeschlossen . . . Die Sicht in Richtung Norden wird durch den steilen, felsigen Pantokrator begrenzt . . ., der gewöhnlich in Wolken gehüllt ist.«

Joseph Cartwright, *Views in the Ionian Islands,* 1821

2 John Frederick Lewis, *Ansicht der Zitadelle von Korfu aus der Ferne,* 1840

Die Zitadelle von Korfu wurde Mitte des sechzehnten Jahrhunderts durch die Venezianer erbaut, nachdem die Stadt 1537 zum ersten Mal von den Türken belagert worden war. Den oberen Teil der Zitadelle fügten die Engländer im neunzehnten Jahrhundert hinzu.

»Einer der größten Reize Korfus (ist) der immerwährende Rahmen, den die gebogenen Äste um die schönen Landschaftsszenen bilden, und der schleierartige Schimmer, den er durch sein lichtdurchlässiges Blätterdach um sich ausbreitet. Überall wächst der Ölbaum in großer Zahl und voller Grazie . . . Die ganze Insel ist von der Ebene, in der die Stadt liegt, bis zu den höheren Hügeln auf der westlichen Seite gewellt; ihre Fläche ist vollständig von einem unendlichen Olivenhain bedeckt, so daß man von jedem Blickwinkel aus über einen Teppich von Wald sieht; und je höher man geht, um so mehr sieht man und dabei immer die Zitadelle und den See und dann die Meerenge mit den großen albanischen Bergen in der Ferne.«

Edward Lear, Brief an seine Schwester Ann, Korfu, 19. Juni 1856.

3 Edward Lear, *Capo Ducato oder Sapphos Sprung auf Santa Maura* (Leukas), 1863

Die Insel Leukas ist eigentlich eine Halbinsel, die mit der Küste Akarnaniens durch eine kurze Landenge verbunden ist. Von den Venezianern wurde ihr der Name Santa Maura gegeben. Kap Leukatas, ein felsiger Landvorsprung, der in einer hohen weißen Klippe ausläuft, von der die Dichterin Sappho angeblich in den Tod sprang, liegt an der Südwestküste der Insel. Von Byron als »Leukadias ragend' Fels des Wehs« besungen, war er im neunzehnten Jahrhundert ein beliebter Aussichtspunkt für Besucher.

»Diese großartige Klippenszenerie am südwestlichsten Punkt der Insel der Santa Maura ist wahrhaftig eines Besuches wert, obwohl sie nur unter beachtlichen Mühen zu erreichen ist. Die großen Felsen steigen kühn aus den dunklen, tiefen Wassern empor, die oft genug gegen ihren Fuß wüten; und die feierliche Wirkung jenes Teils, der im Schatten liegt, wird noch gesteigert, wenn am frühen Morgen das helle Licht auf den weißen Klippen zu schimmern beginnt, die, gesäumt von der wilden Zypresse, über den düsteren Abgrund vorragen.
Auf jeder der beiden am weitesten vorgelagerten Klippen sind die Überreste eines antiken Tempels zu finden – Steinblöcke und zerschlagene Töpferwaren; ein Ort, einst von den Füßen einer Priesterversammlung festgetreten, jetzt Lieblingsplatz von Geier und Adler.«

Edward Lear, *Views in the Seven Ionian Islands*, 1863

Die Insel Ithaka liegt zwischen den Küsten Akarnaniens und Kephallenias, von welcher Insel sie durch einen engen Kanal getrennt ist.

»Ithaka, das seine Berühmtheit den mit ihm verknüpften Erinnerungen an Odysseus und der göttlichen Dichtkunst Homers verdankt, liegt in der Ionischen See . . . In der oberen Gesellschaftsschicht hat es seinen antiken Namen bewahrt, obgleich es allgemein unter dem Namen Theaki bekannt ist . . . Die Bevölkerung der Insel zählt rund achttausend Köpfe und lebt in der Hauptstadt Bathi und drei kleinen Dörfern . . . Bathi liegt am äußersten Ende des gleichnamigen Hafens, der tief und breit ist und durch die ihn umgebenden Erhebungen vor der Gewalt der Winde geschützt ist . . . Dies ist der Hafen, den wir in vorliegender Ansicht sehen, und der Berg, der seine Einfahrt überragt, ist Homers Neritos; doch ist der Boden abgetragen, und die nackten Felsen sind nicht länger von den im Wind sich wiegenden Wäldern beschattet, wie es der Dichter beschrieben hat.«

Edward Dodwell, *Views in Greece*, 1821

4 Edward Dodwell, *Ansicht von Ithaka*, 1801

Epirus, Thessalien und Makedonien

Der Reisende, der seine Tour durch Griechenland im Norden beginnen wollte, mußte von Korfu zum Festland überwechseln und seine Reise in östlicher Richtung durch die gebirgigen Regionen des Epirus, damals Albanien genannt, fortsetzen. Folgte er der Straße über das Pindus-Gebirge, erreichte er die weite Ebene Thessaliens, die sich bis zur Halbinsel von Magnesia erstreckt und im Osten von den Bergen Pelion, Ossa und Olymp begrenzt wird. Zwischen Olymp und Ossa hindurch führte ihn das Tal von Tempe geradewegs auf die Straße nach Saloniki, die entlang der Küste des Thermäischen Golfes verläuft. Von Saloniki aus konnte der Reisende die Halbinsel Chalkidike und den Berg Athos besuchen.

Parga, eine kleine Seestadt im Epirus, liegt gegenüber der Insel Paxos. Anfang des neunzehnten Jahrhunderts war sie eine Woiwodschaft, zwar unabhängig, doch unter russischem Protektorat. Wegen einer Drohung des in Ioannina residierenden Ali Pascha wurde von 1807–1814 eine französische Garnison einquartiert, die mit der Einnahme der Stadt durch die Engländer aufgelöst wurde. Als diese fünf Jahre darauf Ali Pascha erlaubten, den Hafen von Parga in Besitz zu nehmen, wurde die Stadt zerstört. Die ganze Bevölkerung wanderte nach Korfu aus.

5 Edward Lear, *Ansicht von Parga,* 1864

»Ungefähr um neun kamen wir bei den schönen und ausgedehnten Olivenhainen an, für deren Anbau Parga berühmt ist; sie bedecken alle Hügel im Umkreis und hängen mit ihrer angenehm anzusehenden, luftig-leichten Üppigkeit über Fels und Klippe bis hinab zum Wasserspiegel . . . Stadt und Burg . . . am Fuße eines kleinen Vorgebirges, . . . die Inseln in der Bucht und das reiche Wachstum der Olivenhänge schaffen ein Bild vollendet schönen Charakters, wenn es auch eher an eine italienische als eine griechische Szenerie erinnert . . .«

Edward Lear, *Journals of a Landscape Painter in Albania,* 1851

6 Edward Lear, *Die Felsen von Suli,* 1849

Von Parga aus stieg der Reisende die Schlucht des Acheron empor, um der berühmten Stadt und Festung Suli einen Besuch abzustatten. Noch im achtzehnten Jahrhundert war Suli von aus dem Epirus stammenden Christen besetzt, die vor den heranrückenden Türken in die Bergregionen geflohen waren. Seit 1788 kämpften die Sulioten gegen Ali Pascha. Statt sich dessen siegreichen Truppen zu ergeben, sprengten sich im Jahr 1803 die verbliebenen Sulioten, Männer und Frauen, samt ihren Feinden mit Schießpulver in die Luft oder stürzten sich von ihren Bergnestern in die Tiefe. In Europa verglich man die Sulioten wegen ihrer Tapferkeit im langen Kampf gegen die Türken mit den alten Spartanern.

»... die großen Felsen ... des ›blutbefleckten Suli‹! Jahrelang hallten von diesen Hügeln ohne Unterlaß die Schreie des Hasses, der Verzweiflung, des Todeskampfes wider; nun ist alles so still wie die Schauspieler dieses schrecklichen Dramas. In meinem Gedächtnis kommen wenige Landschaften dieser an Wildheit gleich ..., und außer in den Wüsten der Halbinsel Sinai habe ich keine pittoreskere und fremdartigere gesehen.«

Edward Lear, *Journals of a Landscape Painter in Albania,* 1851

Farbtafeln VIII–X

Die Ionischen Inseln

VIII Joseph Schranz, *Stadt und Zitadelle von Korfu vom Hafen aus*, ca. 1840

»Korfu . . . liegt so nahe an den Bergzügen des Epirus, . . . daß man die großartige Landschaft der gegenüberliegenden Küste in die meisten Ansichten, die von seinen zentralen Hügeln aus gezeichnet werden, einschließt. Während die edle Linie der schneebedeckten albanischen Höhen den herrlichen Hintergrund einer jeden Aussicht bildet, die sich dem Auge in östlicher Richtung eröffnet, breitet sich im Westen das weite Meer vor der romantischen Steilküste aus.«

Edward Lear, *Views in the Seven Ionian Islands*, 1863

IX Edward Lear, *Ansicht der Stadt Zante vom Burghügel aus*, 1863

Die Insel Zante, von den Venezianern ›Fiore di Levante‹ genannt, lag wegen ihrer schönen Szenerie, dem angenehmen Klima und dem gesellschaftlichen Leben mit Korfu im Wettstreit. Im frühen neunzehnten Jahrhundert bildete die Insel ein wichtiges kulturelles Zentrum der Ionischen Inseln.

»Dies ist eine der schönsten Szenerien in Zante. Die Stadt, mit ihren heiteren weißen Häusern und den vielen hohen und eleganten Glockentürmen, breitet sich am Rand der Bucht nahe dem Burghügel aus, auf dessen Höhen dichte Oliven-, Orangen und Zypressenhaine, dazu andere fruchttragende Bäume, in schönem Kontrast zum Untergrund gruppenweise die verstreuten Landhäuser umstehen. Jenseits der Stadt, im Mittelgrund der Zeichnung, liegt die Mole, auch Kai genannt; auf der anderen Seite der Bucht, wo die dörflichen Vororte sich in die Ebene hinaus erstrecken, steht der hohe Glockenturm von St. Dionysios, der dem Schutzheiligen der Insel geweiht ist. Die gegenüberliegende Erhebung ist der Berg Skopó, ungefähr 1500 Fuß hoch. Er hat eine besonders anmutige Form und seine Seiten sind von Höhlungen eingebuchtet, die bis in beachtliche Höhe mit Mais und Olivenhainen bedeckt sind.
In der Ferne sind die Hügel von Morea zu erkennen, im Vordergrund Oliven und Aloe; die letzteren wachsen sehr üppig auf den Felsen und an den Wegrändern von Zante.«

Edward Lear, *Views in the Seven Ionian Islands*, 1863

X Edward Lear, *Ansicht von Argostolí auf Kephallenia*, 1864

Kephallenia, die größte Insel des Ionischen Meeres, liegt acht Meilen nördlich von Zante gegenüber der Küste Akarnaniens und der Einfahrt zum Golf von Korinth.

»Argostolí ist die Hauptstadt Kephallenias, erbaut auf ansteigendem Grund an der höchsten Stelle des Hafens an seiner westlichen Seite. Ein langer Damm trennt den Hafen vom seichten Wasser an seinem südlichen Ende; und ein feiner Kutschweg . . . windet sich zum großen Pinienwald auf der Spitze des Schwarzen Berges hinauf, . . . unmittelbar über der Stadt gelegen . . . Die Häuser von Argostolí sind hübsch, und die Stadt, wenn auch nicht besonders lebendig, besitzt viele gute Straßen und öffentliche Gebäude. Der Vordergrund zeigt einen Pfad aus grauen Steinen, an dem der Mastix wächst und der Blaustern wuchert, von welcher Stelle aus Olivenhaine die Hänge hinab zur Stadt bedecken.«

Edward Lear, *Views in the Seven Ionian Islands*, 1863

VIII

Squills
not possible to draw for flies I being obliged to sit in the Sunshine.
Zante. 26. May. 1863. 2 & 3.40. P.M.
(201)
oranges interspersed.

IX

X

XI

XII

XIII ▷

XIV

Farbtafeln XI–XIV

Epirus, Thessalien und Makedonien

Nach einer mehrtägigen Reise durch die staubigen Ebenen Thessaliens (Taf. 12–13) war der Reisende erleichtert, das schattige Tal von Tempe zu erreichen, einen engen Paß zwischen Ossa und Olymp, den einzigen gangbaren Weg nach Makedonien.

XI William Gell, *Das Tal von Tempe*, 1805

». . . dies hochberühmte ›Tal‹ . . . ist ein enger Paß, der trotz seiner außerordentlichen Schönheit, die auf die steilen Felsen auf beiden Seiten und den Peneios, der in ihrer Tiefe zwischen dichten, überhängenden Platanenwäldern hindurchfließt, zurückzuführen ist, ganz unverwechselbar den Charakter einer Klamm oder Schlucht trägt . . . So steht es den Alten wohl an, diesen großartigen Hohlweg zu preisen, dessen Landschaft so völlig verschieden von irgendeinem anderen Teil Thessaliens ist und durch die Verknüpfung mit der legendären Geschichte und den religiösen Riten der Griechen die lebhaftesten Gefühle von Ehrfurcht und Entzücken hervorruft.«

Edward Lear, *Journals of a Landscape Painter in Albania*, 1851

Das Kloster Dionysiu wurde 1370–1374 von St. Dionysios von Korseos erbaut und später von Alexios III., dem Kaiser von Trapezunt, finanziell unterstützt. Im neunzehnten Jahrhundert gab es insgesamt zwanzig Klöster auf der Halbinsel des Hagion Oros, *des Heiligen Bergs (siehe auch Taf. 15).*

XII Edward Lear, *Das Kloster Dionysiu, Berg Athos*, 1862

Die Straße nach Athen

Von Delphi aus (Tafeln 19–21) erreichte der Reisende auf ansteigendem Weg den Parnaß, den heiligen Berg Apolls und der Musen. Auf seinem Gipfel konnte er die herrlichste Panoramaaussicht auf den Golf von Korinth und die Berge des Peloponnes im Süden, den Olymp im Norden und die vielen Bergkämme des Pindus im Osten genießen.

XIII Edward Lear, *Ansicht des Parnaß und der Ebene von Böotien*, 1862

»O du, Parnaß, drauf jetzt mein Blick gewandt,
Nicht wie im Traumbild, das der Wahn verleiht,
Nicht wie in des Gesanges Fabelland,
Ragst schneebedeckt du auf zum Himmel weit
In wilder Pracht der Bergesherrlichkeit!«

Byron, *Childe Harold's Pilgrimage*, 1812

Von Levadia (Tafel 22) aus konnte der Reisende leicht eine Exkursion in nördlicher Richtung zum Kopais-See und nach Chaironeia unternehmen, wo Philipp II. von Makedonien 338 vor Christus in der berühmten Schlacht den Bund der griechischen Städte entscheidend besiegt hatte.

XIV Karl Rottmann, *Die Ebene bei Chaironeia und der Kopais-See*, 1835

»Der See, früher der Kephissische oder Kopáische genannt, (ist) . . . jetzt der See von Topolias. In dieser Ebene liegt die Stadt Chaironeia; sie wurde erbaut . . . auf der Nordseite eines felsigen Hügels . . . Unterhalb ihrer befindet sich das Feld, auf dem die berühmte Schlacht geschlagen wurde, die Philipp von Makedonien die Stadt Athen zu Füßen legte – in der errungen ward
›– jener ehrlose Sieg . . . der tödlich für die Freiheit und dessen Botschaft dem Leben jenes alten und gesprächigen Mannes ein Ende setzte‹.«

Christopher Wordsworth, *Greece: Pictorial, Descriptive and Historical*, 1839

Wer im frühen neunzehnten Jahrhundert den Epirus bereiste, unterließ wohl kaum einen Besuch Ioanninas, dem Sitz von Ali Pascha. Ali war nominell ein Gefolgsmann des Sultans, doch war er durch militärisches Geschick und Intrigen zum Herrscher über den Epirus und den ganzen südwestlichen Teil der Balkanhalbinsel aufgestiegen. Byron, der Ioannina im Jahr 1809 besuchte, war von einer Einladung in den Palast Ali Paschas sehr beeindruckt.

»Die Lage Ioanninas, der Hauptstadt Alis, ist herrlich. Sie ruht auf einem sanften Abhang und erstreckt sich entlang eines schmalen Vorgebirges, das weit in den See hineinragt, dessen Wasser vom Schatten der überhängenden Berge verdunkelt werden, zwischen denen der Gebirgszug des Pindus sichtbar wird; . . . die Wirkung der ganzen Szenerie ist einprägsam und pittoresk; die breite Kuppel der Moscheen, die schlanke Säule der Minarette, die ragenden Zypressen, der Gebäudekomplex des Wesirspalastes . . . bieten für den Zeichenstift hochinteressante Motive . . . In der spärlichen Zahl moderner griechischer Autoren nehmen die in Ioannina geborenen einen auffälligen Platz ein. In den barbarischen Gebieten des Epirus müssen wir nach dem Schimmer jenes Lichtes suchen, das einst ganz Attika erleuchtete.«

William Haygarth, *Greece, a Poem,* 1814

7 William Haygarth, *Ansicht von Ioannina,* 1810

8 William Page, *Der See von Ioannina,* ca. 1820

»Ich stieg zum See hinab; dort, auf einer kleinen Insel, die aus seinem südlichen Teil aufsteigt, entdeckte ich ein hübsches Dorf, in dem ich sieben Klöster zählte. Beinahe gegenüber erstreckt sich ein Vorgebirge, beherrscht von der Festung und dem alten Serail, das den östlichen Ausläufer des Paktoros-Berges bildet und von der Stadt durch einen schiffbaren Kanal getrennt ist. Wohin ich mich auch wandte, verharrte mein Blick in Wonne: Einmal folgte er den Fischerbooten, ein andermal den Wildvögeln, deren Bewegungen und eiliger Flug die ganze Szenerie belebten; und ich fand es schwer, mich von den wonnigen Gefühlen, in die ich eingetaucht worden war, loszureißen, um eine Ansicht von Serail und Festung zu zeichnen.«

Louis Dupré, *Voyage à Athènes et Constantinople,* 1825

Im frühen neunzehnten Jahrhundert wurde Ioannina aufgrund des Reichtums seiner Einwohner zu einem der bedeutendsten Zentren geistigen Lebens in Griechenland. Ähnliche Entwicklungen fanden zur gleichen Zeit in anderen Teilen Griechenlands statt und bewirkten die geistige Wiedergeburt, die den Hintergrund der griechischen Unabhängigkeitsbewegung bildete.

»Das Haus . . . von Signore Nicolo Argyri . . . ist eben jenes, in dem Byron und Mr. Hobhouse während ihres Aufenthalts in Ioannina lebten, und . . . es liefert das beste Beispiel, das man von einem modernen griechischen Wohnhaus bekommen kann . . . Von der Straße aus treten wir durch eine doppelte Flügeltüre ein . . . in eine Art großen steinernen Portikus oder eine Piazza, die drei Seiten eines offenen Raumes oder Hofes umschließt, dessen Frontseite ein durch eine Palisade abgetrennter Garten bildet: im Erdgeschoß, das von diesem Portikus flankiert wird, befinden sich Ställe, Getreidespeicher und andere Einrichtungen: ganz nahe bei den Flügeltüren führt eine Flucht steinerner Treppenstufen hinauf zu einer feinen, malerischen Galerie oder einem Korridor . . ., getragen von den Steinbögen des Portikus und beschattet von dem weit vorkragenden Hausdach; dieser bietet bei schlechtem Wetter für die Bewohner eine Art Übungsraum, während er bei großer Hitze als Ruheraum dient: an seinem einen Ende kann man eine Art Sommerhaus, ausgestattet mit Sitzen und Kissen, erkennen, das ›Kiosk‹ genannt wird, wo die Familie sich einer erfrischenden Brise erfreuen kann und der Meister häufig seine Besucher empfängt; am anderen Ende ist ein Bad. Von der Galerie aus betritt man übergangslos die Wohnräume, deren wichtigste die Zimmer der Männer sind . . . Von einem anderen Teil der Galerie aus führt ein Gang zu der Gynaekonitis oder dem Gynaeceum . . ., den Zimmern der Frauen, die allgemein kleiner als jene der Männer sind, und meistenteils über ein kleines Vorzimmer oder eine Passage betreten werden.«

The Rev. Thomas Smart Hughes, *Travels in Sicily, Greece and Albania*, 1820

9 Charles Robert Cockerell, *Ein griechisches Haus in Ioannina*, 1811

Von Ioannina aus konnte der Reisende die spektakuläre Bergszenerie von Meteora im nördlichen Thessalien besuchen, mit ihren Klöstern, die aus dem vierzehnten Jahrhundert stammen. Wegen des weitverbreiteten Räuberunwesens und zahlreicher Kriege wurden viele Klöster in Griechenland an abgelegenen und unzugänglichen Orten erbaut.

10 Edward Lear, *Ansicht von Meteora,* 1848–1863

»Ich glaube nicht, daß ich je zuvor eine ähnlich verblüffende und unglaubliche Szenerie gesehen habe; solche riesigen, praktisch senkrechten Pyramiden, die vom Erdboden emporragen, um deren Fuß die winzigen Häuser eines Dorfes grüppchenweise gelagert sind . . . Es sind seltsame, unirdisch aussehende Felsen, voller gigantischer Klüfte und runder Löcher, durch welche sie an gewaltig vergrößerte Gruyèrekäse erinnern, sonst aber von vollkommen glatter Oberfläche . . . Der herrliche Vordergrund, von feinen Eichen und abgelösten Felsstükken gebildet, prägte sich mir als einer der eigentümlichen Züge der Szenerie ein. Die freistehenden massiven Steinpfeiler steigen, bekrönt von den Zufluchtsstätten der Mönche, senkrecht aus einem Meer von Blätterwerk empor, das . . . im tiefsten Schatten liegt, während das strahlende Licht aus dem Osten die wundersamen Höhen mit brillanter Kraft und Breite beleuchtet. Um die auserlesene Landschaft, die dieser herrliche Ort im Übermaß bietet, wirklich zu nützen, müßte ein Künstler hier einen Monat verbringen . . .«

Edward Lear, *Journals of a Landscape Painter in Albania,* 1851

11 Otto Magnus von Stackelberg, *Das Kloster des Barlaam in Meteora*, 1812

»Die griechischen Klöster von Meteora stehen auf den verschiedensten Plätzen, entweder auf den Bergesgipfeln oder in Höhlen, die Natur und Kunst gemeinsam in jenen Teilen der Felsen schufen, die für den Fuß des Menschen unerreichbar scheinen . . . Zugang zu diesen luftigen Gefängnissen bieten nur Seile oder Leitern, die an den Felsen befestigt werden, wo deren Oberfläche eine solche Art der Aufhängung erlaubt; und diese Leitern sind manchmal sogar mit künstlichen unterirdischen Tunnels verbunden, die einen leichteren Zugang zu den Gebäuden darüber ermöglichen . . .
Es heißt, daß die Zahl der Klöster von Meteora einst vierundzwanzig war; doch heute sind derer nur zehn verblieben, teils wegen der Abtragung des Steins, auf dem sie standen, teils wegen des Verfalls der Gebäude selbst: Es sind dies Meteora oder Meteoron, Hagios Stephanos, Barlaam, Hagia Triada, Hagios Nicholas, Rosaria und Hagia Mono, . . . das Kloster des Barlaam ist offenbar 1536 von Nektarios von Ioannina und einem anderen Griechen mit Namen Theophanes gegründet worden . . .«

Henry Holland, *Travels in the Ionian Isles, Albania, Thessaly, Macedonia, & c.*, 1815

12 Joseph Cartwright, *Ansicht von Larissa mit dem Peneios*, 1820

Larissa war eines der wichtigsten Handelszentren Thessaliens. Reisende waren oft vom Anblick der Karawanen überrascht, die regelmäßig von dieser Stadt nach Makedonien und weiter nach Norden aufbrachen.

»Am Fuß dieser mächtigen Bergbarriere liegt die Stadt LARISSA, die sich in einer langen Geraden erstreckt und ein herrliches Erscheinungsbild bietet . . . Die Stadt liegt oberhalb des PENEIOS, der jetzt *Salambria* heißt; und eine sehr hübsche Brücke führt über den Fluß, deren Stützpfeiler von Durchbrüchen aufgelockert sind: Sie besteht aus sechzehn Bögen . . . Dieser Fluß versieht die Bewohner reichlich mit Fisch . . . Hier sahen wir . . . jene antiken Wagen in Gebrauch, die von Ochsen oder Büffeln gezogen werden und massive Räder haben . . .«

Edward Daniel Clarke, *Travels in Various Countries of Europe, Asia und Afrika*, 1810–1823

Auf der Halbinsel Magnesia bildet der Pelion die östliche Grenze der Ebene von Thessalien. Bei den Reisenden wegen seiner bemerkenswerten Aussicht beliebt, war dieser Ort auch außergewöhnlich reich an mythologischen Assoziationen. Hier lebte beispielsweise der Kentaur Chiron, der Lehrer von Jason und Achill.

»Der Berg Pelion ist mit ungefähr vierundzwanzig großen und wohlhabenden Dörfern oder eher Städten geschmückt, deren meiste von Griechen mit abgehärteten Lebensgewohnheiten und athletischem Körperbau bewohnt sind. Eine der bemerkenswertesten, Portaria, . . . liegt hoch oben auf der südlichen Erhebung des Berges, inmitten einer Überfülle verschiedenartigster Bäume, die kühlende Lauben und überwölbte Schattenplätze bilden, während die Straßen von vielen Bächen bewässert werden, die unter dem üppigen Blätterdach der weit ausladenden Platanen dahinplätschern, inmitten des farbenfrohen Blätterschmuckes des wilden Weins. Die Szenerie ist reich an fernen Ausblicken, ausgeschmückt mit jeder erdenklichen Vielfalt in der Nähe. Die Natur scheint hier ihr attraktivstes Gewand angelegt zu haben und schwelgt in ihren fantastischsten Formen. Hier findet der Sinnliche seine Augenlust, der Romantiker seine Anregungen, der Erschöpfte seine Ruhe. Wohl kein Ort kann die Einbildungskraft stärker erregen oder die Aussicht mit einer größeren Überfülle an Reizen dankbarer gestalten. Anknüpfungen an die alten Zeiten sind überall zu finden; und vieles scheint in einer Art spontaner Selbstverständlichkeit, ohne die Hilfe kunstvoller Kultivierung, aus dem fruchtbaren Schoß der Erde hervorzuwachsen . . .

Die dichterische Fantasie der antiken Griechen hat die majestätische Erhebung des Pelion bis heute mit einer nie verbleichenden Glorie mythologischer Wunder und klassischer Reize versehen. Die mächtigen Formen der Titanen und Kentauren huschen immer noch über den heiligen Boden dahin, sobald ihn ein Geist erblickt, der von der Leidenschaft der klassischen Literatur erfaßt worden ist. Wer immer diese kraftvolle Illusion erfahren hat, die von der Faszination der Landschaft geweckt wird, will kaum mehr seinen Geist von der Magie dieser Ansicht abziehen.«

Edward Dodwell, *Views in Greece,* 1821

13 Simone Pomardi, *Das Dorf Portaria am Berg Pelion,* 1806

14 Edward Lear, *Ansicht von Saloniki mit dem Thermäischen Golf,* 1848

Folgte der Reisende von Larissa aus der Straße in nördlicher Richtung entlang der Küste, gelangte er in die makedonische Stadt Saloniki am Thermäischen Golf. Lears Ansicht wurde vom Wlatodon-Kloster in der Oberstadt im Norden Salonikis aus gezeichnet.

»Vom Konvent auf dem höchsten Punkt der Stadt aus, gerade innerhalb seiner weißen Mauern, ist die Aussicht . . . am herrlichsten . . . Ich sah eine Unendlichkeit an pittoresken Kleinigkeiten . . . die silbrigen Minarette, die die monotone Fläche der darunter sich ausbreitenden Dächer belebten, . . . die fein eingezogene Küstenlinie und den blauen Golf . . . und den ganzen Gebirgszug des Olymp.«

Edward Lear, *Journals of a Landscape Painter in Albania,* 1851

Berg Athos, auf der östlichsten Halbinsel von Chalkidike gelegen, war schwer zu erreichen; doch seine wild-romantische Landschaft und seine Klöster – das älteste stammt aus dem zehnten Jahrhundert – boten dem Reisenden ein unvergeßliches Erlebnis.

»Τὸ Ἅγιον Ὄρος – *To Hagion Oros* –, der Heilige Berg, (ist) überhaupt das überraschendste, was mir auf meinen Reisen, Ägypten vielleicht ausgenommen, begegnet ist. Es ist ein als Halbinsel gebildeter Berg von zweitausend Fuß Höhe und fünfzig Meilen Länge, der in einer nahezu siebentausend Fuß hohen, mächtigen Bergspitze endet, die der Athos ist. Außer der nackten Spitze ist alles eine Masse ausgedehnter Wälder, Buche, Kastanie, Eiche und Stechpalme, und auf den Klippen und Felsvorsprüngen am Meer stehen im Umkreis zwanzig große und alte Klöster . . . Diese Konvente sind von insgesamt sechs- oder siebentausend Mönchen bewohnt, und wie Du vielleicht gehört hast, lebt kein weibliches Wesen auf der ganzen Halbinsel: – es sind da nur Maulesel, Kater und Hähne erlaubt. Das ist wortwörtlich wahr.«

Edward Lear, *Brief an Chichester Fortescue*, 9. Oktober 1856.

»Auf dem Heiligen Berg, wie auch anderswo, haben die Klostergründer gewöhnlich großen Geschmack bei der Auswahl der Standorte bewiesen . . . *Kutlumusiu* . . . liegt . . . im kultivierbarsten Teil der Halbinsel, zwischen Gärten, Weinbergen, Olivenhainen und Maisfeldern. Als der kleinste aller Konvente hat es nicht mehr als dreißig *Kaloyer* (griechische Mönche). In der Regierungszeit Andronikos des Älteren (1283–1328) wurde es von Konstantin, einem Adligen aus einer türkischen Familie, die mit den Seldschuken-Sultanen verwandt war und in Kutlumusiu lebte, gegründet. Seine Mutter war Christin, und bei ihrem Tod gab er sich in die Arme des Christentums und wurde ein Mönch auf Berg Athos.«

John Murray, *A Handbook for Travellers in Greece*, 1854

15 Edward Lear, *Das Kloster von Kutlumusiu, Berg Athos*, 1856

Die Straße nach Athen

Bei einer Bootsreise durch die Ionischen Inseln war Patras der erste Berührungspunkt mit dem Peloponnes, einer der geschäftigsten Häfen Griechenlands, über den die Verbindung zu den benachbarten Inseln und der Adria abgewickelt wurde. Um von Patras aus Athen über das Festland zu erreichen, durchquerte der Reisende den engen Kanal, der die Einfahrt zum Golf von Lepanto bildet, und landete in Missolunghi. Von dort führte eine gewundene Straße die Küste entlang und durch die Ebene von Krissa, von wo ein steiler Anstieg den Reisenden zum Gipfel des Parnaß brachte. Setzte er dann seinen Weg nach Böotien fort, sah er in der Ferne den Helikon und die Stadt Levadia.
Von Levadia aus konnte ein kurzer Umweg zum Besuch Chaironeias unternommen werden, bevor man in südlicher Richtung nach Theben, Eleusis und schließlich Athen weiterreiste.

16 Hugh William Williams, *Eine Straße in Patras,* 1817

»Patras, das alte Patrai, jetzt eine Stadt von beachtlicher Größe, steht auf dem ansteigenden Grund einer sanften Erhebung . . . Hinter ihr ragen Berge auf, mit edlen, angenehmen Formen, besonders der schneebedeckte Wodia . . . Die Straßen von Patras sind sehr eng . . . Die Dächer der Häuser berühren einander fast, was ohne Zweifel wegen des Schattens in diesem warmen Klima beabsichtigt ist.«

Hugh William Williams, *Travels in Italy, Greece and the Ionian Islands,* 1820

Missolunghi liegt nahe dem Eingang zum Golf von Patras an der Nordküste. Die Stadt ist, wegen des außergewöhnlichen Mutes ihrer Einwohner bei der Belagerung durch die Türken 1825–1826, ein Markstein in der Geschichte des Unabhängigkeitskriegs. Byron und Hobhouse verbrachten dort im November 1809 drei Tage. Im Januar 1824 kehrte Byron wieder und ließ sich in einem Haus nieder, das er mit Oberst Stanhope, einem Vertreter des Londoner Philhellenischen Komitees, gemeinsam bezog. Nach Byrons Tod durch Malaria im April 1824 in Missolunghi wurde die Stadt sehr schnell zu einer Pilgerstätte für Philhellenen.

17 William Purser, *Ansicht von Missolunghi mit Lord Byrons Haus,* 1824

18 Edward Dodwell, *Ein Mahl in einem griechischen Haus in Krissa*, 1801

»Das große Dorf Krisso liegt wahrscheinlich an der Stelle des antiken Krissa auf dem alten Territorium von Phokis an der Südseite des Parnaß, ungefähr sechs Meilen westlich der Ruinen von Delphi. Der Bischof von Salona, der hier residiert, empfing uns in seinem Haus. Wir speisten in einer offenen Galerie, die eine herrliche Aussicht auf die Küsten des Krissaischen Golfs bot.
Bevor wir uns zum Essen niedersetzten, . . . vollzogen wir die alte Zeremonie der Handwaschung. Von einem Diener wird den Beteiligten ein Blechbecken, das er auf seinem linken Arm hält, herumgereicht, während er mit seiner Rechten aus einem Zinngefäß Wasser über die Hände des Gastes gießt, die er anschließend mit einem Tuch, das ihm über die Schulter hängt, trocknet. Diese Zeremonie . . . wird bei Hesiod, bei Homer und anderen Schriftstellern erwähnt.
Wir speisten an einem runden Tisch, der auf einem Fuß oder einer Art Säule, wie bei den *monopodia* (›Einfüßer‹) der Alten, aufruhte. Wir saßen auf Kissen auf dem Boden. Die Speise in der Mitte des Tisches heißt *pilau* und besteht aus Reis und gekochtem Fleisch. Die runden Kuchen, eine Art feinen Brotes, heißen *colouri*.
Die zur Linken sitzende ehrwürdige Figur ist der Bischof von Salona. Der Prälat nimmt gerade die Ehrbezeigung eines griechischen Bauern entgegen, der den Boden küßt, bevor er die Hand des Bischofs mit seinen Lippen berührt. Der Mann mit dem Wasserbecken ist ein albanischer Christ, der Herr, der sich die Hände wäscht, ein griechischer Gentleman. Die mittlere Figur am Tisch ist der Ortspriester, zu erkennen an der schwarzen Kopfbedeckung. Die Frau, die ein Geflügelgericht hereinträgt, ist eine Albanerin.«

Edward Dodwell, *Views in Greece*, 1821

Folgte der Reisende dem nördlichen Küstenverlauf des Golfs von Lepanto, mußte er, um Delphi zu erreichen, die Krissaische Ebene durchqueren. Doch war, mit Ausnahme der majestätischen Szenerie – die in sich selbst schon den heiligen Ort erahnen ließ –, nur recht wenig an der berühmten Stätte des Apolloheiligtums zu sehen, da bis zum Ende des neunzehnten Jahrhunderts Delphi vom Dorf Kastri überlagert war.

»In Hellas einst erkannt als Himmelsgabe,
Warst Muse, du, gestaltet im Gesang!
Beschämt von spät'rer Lieder Kunstgehabe,
Ruft dich das meine nicht vom heil'gen Hang:
Doch ging ich am gepries'nen Bach entlang,
Beseufzte Delphis lang verlass'nen Schrein,
Wo nur ertönt die schwache Quelle bang . . .

Ist von Apoll die Grotte auch verwaist,
Ihr Grab geworden nun der Musen Thron,
Belebt die Stätte doch ein sanfter Geist,
Schweigt in der Höhle, seufzt im Sturmesdroh'n,
Schwebt auf des Baches Welle mit kristall'nem Ton.«

Byron, *Childe Harold's Pilgrimage*, 1812

19 Edward Lear, *Ansicht des Dorfes Kastri, Delphi*, 1849–1850

20 André Louis de Sinety, *Der Kastalische Quell in Delphi*, 1847

21 John Fulleylove, *Die Stoa der Athener in Delphi,* 1895

Die Stoa (Halle) der Athener wurde links von der Heiligen Straße des Temenos in Delphi gegen die Stützmauer des Apollotempels erbaut. 1838 wurden die Ausgrabungsarbeiten in Delphi begonnen, doch konnten sie erst nach der Enteignung von Kastri im Jahr 1891 abgeschlossen werden.

»Das Stück polygonal zusammengefügten Mauerwerks zur Rechten ist Teil der . . . Terrassenmauer des Großen Apollotempels. Drei Marmorstufen an der Rückseite des athenischen Portikus, mit zwei noch an ihrem ursprünglichen Ort stehenden Ionischen Säulen, befinden sich an der Vorderseite der Mauer. Die Heilige Straße, die am östlichen Ende des darüberliegenden Großen Tempels endet, führt an dem Portikus vorbei . . . Links auf der Zeichnung ist der Berghang des Kirphis zu sehen, der hinab in die Schlucht des Pleistos-Flusses führt.«

John Fulleylove, Greece, 1906

»Nicht weit von Kastri bricht der Fels in zwei Teile und bildet eine Art Höhle, die zum Himmel hin offen und schwer zu erreichen ist: Und genau hier pflegte die Apollopriesterin zu sitzen. Zur Rechten entspringt eine kleine Quelle, deren Wasser in ein seichtes Becken geleitet wird, das über drei oder vier erhaltene Treppenstufen zu erreichen ist. Dies war der ›Kastalische Quell‹, wo die Priesterin badete, bevor sie sich im Orakel niedersetzte. Vor der Quelle standen einst mehrere Gebäude, deren Spuren noch auf dem Felsen erkennbar sind. Das Quellwasser ist süß und frisch.«

Antoine de Latour, *Voyage de S. A. R. Monseigneur le duc de Montpensier à Tunis, en Egypte, en Turquie et en Grèce,* 1847

22 William Walker, *Ansicht von Levadia*, 1803

Nach einem Anstieg über die Osthänge des Helikon erreichte der Reisende Levadia, die einzige Stadt in Böotien, die an Bedeutung mit Theben vergleichbar ist. Doch während Theben im neunzehnten Jahrhundert ein von Armut geplagtes Dorf war, stellte Levadia eine wohlhabende Stadt in idyllischer Landschaft dar. In klassischer Zeit war Levadia die Stätte des Orakels des Trophonios – das an Ansehen allein Delphi nachstand.

»Die Stadt von Levadia bietet vom Norden kommend ein imposantes Erscheinungsbild und bildet eine Szenerie, die nicht weniger einzigartig als schön ist. Ihre Häuser sind zum größten Teil von Gärten umgeben und bedecken derart eine große Fläche Bodens an einigen steilen Böschungen am Fuß einer abschüssigen Anhöhe, die von einem angeblich von Katalanen erbauten, heute zerfallenen Kastell bekrönt wird. Diese Höhe bildet den nördlichen Steilabfall des *Helikon* und ist in östlicher Richtung von ähnlichen Hügeln durch einen Sturzbach abgetrennt, der aus dem Berg zwischen ragenden Gipfeln hervorschießt und mit großer Geschwindigkeit mitten durch die Stadt über ein felsiges Bett stürzt . . . Auch in vielen Teilen der Stadt entspringen Wasserläufe, so daß, dank des Überflusses an Wasser, verbunden mit dem Schutz, den die überhängenden Berge bilden, die Luft im Sommer, im oberen Teil der Stadt, während einer oder zweier Stunden am Morgen und am Abend von äußerst angenehmer Kühle ist . . .«

Colonel William Martin Leake, *Travels in Northern Greece*, 1835

(Nächste Seite)

Folgte man von Levadia aus der Straße in südöstlicher Richtung, gelangte man auf eine ausgedehnte Ebene, in deren Mitte auf einer Anhöhe die Stadt Theben sich erhob.

»Vom Rücken eines Hügels namens Kadmeia, an der anderen Seite Thebens, kann man das Flüßchen Ismenos im Vordergrund sehen, das von Mastixbüschen umstanden und von einer Baumreihe mit dichtem Blätterdach beschattet ist . . . Die moderne Stadt liegt an der Stätte von Kadmeia, der antiken befestigten Stadt von Kadmos, anhand derer man erkennen kann, wie groß diese Stadt ursprünglich gewesen ist. Am äußersten Rand der Stadt befindet sich ein hoher Turm, der an der Stelle eines der sieben alten Tore erbaut wurde. Auf der linken Seite der Ansicht sieht man einen von einer Bogenreihe getragenen Aquädukt, der Wasser zum höchsten Punkt der modernen Stadt leitet und von vielen Zypressen und Platanen umgeben ist.«

Otto Magnus von Stackelberg, *La Grèce. Vues pittoresques et topographiques*, 1834

23 Hugh William Williams, *Ansicht von Theben,* 1819

24 Théodore du Moncel, *Ansicht von Eleusis,* ca. 1843

Die Straße von Eleusis nach Athen folgte der Route der alten Heiligen Straße, auf der sich die alljährliche Prozession von Athen zum Demeterheiligtum in Eleusis bewegte.

»Die Straße von Athen nach Eleusis ist teilweise auf der alten heiligen Straße gebaut . . . An ihrem Ende erscheint wie durch einen Zauber das eigentliche Dorf Eleusis, und man sieht das Meer und den Rheti-See, die beide in der Antike Demeter und Persephone geweiht waren . . . Letzterer ist heutzutage ein sumpfiger Morast, in dem Mastixbüsche und Schilf durcheinanderwachsen . . . Die alte Oberstadt liegt auf dem Berg . . . Der venezianische Turm, der auf dem Hügel rechterhand zu sehen ist, ruht auf alten Fundamenten . . . Ich besuchte einige Häuser dieses armen Dorfes; es sind schäbige, zumeist aus Lehm erbaute Hütten mit nur einem Stockwerk.«

Théodore du Moncel, *De Venise à Constantinople à travers la Grèce,* ca. 1843

Athen

»Die besondere Qualität der athenischen Landschaft ist das Licht – nicht Reichtum oder Erhabenheit oder romantischer Liebreiz oder großartige Bergzüge, sondern die leuchtende Schönheit, die heitere Öffnung den Lüften des Himmels . . . Ἰοστέφανος ist eine Bezeichnung des Aristophanes für seine Stadt; und wenn auch nicht mit Veilchen bekrönt, so trägt Athen doch als Blumengirlande seine luftigen Purpurhügel – Hymettos, Lykabettos, Pentelikon und Parnes . . . Von welchem Punkt man auch die Ebene von Athen . . . überblickt, sie bietet immer ein Bild würdevoller, strahlender Schönheit. Die Akropolis ist das Zentrum dieser Landschaft, glänzend als Kunstwerk mit ihrer eigenen Krone von Tempeln.

. . . Athen ist, wie die Griechen der Geschichte, in einer Art Selbstvollendung befangen: Es ist ein Ding der Vergangenheit, das immer noch lebt, weil der Geist niemals stirbt und die Schönheit eine immerwährende Lust ist. Wahrhaft bemerkenswert an dieser Stadt ist, daß, während die moderne Stadt ein bedeutungsloser Pilzwuchs des gegenwärtigen Jahrhunderts ist, die Denkmäler der griechischen Kunst in ihrer besten Periode – die Meisterwerke des Iktions und Mnesikles und das Theater, in dem die Stücke der Tragödiendichter aufgeführt wurden – in relativer Vollkommenheit überlebt haben und so weit von späteren Bauwerken unbehindert sind, daß das eigentliche Athen des Perikles unsere Aufmerksamkeit völlig gefangen nimmt.«

John Addington Symonds, *Sketches and Studies in Italy and Greece*, 1898

25 Raffaello Ceccoli, *Ansicht der Akropolis mit dem Theater des Herodes Atticus*, ca. 1850

Kam der Reisende auf der Straße von Eleusis durch die Haine der Platonischen Akademie, so traf der erste Blick, den er auf Athen warf, den steilen Felsen der Akropolis, der in der Mitte aufstieg, und links von ihm den Hügel des Lykabettos, der sich von der eindrucksvollen Masse des Hymettos abhob.

»Die Ansicht Athens von der Straße nach Eleusis aus . . . (gibt) vielleicht die schönste wie auch die sprechendste Vorstellung von der Lage der Akropolis in bezug auf das Land, das sie umgibt . . . Zur Linken der Zeichnung ist der Lykabettos . . ., während der Berg, der, zusammen mit anderen Teilen der Landschaft, den gewohnten Hintergrund dazu liefert, der weitgerühmte bienenumsummte Hymettos ist . . . Mit tiefer Verachtung für jene abgegriffene Konvention, derzufolge so viele sich bei gewissen Gelegenheiten genötigt sehen, in Entzücken auszubrechen, und mit dem starken Gefühl für die Unabdingbarkeit der Kontrolle dieser oder ähnlicher Emotionen, gestehe ich, daß ich nur wenig Respekt für einen gebildeten Menschen aufbringen könnte, der sich innerhalb weniger Meilen Entfernung von der Stadt der Minerva aufhielte und dennoch in seinem normalen Geisteszustand verharrte!«

Henry Cook, *Recollections of a Tour in the Ionian Islands, Greece and Constantinople,* 1853

26 Henry Cook, *Ansicht von Athen von der Straße nach Eleusis aus,* 1850

Die Akropolis blieb in türkischem Besitz bis zum Frühjahr 1833, als eine kleine bayerische Garnison auf Anordnung des griechischen Staates dort einquartiert wurde. Seit dem Sommer 1831 war die Akropolis nicht mehr als Festung benutzt und in der Folge zur archäologischen Stätte erklärt worden.

27 William Page, *Ansicht der Akropolis*, ca. 1820

»Wie kann ich Dir, durch bloße Beschreibung, eine Vorstellung von dem Vergnügen geben, das ich beim Anblick dieser alten Gebäude Athens empfand! Wie stark war in ihnen die Großartigkeit und die Wirkung des Einfachen in der Architektur verkörpert!«

Robert Smirke, Tagebuch, 1803

28 Hugh William Williams, *Der Parthenon,* 1819

»... Beim Anblick des Parthenon waren wir derart von seinem feierlichen Erscheinungsbild betroffen, derart verblüfft von seinem allgemeinen Glanz und seiner Herrlichkeit, daß wir niemals... (eine) kritische Prüfung der Teile, aus denen er zusammengesetzt ist, gewagt hätten. Zwar ist er schon oft beschrieben worden, doch bemerkt der Betrachter, der sich ihm zum ersten Mal nähert, daß nichts, was er über ihn gelesen hat, die geringste Vorstellung von der Wirkung geben kann, die er entfaltet, wenn man ihn selbst betrachtet. Und doch gab es einmal in England einen Architekten, einen in seinem Fachgebiet herausragenden Schriftsteller, der behauptete, daß das Studium der römischen Altertümer in Italien und Frankreich dem der Überreste der griechischen Architektur vorzuziehen sei, und der, ohne jemals Gelegenheit gehabt zu haben, sie, außer in Büchern und Drucken, in Augenschein zu nehmen, auf der Grundlage der Werke des Phidias, Kallikrates und Iktinos zu behaupten wagte, daß der Parthenon ein weniger bedeutendes Gebäude darstellte als die Kirche von St. Martin in London; womit er einen bemerkenswerten Beweis für die Unmöglichkeit lieferte, aus einer schriftlichen Beschreibung oder selbst aus Stichen eine angemessene Vorstellung der Gebäude des alten Griechenland zu gewinnen; verglichen mit dessen erstaunlichen Werken die kümmerlichen Bemühungen der modernen Kunst kaum besser als Arbeiten von Kindern sind.«

Edward Daniel Clarke, *Travels in Various Countries of Europe, Asia and Africa,* 1810–1823

Unter den Türken wurde das Erechtheion als Harem für den Gouverneur von Athen benutzt.

»Der Tempel der Minerva Polias, oder, wie er manchmal genannt wird, das Erechtheion, ist im Ionischen Stil erbaut, und es hat niemals ein vollkommeneres Beispiel dieser anmutigen architektonischen Ordnung gegeben. Den sechssäuligen Portikus am Ostende nicht eingerechnet, mißt das eigentliche Tempelhaus dreiundsiebzig Fuß in der Länge und siebenunddreißig in der Breite. Ein anderer Portikus mit vier vorgesetzten Säulen und zwei zurückgezogenen Pfeilern schmückt die Nordseite des Gebäudes. Auf der gegenüberliegenden Seite ist der schöne Vorbau der Karyatiden (die Korenhalle), in dem Jungfrauen, gekleidet in die religiösen Gewänder der Panathenäischen Feiern, die Stelle von Pfeilern einnehmen und das vorkragende Gebälk auf ihren breiten, ruhigen Scheiteln tragen, was bei diesem Gebälk eher den Eindruck vermittelt, als trügen sie eine Krone und nicht eine Last.«

Aubrey De Vere, *Picturesque Sketches of Greece and Turkey*, 1850

29 Hugh William Williams, *Ansicht des Erechtheions*, 1819

30 Ippolito Caffi, *Die Propyläen*, 1843

31 Ippolito Caffi, *Das Innere des Parthenon*, 1843

32 Ippolito Caffi, *Das Parthenon und das Erechtheion*, 1843

»Wir sehen Athen in Ruinen. Auf dem Hauptfelsen seiner AKROPOLIS stehen die unvollständigen Reste dreier Tempel – des Tempels der SIEGESGÖTTIN (Athena Nike), des PARTHENON, und des ERECHTHEION. Von den PROPYLÄEN . . . stehen noch einige Mauern und Säulen. Von dem THEATER an der Südseite der Akropolis, in dem die Dramen des Äschylos, Sophokles und Euripides aufgeführt wurde, sind einige Steinstufen übriggeblieben . . . Doch . . . während wir durch diesen Anblick gewaltsam und voller Trauer an die Vergänglichkeit der schönsten Gegenstände erinnert werden, die die Welt je gesehen hat, . . . führt uns dies ganz natürlich dazu, das Fortwirken und die Lebendigkeit von *Geist* und *Intelligenz*, die diese Werke hervorgebracht haben, dem entgegenzusetzen . . . Nicht in Athen allein sollen wir Athen suchen. Auf diese Stadt mag das Epitaph zutreffen: *Hier ist das Herz, der Geist ist überall* . . . Diese Gebäude, die nun in Ruinen vor uns stehen, haben über zweitausend Jahre lang als Vorbilder für die meistbewunderten Bauwerke aller zivilisierter Länder dieser Erde gedient . . . So hat sich der Geist, der diese herrlichen Werke entworfen und ausgeführt hat, als unsterblich erwiesen, während das Material, an dem er arbeitete, sich aufgelöst hat.«

Christopher Wordsworth, *Greece: Pictorial, Descriptive and Historical*, 1839

Der Tempel der Athena Nike wurde 427–424 vor Christus nach Entwürfen des Kallikrates erbaut. Bis 1687 stand er zu Füßen der Propyläen, in welchem Jahr er von den Türken abgerissen wurde, um Platz für eine Bastion zu schaffen. Von 1835–1839 wurde er restauriert.

33 J. N. H. de Chacaton, *Der Tempel der Apteros Nike* (der Ungeflügelten Siegesgöttin), 1839

»Der Tempel der Ungeflügelten Siegesgöttin ist, mit Ausnahme des gepflasterten Bodens, vollständig restauriert; fast zwei Jahrhunderte lang war jede Spur von ihm verloren, wurde er mit keinem Wort erwähnt. Als man, um den Eingang zu den Propyläen freizubekommen, eine der türkischen Batterien renovierte, wurden einige Fragmente gefunden, die wiederum zu einer genauen Untersuchung führten; und schon nach kurzer Zeit hatte man das Fundament, das Bodenpflaster und selbst die Basen einiger der Säulen ausgegraben, die seine Rekonstruktion nicht nur sehr einfach, sondern auch äußerst zufriedenstellend gestalteten. Der Tempel ist klein, doch von erlesenen Proportionen, und jetzt auch vollständig, mit Ausnahme eines Teils des Frieses, der im *British Museum* ist.«

Henry Cook, *The Present State of the Monuments of Greece,* 1851

»Die Schönheit der Tempel kannte ich schon gut durch unzählige Zeichnungen – doch die ungeheure Fläche der Ebene mit den edel geformten Bergen hinab zur See – & die Art, in der jene gewaltige Felsmasse – die Akropolis – über der modernen Stadt steht, mit ihren schimmernd weißen Marmorruinen gegen den tiefblauen Himmel, das geht über alle Erwartungen hinaus . . . Das arme, alte, schäbige Rom versinkt in nichts neben dieser schönen Herrlichkeit.«

Edward Lear, Brief an seine Schwester Ann, Athen, 3. Juni 1848

34 Carl Haag, *Ansicht der Akropolis*, 1861

Farbtafeln XV–XVII

XV Johann Jakob Wolfensberger, *Ansicht von Athen vom Ilissos*, 1834

Verließ der Besucher das Olympieion – den Tempel des olympischen Zeus – (Tafel 37), dann erreichte er den Fluß Ilissos, der von seiner Quelle am Nordhang des Hymettos in sanftem Bogen zwischen Lykabettos und Adrettos-Hügel hinab zu der Stelle floß, wo das Stadion stand. Obwohl der Fluß im neunzehnten Jahrhundert fast völlig ausgetrocknet war, blieben mit diesem Ort dennoch viele klassische Assoziationen verknüpft: Es waren die grünenden Ufer des Ilissos, die die lyrische Beschreibung Sokrates' am Anfang von Platos Phädrus inspirierten.

»Wir ließen uns im Tempel der Musen am westlichen Ufer des Flusses nieder . . . fast genau dem Stadion gegenüber . . . Wie herrlich war die Aussicht, die uns umgab! Im Nordwesten war Athen, mit der Akropolis und all seinen prominenten Altertümern, außer dem Tempel des Zeus, den wir nicht sehen konnten, da er auf der anderen Seite war. Nahe jenem Teil der Stadt, . . . der am Fuß des Hügels errichtet worden war, befand sich ein Olivenhain . . . Westlich von uns war der Piräus und das glorreiche Salamis. Östlich ragte der lange Bergkamm des Hymettos und im Norden der Anchesmos-Berg (mit einem kleineren Berg links von ihm), . . . und auf der Ebene darunter stand ein weiterer großer Olivenhain an den Ufern des Ilissos.«

William Turner, *Journal of a Tour in the Levant*, 1820

XVI Hugh William Williams, *Ansicht der Propyläen*, 1819

Die Propyläen, die im dreizehnten Jahrhundert in einen Palast des florentinischen Fürsten Acciaiuoli umgewandelt worden waren, wurden von 1836–1837 geräumt; die Pinakothek in ihrem Nordflügel wurde als Museum benutzt. Im Jahr 1884 brachte man sämtliche Altertümer ins Akropolis-Museum.

»Der Anblick der Verwüstung auf der Akropolis ist vollständig . . . Ruinenhaufen erbärmlicher Häuser und verschiedenartige Gebäude, die aus Lehm und Marmor errichtet wurden, wobei der Marmor trübselig aus dem Lehm hervorlugt . . . Ich ging . . . zum höchsten Punkt der alten Propyläen, der sicherlich die schönste Ansicht der ganzen Akropolis bietet und vielleicht in der ganzen Welt ohne Beispiel ist. Im Vordergrund erscheint der Tempel der Minerva, von erhabener Schönheit, über dessen liebliche Säulen die Sonnenstrahlen verstohlen dahinwandern und Schatten in die Tiefe des dahinterliegenden Raumes werfen; . . . und die Pfeiler der Propyläen schießen durch den bröckelnden Ruinenschutt der aufeinanderfolgenden Zeitalter . . . Ich habe oft im Verlauf meiner Reisen die Macht eines Gefühls verspürt, das ich irgendwo schon ausgedrückt gefunden habe, nämlich, daß alles Sublime und Edle mehr oder weniger mit Gefühlen der Melancholie verknüpft ist. Mit einer solchen Szene vor Augen, wie ich sie jetzt nachdenklich betrachtete, geht der Puls schneller und Tränen füllen das Auge, doch keine Freudentränen.«

Hugh William Williams, *Travels in Italy, Greece and the Ionian Islands*, 1820

XVII Jean Baptiste Hilaire, *Eine Hochzeit in Athen*, ca. 1800

Im neunzehnten Jahrhundert waren Hochzeiten in Griechenland von einer Vielzahl von Zeremonien geprägt. Tänzer und Musiker schritten dem Hochzeitszug voran; es folgten der Bräutigam zu Pferd, begleitet von seinen Freunden; zum Schluß kam die Braut, umgeben von ihren Freundinnen, die all ihren Schmuck und einen langen Schleier trug.

XV

W Williams
1819.

XVII

XVIII

XIX

XXI

XX

XXII

Farbtafeln XVIII–XXII

Die Athener waren für ihre Fröhlichkeit und ihre Freude an Festen berühmt. Der Besucher hatte deshalb häufig Gelegenheit, das Spektakel des griechischen Nationaltanzes, der ›Romaika‹ genannt wurde, mitzuerleben.

XVIII Théodore Aligny, *Griechische Mädchen tanzen die ›Romaika‹*, 1850

Eastlake berichtet in seinem Tagebuch: »Durch ein Geschenk von drei oder vier Dollars an den Disdar Aga erwarben wir die Erlaubnis zu einem Besuch der Akropolis . . . Wir zeichneten dort in vollkommener Ruhe . . . Von dem Tag an, da ich mich das erste Mal zum Zeichnen niedersetzte, . . . schrieb ich mein Tagebuch nicht mehr in schwarz und weiß, sondern in blau, rot und gelb.«

XIX Charles Lock Eastlake, *Das Erechtheion*, 1820

Die Hadriansbibliothek war auch als Stoa Poikile, Pantheon oder Gymnasion des Hadrian bekannt, bevor ihre Identität durch Ausgrabungen im Jahr 1885 gesichert wurde. Angebaut war die byzantinische Kirche der Taxiarchen – auch Megali Panhagia genannt –, die gelegentlich der Ausgrabungen abgetragen wurde.

XX J. N. H. de Chacaton, *Die Hadriansbibliothek*, 1839

»Die Stoa des Hadrian, die auf dem heutigen Marktplatz steht, ist fast ganz hinter den sie umgebenden Gebäuden versteckt; eine Kirchenruine verbirgt mehrere Säulen, deren korinthische Kapitelle über dem Dach hervortreten; die anderen sind freigestellt, jede aus einem Marmorblock gehauen: es sind deren sieben, mit einer weiteren, die allein steht und kanneliert ist.«

Edward Giffard, *A Short Visit to the Ionian Islands, Athens, and the Morea*, 1838

Auf einem Hügel, der die Agora überblickt, zwischen 449 und 444 vor Christus erbaut, war das Theseion (eigentlich Hephaisteion) der besterhaltene aller griechischen Tempel. Der Name ist darauf zurückzuführen, daß sein Fries mit Szenen aus dem Leben des Theseus geschmückt war, obwohl er ursprünglich dem Hephaistos geweiht wurde. Seit dem sechsten Jahrhundert benutzte man ihn als christliche Kirche, die dem Hl. Georg geweiht war. 1835 wurde er zum ersten archäologischen Museum Athens.

XXI Vicenzo Lanza, *Ansicht der Gegend um das Theseion*, 1869

»Nach dem Unabhängigkeitskrieg war Athen wenig mehr als ein Ruinenhaufen mit Häusern ohne Dächer und verlassenen Straßen. . . . Gegenwärtig, 1869, ist Athen eine solide gebaute und schnell wachsende Stadt mit ungefähr siebzigtausend Einwohnern . . . Das Theseion . . . steht auf einem abgegrenzten Hügel, um den herum eine moderne Kutschstraße von der Akropolis zum Bahnhof führt . . . Heute dient es als Museum, in dem Altäre, Statuen und andere erhaltene Kunstwerke in mehr oder weniger vollständigem Zustand aufbewahrt werden.«

Frederick Trench Townshend, *A Cruise in Greek Waters*, 1870

In der Mitte des neunzehnten Jahrhunderts war das Dorf Kephissia im Nordosten Athens zu einem beliebten Landaufenthalt der Athener geworden.

XXII James Skene, *Ansicht von Kephissia*, 1839

». . . Kephissia . . . (wird) im Volksmund Kifishá oder Tjifishá ausgesprochen. Hier gibt es mehrere große Pyrgoi (befestigte Anwesen) mit guten Gärten und eine Moschee, vor der ein Springbrunnen und eine schöne Platane stehen. Der für Attika seltene Vorzug, in der Mitte des Sommers ein Überangebot an fließendem Wasser zu besitzen, hat diesen Ort zu einem Lieblingsaufenthalt der Türken Athens werden lassen . . .«

Colonel William Martin Leake, *Travels in Northern Greece*, 1835

35 Ferdinand Stademann, *Eine Panoramaansicht von Athen,* 1835

»Athen, einst die Hauptstadt Attikas wie des gegenwärtigen Königreichs Griechenland, liegt . . . in der von Hügeln vielfach durchbrochenen Ebene . . ., welche gegen Morgen von dem Gebirge Brilessos oder Pentelikon, gegen Mittag vom Hymettos, gegen Abend von dem Korydallos und dem saronischen Meerbusen, dessen Wellen hier die Häfen und Reeden des Piräus, Mounychia und von Phaleron umspülen, und gegen Mitternacht von dem nördlichen Ägaleos und dem Parnes begrenzt wird . . . In diesem Blatte tritt uns ein buntes Bild der verschiedenartigsten Bauten fast jedes Zeitalters vor Augen.«

Ferdinand Stademann, *Panorama von Athen,* 1841

Der Parthenon, seit dem sechsten Jahrhundert eine christliche Kirche und während der Kreuzzüge der heiligen Jungfrau Maria von Athen geweiht, wurde 1460 in eine Moschee verwandelt. Nach der Befreiung als Museum benutzt, wurde die Moschee 1842 abgerissen.

»Wie lang auch immer wir unter den Ruinen dieses majestätischsten und schönsten aller Tempel verweilen, würde ich doch erwarten, daß Du unseren Aufenthalt als bei weitem zu kurz bezeichnest, ja, ich wäre sehr enttäuscht, wenn Du nicht erklärtest, daß keine Beschreibung jemals seiner Großartigkeit und Schönheit Gerechtigkeit widerfahren ließ. In jeden Fluch, den Du über die Erbauer der unansehnlichen Strukturen, die abwechselnd Moschee und Kirche waren und den Bezirk des Allerheiligsten verstellen, aussprichst, würde ich von Herzen einstimmen; und nicht weniger in jede Art von Bewunderung, deren wie extravagant auch immer ausfallenden Tribut Du jenem edlen Bürger zollen mögest, in dessen Gehirn dies herrliche Gebäude zuerst errichtet wurde.«

Edgar Garston, *Greece Revisited,* 1842

36 Karl Wilhelm von Heydeck, *Ansicht des Parthenon mit der Kirche der Jungfrau,* 1834

37 Thomas Hartley Cromek, *Das Olympieion,* 1844

Der Tempel des Olympischen Zeus östlich der Akropolis wurde im späten sechsten Jahrhundert vor Christus begonnen und endgültig von Kaiser Hadrian zwischen 131 und 132 unserer Zeitrechnung fertiggestellt. Mit seinen gigantischen Säulen, die senkrecht inmitten einer weiten Plattform aufragen, erschien er dem Besucher im neunzehnten Jahrhundert als Modell für die Erhabenheit der klassischen griechischen Kunst.

»Die erstaunliche Größe dieser Säulenschäfte (die sechs Fuß im Durchmesser und sechzig Fuß an Höhe messen) erregt die Aufmerksamkeit des Betrachters kaum mehr als der Umstand, daß diese Stelle keine umgestürzten Ruinen in ihrer näheren Umgebung aufweist, die doch einst von den hundertundzwanzig Säulen und den Marmorwänden eines Tempels überragt war, den Götter- und Heldenstatuen und die tausenderlei Gaben einer herrlichen Pietät anfüllten. Die unvergleichliche Großartigkeit dieser Marmorruinen ist vielleicht verblüffender als die Erscheinung, die uns irgendein anderer Kunstgegenstand Athens bietet; und selbst die Türken scheinen sie mit respektvollem und bewunderndem Auge zu betrachten.«

John Cam Hobhouse, *A Journey through Albania and Other Provinces of Turkey in Europe,* 1813

Das Lysikrates-Denkmal – ein Choregisches Monument, das auf seiner Spitze den ehernen Dreifuß trug, den die Choregen als Siegespreis bei dramatischen Aufführungen erhielten – ist eine kleine Marmor-Rotunde, die aus dem vierten Jahrhundert vor Christus stammt; sehr beliebt bei Besuchern war es nicht nur wegen seiner anmutigen Proportionen, sondern auch wegen Byrons Namen, der damit verknüpft ist.

»Das Choregische Monument, früher die ›Laterne des Demosthenes‹ genannt . . ., stand im Garten des Franziskanerklosters und wurde von den Mönchen als Sommerhaus benutzt. Während seines Aufenthalts bei den Patres machte Byron es zu seinem Studierzimmer. Im Inneren ist nur Raum für einen kleinen Stuhl und einen sehr kleinen Tisch. Der Konvent ist nun abgerissen, der Garten verwüstet, und so steht dieses schöne kleine Beispiel griechischer Kunst auf einem wüsten Platz. Die alte Marmortäfelung zwischen den Pilastern, auf deren einem der Name Byron noch leserlich ist – ein Autograph des großen Dichters –, wurde ersetzt. Es war nur eines, wenn auch vielleicht das schönste, von vielen Monumenten derselben Art. Zwei Pfeiler stehen an der äußeren Mauer der Akropolis, die einen Dreifuß trugen; und ein Stück des Sockels, auf dem der alte Dreifuß plaziert war, ist noch auf der Spitze der ›Laterne‹ erhalten.«

The Rev. Henry Christmas, *The Shores and Islands of the Mediterranean,* 1851

38 Alfred Beaumont, *Das Choregische Lysikrates-Denkmal,* 1834

Das Hadrianstor steht an der Westseite des Olympieion.

»Der Bogen, der in der Zeit Hadrians erbaut wurde, gehörte nicht zu den Toren Athens, befand er sich doch ein ganzes Stück innerhalb des alten *Peribolos,* des heiligen Bezirks. An sich ist über ein Baudenkmal, das durch kaum ein architektonisches Verdienst ausgezeichnet ist und von Stuart in äußerster Detailfreude beschrieben wurde, wenig zu sagen. Die Inschriften im jambischen Versmaß, die auf jeder Seite zu finden sind, geben die Lage der Altstadt oder Theseiopolis und des neuen Athen oder Hadrianopolis an. Der Raum der Altstadt umfaßte die Akropolis, erstreckte sich bis jenseits des Museions und der Pnyxhügel, und reichte bis zur Akademie. Letztere umfaßte einen Teil der Ebene zwischen dem Ilissos und dem Anchesmos.«

Edward Dodwell, *A Classical and Topographical Tour through Greece,* 1819

39 Ippolito Caffi, *Hadrianstor,* 1844

Das Odeion des Herodes Atticus im Süden der Akropolis wurde im zweiten Jahrhundert nach Christus für Theater- und Musikaufführungen erbaut.

»Das Theater oder Odeion, das sich an der Südwestecke der Akopolis befindet, ist ein Teil des Felsens, in den die Sitze des Κοῖλον gehauen wurden. Es besitzt nur zwei κερκίδες oder *precinctiones* (keilförmige Abschnitte des Zuschauerraumes); einer oben, der andere nahe der Mitte: Seine Westseite ist mit den neuen Mauern der Akropolis verbunden. Die Türken haben diese durch Hinzufügung neuen Mauerwerks erhöht – die sie mit Schießscharten für Musketen versahen. Wheler, Spon und Stuart sind der Meinung, daß dies das Theater des Bacchus ist; doch Barthélemy denkt, daß es das Odeion des Herodes Atticus ist, . . . und es besteht nur wenig Zweifel, daß es das Odeion ist, das von Herodes Atticus zu Ehren seiner Gemahlin Regilla errichtet wurde.«

Edward Dodwell, *A Classical and Topographical Tour through Greece,* 1819

40 Ippolito Caffi, *Das Theater des Herodes Atticus,* 1843

Das Westtor der Römischen Agora (des Römischen Marktes), das die Weihinschrift der Athena Archegetis (der herrschenden Athene) trägt, wurde zwischen 11 und 9 vor Christus errichtet. In der Türkenzeit wurde es wegen seiner Nähe zum Markt ›Pazaroporta‹ (Basarpforte) genannt.

»Das Tor der Agora oder des neuen Marktes (wird) von vier kannelierten dorischen Pfeilern, die ein Giebelfeld tragen, gebildet, nahe dem Hadrians Markttarif steht, so leserlich und fast vollständig wie an dem Tag, an dem er dort aufgestellt wurde.«

Edward Giffard, *A Short Visit to the Ionian Islands, Athens, and the Morea,* 1838

42 Ippolito Caffi, *Das Tor zur Agora,* 1843

41 Thomas Hartley Cromek, *Der Hügel des Areopag,* 1846

Nach einer Tour durch die Akropolis konnte der Besucher den Hügel des Mars, auch Areopag genannt, besteigen, den ältesten Gerichtshof Griechenlands, vor dem Orest wegen Muttermordes und Sokrates wegen Gottlosigkeit angeklagt waren, und wo Paulus die neue Religion des Christentums den heidnischen Griechen predigte.

»Der Areopag liegt wenige hundert Meter westlich der Akropolis. Er besteht aus einem einzelnen, steil abfallenden Fels, der nach Süden hin zerklüftet ist; an der Nordseite fällt er sanft in Richtung des Theseions ab, und ist um einiges niedriger als die Akropolis. Seine ebene Hochfläche wurde an manchen Stellen geglättet, an anderen wurden Stufen eingeschnitten, doch ist kein Fragment eines alten Gebäudes erhalten. Einige Stufen wurden auch in die Südseite des Felsens geschlagen.«

Edward Dodwell, *A Classical and Topographical Tour through Greece,* 1819

43 Sebastiano Ittar, *Fest mit einem Seiltänzer beim Theseion,* 1800

Im neunzehnten Jahrhundert wurde das Gebiet um das Theseion für Festlichkeiten benutzt.

»Heute morgen bummelte ich zum Theseion . . . Nichts kann ordentlicher sein als eine griechische Menschenansammlung. Es waren ungefähr zweitausend Menschen dort; und obwohl sie in ihrer Freude ausgelassen waren, war nichts Mutwilliges an ihnen. Sie waren wie eine Gruppe von Kindern, die mit der größten vorstellbaren Lebendigkeit zum Klang von Trommel und Pfeife tanzten.«

George Cochrane, *Wanderings in Greece,* 1837

»Der Nationaltanz Romaika ist eine Vergnüglichkeit, der alle Griechen verfallen zu sein scheinen. In jedem Teil des Landes . . . habe ich die Kreise weißberockter Männer gesehen, gelegentlich auch Frauen, die sich beim Klang von Trommel und Pfeife oder einem der deutschen Zither ähnlichen Instrument zum Volkstanz zusammenfanden. Die Tänzer, die einen Ring bilden, sind meist durch ein leuchtendfarbiges Taschentuch, an dem sie sich halten, verbunden . . . In der Mitte des Rings führen manchmal ein einzelner Mann, manchmal ein Mann und eine Frau die wunderbarsten Schritte aus, bis sie erschöpft sind und ihr Platz von frischen Tänzern eingenommen wird.«

Frederick Trench Townshend, *A Cruise in Greek Waters,* 1870

»Ein Bummel durch die Stadt Athen führt, in welcher Richtung auch immer unternommen, durch ein verwirrendes Konglomerat gutgebauter Häuser neuerer Bauart, dürftiger Häuser, die zwischen den Ruinen früherer Behausungen errichtet wurden, und völlig zerfallener Kirchen und Häuser . . . Inmitten letzterer mag man häufig auf halbeingegrabene Säulen oder massive Fragmente einer antiken Mauer oder eines Fundaments stoßen, die im Vergleich mit den gemeinen und bedeutungslosen Proportionen der anderen Überreste einen ungleich kühneren Charakter besitzen. Diese abnormale (Verbindung) zweier Epochen, der Vergangenheit und der Gegenwart, die wiederum deutlich unterschieden von jeder einzelnen ist, wird in ihrer Eigentümlichkeit die Fantasie selbst weniger spekulativer Geister wecken.«

William Page, Inschrift auf der Rückseite der Abbildung Tafel 27, Seite 121 oben.

44 Joseph Scherer, *Griechischer Tanz in Athen,* 1849

45 J. P. E. F. Peytier, *Ein athenisches Viertel,* 1833

1833 wurde Prinz Otto von Bayern von den Großmächten zum König von Griechenland ernannt. Schon bald nach seiner Ankunft in Athen wurden große Anstrengungen unternommen, der neuen hellenischen Hauptstadt ein europäisches Erscheinungsbild zu geben. Die malerische Mischung aus neoklassizistischen Gebäuden, zerfallenen türkischen Häusern und klassischen Baudenkmälern überraschte den europäischen Besucher in den späten fünfziger Jahren, der in Athen moderne, »ziemlich deutsch aussehende Häuser« an jeder Straßenecke entstehen sah.

46 Ernst Ziller, *Entwürfe für zwei athenische Villen,* 1895

47 Leo von Klenze, *Entwurf für die Kirche des Hl. Dionysius Areopagites,* 1844

Die Kirche des Hl. Dionysius Areopagites, die römisch-katholische Kathedrale, wird unter die schönsten Beispiele neoklassizistischer Kirchenbaukunst in Griechenland gerechnet. Entworfen von Leo von Klenze im Jahr 1844, wurde sie mit geringfügigen Abänderungen zwischen 1858 und 1888 von dem griechischen Architekten Lyssandros Kaftantzoglou erbaut.

»Die Bauwerke, die dieser Epoche entstammen, behalten, ob mit einer schlichten oder einer reichdekorierten Fassade versehen, in jedem Fall ihren wesentlich konstruierten Charakter bei. Der steinerne oder marmorne Sockel des Gebäudes, das marmorne Treppenhaus und das Eingangsportal stellen, zusammen mit den Balkons und ihren äußerst dekorativen Ballustraden und Stützpfeilern, die Grundelemente dar. Ein typisches Merkmal der athenischen Gebäude, selbst der schlichteren, ist der ausgesprochen schmucke anthemion-förmige Dachziegel (*Anthemion,* die Palmettenbekrönung klassischer Bauwerke), der die Fassade wie eine Girlande bekrönt.«

John Travlos, *Neoclassical Architecture in Greece,* 1967

48 Wilhelm von Weiler, *Das Zentralkrankenhaus, Athen,* 1836

49 Giorgio Peritelli, *Syntagma-*(Verfassungs-)*Platz,* 1863

»Der große Platz vor dem Palast ist nach der *Syntagma* oder Verfassung benannt und wurde zur Bequemlichkeit des Königs geschaffen. Die Griechen nehmen eine Konstitution ernst – fast so ernst wie wir unser *House of Lords* . . . Die Demokratie gibt dem Platz seinen Reiz. An einem Frühlingsabend, bevor die Küste wieder zum Hauptanziehungspunkt geworden ist, kann man alle Arten athenischer Typen vertraulich beisammensitzen oder in der bunten Versammlung von Diplomaten, Touristen und levantinischen Figuren auf und ab flanieren sehen. Familien- oder Freundesgesellschaften sitzen fröhlich um kleine Tische und rechtfertigen ihren Platz vielleicht nur mit einer einzigen *consommation* an ihrem Tisch, vielleicht auch mit gar keiner. Aber niemand kümmert sich darum . . . Nach außen ist es eine düstere Menge, da das ehrgeizige Griechenland schwarzen Mantel und schwarzen Hut trägt, und nur selten mag man einen gestärkten *fustanella*-Rock erkennen, blaue Gamaschen, bestickte Zuaven und Westen oder die weichen Kappen mit den roten Quasten, die wegen der Heldentaten der Sulioten und der Eitelkeit König Ottos zur Nationaltracht erhoben wurden.«

Scenes in Athens . . . Described by David Hogarth, ca. 1900

»Wir setzten dann unseren Gang zum Militärkrankenhaus auf der Ostseite der Akropolis fort. Es ist ein Bauwerk, das jeder Hauptstadt der Welt würdig wäre. Es wurde mit großem Geschmack erbaut und übt, von der See aus betrachtet, eine verblüffende Wirkung aus; denn unmittelbar nach dem Anblick der Säulen des Jupitertempels kann man es kaum vermeiden, von diesem Bauwerk angezogen zu sein. Es wird Raum für mehr als zweihundert Betten haben.«

George Cochrane, *Wanderings in Greece,* 1837

»Die Hauptstraße, die von der Akropolis aus nördlich durch das Herz der mittelalterlichen wie der modernen Stadt führt, ist nach dem Gott der Winde benannt . . . Es ist die attraktivste aller athenischen Straßen . . . Ihre Läden sind zum größten Teil armselig genug, wie Läden in einer Stadt ohne Handel eben sein können; doch besonders am südlichen Ende behielten sie einige Ähnlichkeit mit der früheren *bazaar*-Form bei, die dem Platz eigen ist. Hier, wo kaum ein beräderter Wagen zu passieren sucht, da die Steinmauer der Akropolis die Straßen fast zu Sackgassen werden läßt, verbringen Männer und Kinder ihr Leben hauptsächlich außerhalb der Häuser, während die Frauen, wie es Sitte in den griechischen Landen ist, aus den oberen Fenstern hängen und mit schriller Stimme die Stunden des Tages verleben. Das Warenangebot quillt über das Pflaster und füllt die Rinnsteine, und die intimste Aufmerksamkeit zwischen Mutter und Kind oder von Mann zu Mann geschieht im Licht der Sonne und vor aller Öffentlichkeit . . . Doch die konkurrenzlose Attraktion der Straße, blickt man von einem Ende zum anderen, ist dieser ungeheure zinnenbewehrte Steilhang der Akropolis, ein finsterer bedrohlicher Festungswall aus dunklem Fels, auf dessen Höhe der Orangeton der Mauern und der Schimmer des Marmors darüber erscheinen. Die Äolusstraße ist nicht einmal die feinste Straße Athens, doch sie führt einen geradewegs zur feinsten Stätte der Welt.«

Scenes in Athens . . . Described by David Hogarth, ca. 1900

50 Mary Hogarth, *Der athenische Markt in der Äolus-Straße,* ca. 1890

Die Kirche des Hl. Eleutherios oder Panhagia Gorgoepikoos stammt aus dem zwölften Jahrhundert. Ihr mit Fresken reich geschmücktes Inneres wurde 1862 zerstört. Während Ottos Regierungszeit wurde es vorübergehend als Museum für antike Inschriften benutzt.

»Die kleinste der athenischen Kirchen ist, seltsam genug, die alte Kathedrale, die, bis einige Jahre über die Befreiung hinaus, Sitz des Metropoliten war, doch jetzt durch die neue Basilika an ihrer Nordseite ersetzt wurde. Einst vom *bazaar* eng umschlossen, steht dieses Juwel der byzantinischen Architektur nun unbehindert vor den bewundernden Augen all jener, die zwischen dem großen Platz und dem Westende der Akropolis direkt an ihm vorübergehen. Die Mauern sind aus antiken Blöcken zusammengesetzt, von denen viele Inschriften und selbst Reliefs tragen; . . . das ganze Bauwerk ist ein Wunder an kleinen Proportionen und milden Tönen.«

Scenes in Athens . . . Described by David Hogarth, ca. 1900

51 Mary Hogarth, *Die Kirche des St. Eleutherios oder die Alte Kathedrale,* ca. 1890

52 Ludwig Köllnberger, *Das Zollhaus im Piräus,* 1837

Während der Jahre der türkischen Besatzung lag der Piräus fast verödet. Er war damals als Porto Draco oder Porto Leone bekannt, wegen der kolossalen Marmorstatue eines Löwen, die an der Einfahrt des Hafens stand (die Statue wurde 1687 durch den venezianischen General Morosini nach Venedig gebracht). Nach dem Befreiungskrieg wurde die neue Stadt des Piräus 1834 von Siedlern aus Hydra, Syros und Chios gegründet.

»Der Piräus . . . enthält eine große Zahl von Häusern; seine Straßen sind ordentlich angelegt; seine Stadtverwaltung ist organisiert; und es besteht alle Hoffnung, daß er ein Platz von großer Bedeutung für den Handel werden wird . . . Die meisten Häuser am Piräus gehören den Hydrioten und sind folglich auch gut gebaut und gut angestrichen; . . . das Zollhaus, ein sehr schönes, großes Gebäude . . ., dient nicht allein dem Warenumschlag, sondern auch zur Lagerung von Gütern, bis Mittel aufgebracht sind, sie zu anderen Märkten zu versenden.«

George Cochrane, *Wanderings in Greece,* 1837

Eine der beliebtesten Stätten für Besucher im neunzehnten Jahrhundert war der Poseidontempel am Kap Sunion, damals bekannt unter dem Namen Tempel der Minerva Sunias. Herrlich auf dem südlichsten Zipfel Attikas gelegen, besaß der Tempel die zusätzliche Attraktion von Byrons Unterschrift auf einer der Säulen.

53 J. M. William Turner, *Der Minervatempel am Kap Sunion,* 1832

»Dieser Tempel, errichtet hoch über der Ägäischen See auf dem äußersten Punkt dieses Vorgebirges, präsentierte sich wie der Portikus oder das Vestibül Attikas. Erbaut aus weißem Marmor, plaziert auf dieser noblen Stätte und vom Meer schon aus großer Entfernung sichtbar, bedeutete er dem Fremden, der sich ihm aus südlicher Richtung in seinem Boot näherte, durch die klaren Proportionen seiner Architektur und seinen Schmuck an Skulpturen und Malerei, daß er nun in ein Land kam, das berühmt für sein Geschick in den anmutigsten Künsten war; ein Land, das sich gewissermaßen von allen anderen durch deren Ausbildung und Anwendung abhob; und das, wie dieser der Minerva geweihte Bau durch einen Portikus zugänglich und von einem heiligen Bereich umgeben war, als ganzes Land ATTIKA selbst ein geweihter TEMENOS war, dessen Grenzen Meere und Gebirge bildeten und dessen PROPYLÄEN eben dieser Tempel der Minerva auf der Landzunge von Sunion darstellte.«

Christopher Wordsworth, *Greece: Pictorial, Descriptive and Historical,* 1839

»Frage nur den Reisenden, was ihn als poetischer anspricht – der Parthenon oder der Fels, auf dem er steht? Die SÄULEN von Kap Kolonna oder das Kap selbst? . . . Es gibt wohl tausend Felsen und Kaps, die weitaus malerischer sind als jene der Akropolis oder des Kap Sunion an sich; was sind sie gegenüber den tausenderlei Szenerien in den wilderen Teilen Griechenlands, Kleinasiens, der Schweiz oder selbst Sintras in Portugal, oder den vielen Szenerien Italiens oder den Sierras Spaniens? Es ist eben die *Kunst*, die Säulen, die Tempel, das Schiffswrack, die ihnen ihre antike und ihre moderne Poesie verleihen, und nicht die Stellen selbst. Ohne sie wären die *Stellen* der Erde unbemerkt geblieben und folglich unbekannt.«

Byron, *Brief . . . über Rev. W. L. Bowles kritische Bemerkungen zu Popes Leben und Schriften*, 1821

54 William Henry Bartlett, *Der Minervatempel am Kap Kolonna* (Kap Sunion), späte dreißiger Jahre

Der Peloponnes

»Obwohl die Oberfläche der Insel nur um ein Drittel größer ist als jene von Yorkshire, gibt es wahrscheinlich auf der ganzen Welt kein Land, durch das sich eine Reise von einem Monat oder sechs Wochen mehr lohnen würde. Die Szenerie sowohl der großen historischen Stätten als auch der weniger bekannten abgelegenen Orte des Peloponnes ist von seltenster Großartigkeit und Schönheit und prägt sich dem Gedächtnis mit Deutlichkeit ein. Neue Sehenswürdigkeiten und zeitlicher Abstand verwirren oder verändern die empfangenen Eindrücke keineswegs. Die wolkenbekränzte Akropolis von Korinth, die urzeitlichen Altertümer von Tiryns und Mykene, das tiefliegende, stadionartige Tal von Sparta, . . . der Bergschrein von Bassai, das schöne Tal von Olympia, . . . sie alle gehören zu den erwähltesten Plätzen der Erde, die, einmal gesehen, in der Einbildungskraft in ewiger Frische fortleben.«

John Murray, *A Handbook for Travellers in Greece*, 1872

55 Karl Wilhelm von Heydeck, *Ansicht von Nauplion*, 1834

Nauplion, mit seinem ausgezeichneten Hafen und der von Natur aus befestigten Akropolis, liegt an der Küste des Golfs von Argos. Die Stadt wurde in der Antike Nauplia, in der byzantinischen Zeit Nauplion, dann Anapli, und von den Venezianern Napoli di Romania genannt.

»Nauplion wurde schon bald, nachdem es den Griechen in die Hände gefallen war, Regierungssitz und blieb es, bis seine hellenische Majestät im Dezember 1834 seine königliche Residenz nach Athen verlegte. Sein vorzüglicher Hafen und die Stärke seiner Festung waren die Ursachen dafür, daß Nauplion bis dahin die Hauptstadt Griechenlands war; doch seit dem Auszug der Regierung verlor es erheblich an Wohlstand und treibt auch nicht mehr viel Handel . . . Man kann von Nauplion aus verschiedene interessante Exkursionen unternehmen und ein Reisender mag, bevor er seine Tour durch den Peloponnes beginnt, eine Woche lang einen angenehmen Aufenthalt hier verbringen.«

John Murray, *A Handbook for Travellers in Greece*, 1854

56 Karl Krazeisen, *Ansicht der Festung des Palamedes in Nauplion*, 1834

»Die *Festung des Palamedes* steht auf dem Gipfel eines steil aufragenden Felsens, 720 Fuß über dem Meeresspiegel. Er ist von allen Seiten unzugänglich, außer an einem Punkt im Osten, wo er mit einer Kette nackter, felsiger Hügel verbunden ist, und erhielt den Beinamen Gibraltar von Griechenland. Man hielt die Festung für uneinnehmbar, und sie wäre es wahrscheinlich auch, wenn nicht gerade Griechen und Türken die Garnison hielten. Tatsächlich gelangten die ersteren nur durch eine Blockade in ihren Besitz; als alle türkischen Schützen, durch den Hunger auf sieben reduziert, auf der Suche nach Proviant nachts vom Hügel in die Stadt hinab stiegen, rückten die Griechen heran und nahmen die Festung ein; und die Kreuzstandarte flatterte für die restliche Zeit des Krieges auf dem Gipfel.«

John Murray, *A Handbook for Travellers in Greece*, 1854

57 Théodore du Moncel, *Ansicht von Mykene,* 1843

58 Otto Magnus von Stackelberg, *Das Löwentor von Mykene,* 1812

Reisende auf dem Weg nach Nauplion waren sehr interessiert an einem Besuch der nahe gelegenen Stätte von Mykene, die als eines der größten archäologischen Wunder der Erde angesehen wurde. Erst im Jahre 1876 brachten Heinrich Schliemanns Ausgrabungen die legendären, von Homer beschriebenen Schätze zutage, doch konnten bereits früher im neunzehnten Jahrhundert Besucher die wesentlichen Umrisse der Zitadelle und ihres monumentalen Eingangs, des ca. 1250 vor Christus erbauten Löwentores, verfolgen.

»Den Ruinen von Mykene . . . kommt in mancher Hinsicht kein anderer Kunstgegenstand in Griechenland an Interesse gleich. Ihre Lage ist vom Glück begünstigt; es gibt an dieser Stelle keine Siedlung und man steigt von einer unbebauten Ebene auf einen öden Hügel, auf dem sie stehen. Die Zitadelle nahm eine Anhöhe ein, die sich von Ost nach West erstreckt, und bedeckte eine Plattform von ungefähr tausend Fuß Länge und der Hälfte an Breite. Drei Bergbäche, die von den Hügeln im Osten kamen, flossen in ihren felsigen Betten, einer im Norden, der andere im Süden am Fuß der Akropolis entlang, und wurden von dort in das Aufnahmegefäß der benachbarten Bergbäche, die Argolische Ebene, getragen. Die Mauern der Zitadelle können entlang ihres ganzen Verlaufes verfolgt werden und an der westlichen Seite steigen sie zu einer bemerkenswerten Höhe an. Das Innere des von ihnen umschlossenen Bereichs, das eigentliche Gebiet der Zitadelle, ist mit dem normalen Erdreich bedeckt, auf dem die Bergpflanzen des Landes wachsen. Nur wenige Fundamente der alten Bauwerke sind übriggeblieben . . . Solcherart ist der augenblickliche Zustand der Akropolis von Mykene.«

Christopher Wordsworth, *Greece: Pictorial, Descriptive and Historical,* 1839

»Beim Durchqueren eines öden Tales sah ich die Ruinen von Mykene an der Seite eines mir zugewandten Hügels. Besonders bewunderte ich eines der Stadttore, das aus gigantischen Steinblöcken geformt und auf dem Felsen des Berges selbst erbaut wurde, als wäre es Teil von ihm. Zwei kolossale Löwen, aus beiden Seiten des Tores gehauen, sind sein einziger Schmuck; diese sind im Relief dargestellt, stehen auf ihren Hinterbeinen und schauen nach außen wie die Löwen, die die Wappenschilder unserer alten Ritter hielten. Die Köpfe der Löwen fehlen. Nicht einmal in Ägypten habe ich eine solch beeindruckende Architektur gesehen, und die Wüste, die sie umgibt, fügt noch zusätzlich zu ihrer Großartigkeit hinzu.«

François René de Chateaubriand, *Itinéraire de Paris à Jérusalem,* 1811

Nicht weit im Süden der Zitadelle von Mykene traf der Besucher auf das Königsgrab, das als ›Schatzhaus des Atreus‹ bekannt war und die Zeit seit dem dreizehnten Jahrhundert vor Christus unversehrt überstanden hatte.

»Zyklopische Ruinen findet man häufig genug in Griechenland und Italien, doch die bemerkenswertesten von allen sind jene von Mykene und Tiryns, die sogar noch interessanter sind, weil man sie mit dem Pausanias unter dem Arm durchwandern kann und sie dabei in mehr oder weniger demselben Zustand antrifft, in dem jener berühmte Reisende der Antike sie vor siebzehnhundert Jahren gesehen hat. Neben der Akropolis, deren Grundriß vollständig erhalten ist, gibt es in Mykene noch ein erstaunlich gut erhaltenes Schatzhaus, das Pausanias unter dem Namen Schatzhaus des Atreus erwähnt . . .«

Théodore du Moncel, *De Venisa à Constantinople à travers la Grèce*, ca. 1843

59 Edward Dodwell, *Inneres des Schatzhauses des Atreus*, 1834

In dem einige Meilen nordwestlich von Mykene gelegenen Nemea sind drei einzelne Säulen des Jupitertempels alles, was von dem alten Heiligtum übriggeblieben ist. Es war der Ort, an dem seit 573 vor Christus alle zwei Jahre die Nemeischen Spiele, die zu den vier großen panhellenischen Festen der Antike gehörten, abgehalten wurden.

»Es war ein ruhiger, schöner Abend . . . Ich setzte mich auf einen Marmorblock inmitten des höchsten Trümmerberges, um mir einen allgemeinen Überblick über die desolate Szenerie zu verschaffen und die letzten Strahlen des verlöschenden Lichtes zu beobachten, das hinter den Hügeln der Umgebung stufenweise schwächer und schwächer wurde; . . . diese (Hügel) haben eine dunkle und felsige Oberfläche, sind aber in ihren Umrissen weniger auffällig . . . Die Stätte war von tiefer Melancholie erfüllt, sowohl wegen des stillen Gesamteindrucks, als auch wegen des Kontrastes, der sich zwischen dem gegenwärtigen Zustand des einst so berühmten Ortes und dem, was er einst darstellte, auftat . . . Kein einziges Dorf, Haus oder Lebewesen war zu sehen – nicht ein Baum oder Strauch . . . An keiner anderen Stelle drängte sich mir das Gefühl völliger Verlassenheit derart stark auf.«

William Page, Inschrift auf der Rückseite von Tafel 60

60 William Page, *Der Zeustempel in Nemea,* 1820

61 Edward Lear, *Ansicht von Sparta vom alten Theater aus,* 1849/80

Folgte man in südlicher Richtung der Straße von Nauplion nach Sparta, konnte man die herrlichen Aussichten auf die Lakonische Ebene und die Bergzüge des Parnon und Taygetos genießen. Nach der Überschreitung des Eurotas fand der Reisende sich in Lakedaimon, von dem fast nichts übriggeblieben ist. Vom dreizehnten Jahrhundert an, als die Stadt zugunsten von Mistras verlassen wurde, bis zur Gründung der neuen Stadt Sparta durch König Otto in den späten dreißiger Jahren des neunzehnten Jahrhunderts, lag die Stätte des alten Sparta verödet.

»Was für ein schöner Anblick! Doch wie traurig war er! Der einsame Eurotas, der unter den Resten der Babyx-Brücke hindurchfließt, Ruinen überall, und keines Menschen Seele unter ihnen. Ich stand bewegungslos, in einer Art Betäubung, in Betrachtung der Szenerie . . . Tiefe Stille umgab mich. Wenigstens das Echo einer Stimme wollte ich in dieser Umgebung hören, in der kein Laut zu vernehmen war. So rief ich mit aller Anstrengung: Leonidas! Von keiner der Ruinen hallte der große Name wider. Selbst Sparta scheint ihn vergessen zu haben.«

François René de Chateaubriand, *Itinéraire de Paris à Jérusalem,* 1811

Fünf Meilen von Sparta bot der Mistras-Hügel die erlesenste Aussicht auf die Lakedaimonische Ebene.

»Das moderne Mistras, von den Türken an den Hängen des Berges erbaut, ist immer noch eine der ansehnlichsten Städte des Peloponnes. Über Olivenhainen und Zypressen, welch letztere eine enorme Größe erreichen können, steigen die Wachttürme, die zur Verteidigung der Stadt dienen, und die Minarette der Moscheen auf. Der Bergzug des Taygetos, der sich zur Rechten in die Ferne erstreckt, reicht bis zum Lakonischen Golf und begrenzt im Westen die weite Ebene des Eurotas. Ströme brechen aus tiefen Spalten, die die Ebene durchziehen, hervor. Jenseits der am nächsten liegenden Erdspalte, die die Stadt in zwei Hälften teilt, liegt der Distrikt von Perora mit seinen Häusern und Bäumen, die in malerischen Gruppen verstreut stehen.«

Otto Magnus von Stackelberg, *La Grèce. Vues pittoresques et topographiques,* 1834

62 Otto Magnus von Stackelberg, *Ansicht von Mistras,* 1812

63 Prosper Baccuet, *Ansicht von Mistras,* 1831

»Mistras ist eine moderne Stadt. Reisende glaubten, daß sie mit dem alten Sparta identisch sei; doch wie konnte es möglich sein, die Stadt Lykurgs in einer solchen zu erkennen, deren Architektur eine derart verwirrende Stilmischung bietet, Orientalisch, Gotisch, Griechisch oder Italienisch? Wahrscheinlich ist, daß Mistras seine Entstehung den Franzosen verdankt, da es 1207 von Guillaume de Ville-Hardouin gegründet wurde . . . Der tiefliegende Teil der Stadt, in dem man viele Kirchtürme, einige Minarette und Zypressen sieht, die Pyramiden aus ihrem Grün bilden, wird von einem Kastell bekrönt, . . . auf der höchsten Spitze des konischen Felsens gelegen, der ein letzter Ausläufer des Taygetos ist. Dies Ensemble ist von höchst bemerkenswertem Charakter. Der gotische Turm liegt in Ruinen. Alles ist verlassen. Obwohl es eine moderne Stadt ist, kann man hier einige Altertümer aus den Ruinen des nahe gelegenen Sparta finden, da die Eroberer, die diese Stadt erbauten, für ihre Festungsanlagen und wichtigsten Gebäude jenes Material benutzten, das ihnen gerade zur Hand war.«

Expédition scientifique de Morée, 1831–1838

64 Edward Dodwell, *Der Apollotempel in Bassai,* 1806

Hauptattraktion eines Besuches Arkadiens im zentralen Peloponnes war ein Ausflug nach Bassai. Hier war die Stätte des berühmten Tempels des Apollon Epikurios, der bis zu seiner Wiederentdeckung durch den französischen Reisenden Bocher im Jahre 1765 in Vergessenheit geraten war. Vom höchsten Punkt des Tempels konnte der Reisende unvergleichliche Aussichten über den Messenischen Golf genießen.

»›Phigalia ist von Bergen umgeben. Der Kotylion liegt zur Linken und der Elaion schiebt sich von rechts heran. Der Kotylion liegt vierzig Stadien von der Stadt entfernt. Auf diesem Berg befindet sich ein Platz namens Bassai mit dem Tempel des Apollon Epikurios, der selbst und dessen Dach aus Marmor ist. Dieser Tempel wird, nach dem in Tegea, mehr als irgendeiner im Peloponnes verehrt, sowohl wegen der Schönheit seines Steins, als auch der Harmonie seiner Struktur. Den Namen Epikurios oder Helfer erhielt Apoll wegen seiner Hilfe bei einer Seuche; . . . und daß Iktinos der Baumeister des Tempels in Phigalia war, . . . der auch den Parthenon erbaute.‹ (Pausanias) . . .
Die Ansicht des Tempels ist wegen der Schönheit der Linienführung und den interessanten Gegenständen besonders attraktiv. Der ferne Berg links auf dem Bild ist der Taygeton. Die nähere Kette zeigt den Lykaon und den Karausios, über deren niedrigeren Teil das Auge auf den Messenischen Golf, die denkwürdige Ebene von Stenyklaros und den Ithome mit dem abgeflachten Gipfel blickt. Zur Rechten der Ansicht sieht man zwischen den Säulen die Ebene von Kyparissia, der Horizont wird begrenzt vom Golf von Kyparissia und der Sizilianischen See.«

Edward Dodwell, *Views in Greece,* 1821

65 Edward Lear, *Der Apollotempel in Bassai,* 1854/55

66 Otto Magnus von Stackelberg, *Ansicht von Andritsaina*, 1812

Bei seinem Abstieg von Bassai legte der Reisende einen Halt in der malerischen Stadt Andritsaina ein.

»Diese charmante kleine Stadt Arkadiens liegt auf zwei Hügeln, die dem Kotylion-Berg vorgelagert sind . . . Hübsche Häuser und Springbrunnen unter den schattigen und schönen Bäumen machen die Stadt zu einem Anziehungspunkt. Sie ist von einer Vielzahl von Hainen umgeben, zwischen denen Zypressen aufsteigen; ein gigantischer Platanenbaum schmückt den öffentlichen Platz. Auf einem kleinen Hügel ist eine Kirche und ein Konvent zu sehen . . . Verläßt man die Stadt, genießt man schon mit dem ersten Blick die gewellte Vielfalt der kleinen Täler, Engpässe und Bergketten, die sich auf allen Seiten überschneiden und fast unmerklich zu den Bergen Pholoe, Erymanthi und Aroania ansteigen. Die kleinen Täler sind vom Alpheios durchflossen. Die Stadt wird von griechischen Archonten (Staatsbeamten) regiert, da sich die Türken hier nie etablieren konnten, was auch die glückliche und friedvolle Lage der Einwohner erklärt.«

Otto Magnus von Stackelberg, *La Grèce. Vues pittoresques et topographiques,* 1834

Korinth war die letzte Station einer Reise durch den Peloponnes; der Reisende überquerte den Isthmus und folgte dann der Straße entlang des Saronischen Golfs, um nach Athen zurückzugelangen. Trotz des Reichtums dieser Stadt in klassischen Zeiten, wurde Korinth in seiner späteren Geschichte häufig zerstört. Den Unabhängigkeitskrieg hatte kaum ein Gebäude überstanden.

»Auf wunderbar zerklüftetem Felsen ragt die alte Burg, ›Akrokorinth‹, gegen den blauen Himmel. Zu ihren Füßen – eine Felsstufe entlang – liegen die Häuser des neuen Korinth. – Einst, zur Zeit des sagenreichen Altertums, umgab blühendes Leben die stolze Burg, und die Stadt war voll unermeßlicher Schätze. – Helden, Redner und Dichter wurden in begeistertem Gesange gefeiert. Herrliche Tempel entstanden, und Götterbilder voll unnachahmlicher Schönheit schmückten das Heiligtum.
Das schöne Land ist verarmt, steinig sein Boden, armselig die Stadt, gedrückt und traurig seine Bewohner. – Nur wenige Schiffe ziehen mit schwellendem Segel in den Hafen, und der Marktplatz, auf dem einst der Handel des Orients mit dem Okzident vermittelt wurde, ist nur spärlich belebt.«

Otto Magnus von Stackelberg, *Trachten und Gebräuche der Neugriechen*, 1831

67 Otto Magnus von Stackelberg, *Der Basar von Korinth*, 1812

68 William Cole, *Der Apollotempel in Korinth,* 1833

Der Apollotempel von Korinth, erbaut im sechsten Jahrhundert vor Christus, liegt auf einer felsigen Terrasse, die den Platz der Römischen Agora beherrscht.

»Diese sieben Säulen sind die einzigen übriggebliebenen Denkmäler der einst gefeierten und geachteten Stadt Korinth. Das Material ist aus rauhem, porösem Gestein; die Schäfte der Säulen sind jeder aus einem Block, und das ganze war mit Stuck bedeckt . . . In mehreren Teilen seiner ›Belagerung von Korinth‹ hat Byron diese Ruinen und die sie umgebende Szenerie beschrieben . . . Die Lage des Tempels bietet eine schöne Aussicht auf den Golf von Lepanto; und Parnaß, Helikon und Kitheron sind klar zu erkennen.«

William Cole, *Select Views of the Remains of Ancient Monuments in Greece,* 1835

Die Ägäischen Inseln

Besucher, die Zeit und Muße hatten, von der konventionellen Touristenroute abzuweichen, konnten eine Reise durch die Inseln der Ägäis unternehmen. Die meisten der Inseln boten im neunzehnten Jahrhundert nur begrenzte Unterbringungsmöglichkeiten für den Gast; und auf jenen, die in der Antike berühmt gewesen waren, also auf Kreta und den Kykladen beispielsweise, hatte man erst wenige Ausgrabungen unternommen. Reisende verbrachten deshalb nur wenige Stunden auf jeder und genossen bei ihrer Kreuzfahrt die Vielfalt ihrer Formen und die Klarheit ihrer Umrisse.

»Das Erscheinungsbild der meisten der Ägäischen Inseln ist, wenn man sich ihnen zum ersten Mal nähert, äußerst ähnlich. Statt des reichen Blattgrüns und der duftenden Haine von Korfu und Zante, bieten sie im allgemeinen aus der Entfernung rauhe Klippen und unbewachsene Böschungen, deren Einförmigkeit kaum von einem einzelnen Baum unterbrochen und deren Einsamkeit selten von einem Dorf oder einer menschlichen Siedlung belebt ist . . . Dennoch bietet bei der Landung jedes Inselchen einen anderen Anblick; und jeder abgeschiedene Flecken zeigt ein neues Bild von Leben, Gebräuchen, Trachten und manchmal sogar einen neuen Dialekt.«

John Murray, *A Handbook for Travellers in Greece,* 1854

»Die Ströme des gezeitenlosen Meeres gleiten ohne Wellen um ihre Küsten und die Strahlen der Sonne, die nie von Wolken verdüstert wird, fallen grell hinab auf ihre ungeschützten Hügel . . . Der Boden der einen ist reich und üppig und voller Grün; der einer zweiten, nur einige Meilen entfernt, ist trocken, ausgedörrt und vulkanisch; der Hafen wieder einer anderen ist von den Handelsschiffen aller sie umgebenden Häfen belebt; ihre Kais sind voll des Stimmengewirrs und der Eile des Geschäfts und ihre Kaffeehäuser sind mit den Bewohnern von hundert Handelsmärkten angefüllt; während eine vierte . . . so ruhig und geräuschlos sein wird wie eine Stadt, in der die Pest herrscht; ihre Küsten unbesucht, ihre Straßen unbegangen, ihre Felder unbestellt.«

James Emerson, *Letters from the Aegean,* 1829

69 Ludwig Lange, *Ein Taubenschlag in Tenos,* 1835

Farbtafeln XXIII–XXV

Der Peloponnes

XXIII William Linton, *Ansicht der Stadt von Arkadien (Kyparissia)*, 1840

Die Stadt Arkadien an der Westküste des Peloponnes wurde auf der Stätte des alten Kyparissia erbaut und während des Unabhängigkeitskrieges weitgehend zerstört.

»Die burgartige Stadt Arkadien, die aus den Olivenhainen zur Linken aufsteigt, bietet eine Claude-ähnliche Komposition – die Bucht von Arkadien vollendet das Bild . . . In dieser Ansicht liegt die moderne Stadt unterhalb des Betrachters, die alte Akropolis (wo man immer noch hellenische Fundamente sehen kann, auf denen ein abgerissenes Kastell aus dem Mittelalter steht) nimmt die Mitte des Bildes ein und steigt zur Horizontlinie an; die große Bucht von Arkadien erstreckt sich zur Linken der Szenerie bis in äußerste Ferne, in der die Berge von Elis deutlich zu erkennen sind.«

William Linton, *The Scenery of Greece and its Islands*, 1856

XXIV Karl Rottmann, *Ansicht der Ebene von Olympia mit dem Fluß Alpheios*, 1835

Die ersten systematischen Ausgrabungen im alten Olympia, der Stätte des Hauptheiligtums des Gottes Zeus in Griechenland und der zu seinen Ehren abgehaltenen Olympischen Spiele, wurden von Mitgliedern der Französischen Wissenschaftlichen Expedition nach Morea im Mai 1829 unternommen. 1875 wurde das Deutsche Reich durch einen vom griechischen Parlament ratifizierten Vertrag ermächtigt, eine vollständige Ausgrabung der Stätte durchzuführen.

»Wir starteten um acht Uhr an einem schönen Morgen und hielten uns ans rechte Ufer des Alpheios. Die Berge, die manchmal mit schönen Exemplaren von Fichte und Pinie bedeckt waren, traten zurück und das Tal weitete sich.
Nach einer Stunde erschien in der Flanke des Berges eine Aushöhlung, an der entlang wir unseren Weg fortsetzten. Sie öffnete sich zu einem weiten, umschlossenen Gebiet, das von spärlich bewaldeten Hügeln begrenzt war . . . Zwei Gräben markierten die Ausgrabungen der französischen Expedition: Spuren mächtiger Wälle, einige große, aufgerichtete Steine und die Basis einer kannelierten Säule von kolossalem Umfang waren alles, was vom alten Olympia geblieben war.«

Gustave Flaubert, *Voyage en Orient*, 1849–1851

XXV William Page, *Ansicht von Korinth mit Akrokorinth*, 1820

Bis zur Mitte des neunzehnten Jahrhunderts bot der größere Teil Korinths ein Bild der Verwüstung. Der Besucher wurde dafür durch den majestätischen Anblick des Akrokorinth entgolten, der auf seiner Höhe von den massiven Wällen der venezianischen Festung umschlossen war.

»Die Stadt wurde das Gibraltar von Griechenland genannt . . . Im Süden steht der herrliche Hügel, der für dreitausend Jahre dem Ort als Zitadelle diente und von den antiken Einwohnern der Stadt Akrokorinth genannt wurde . . . Der Akrokorinth ist bei weitem der erstaunlichste Gegenstand, den ich jemals, ob zu Hause oder in der Fremde, gesehen habe . . . Er steht praktisch isoliert in der Mitte der Ebene, . . . eine kolossale Masse aus zerklüfteten Felsen, die an sich kaum pittoresk genannt werden könnte, obgleich sie aus der Distanz mit den Linien der sie umgebenden Landschaft eine feine Komposition bildet . . .«

William Page, Inschrift auf der Rückseite von Tafel XXV.

XXIII

XXIV

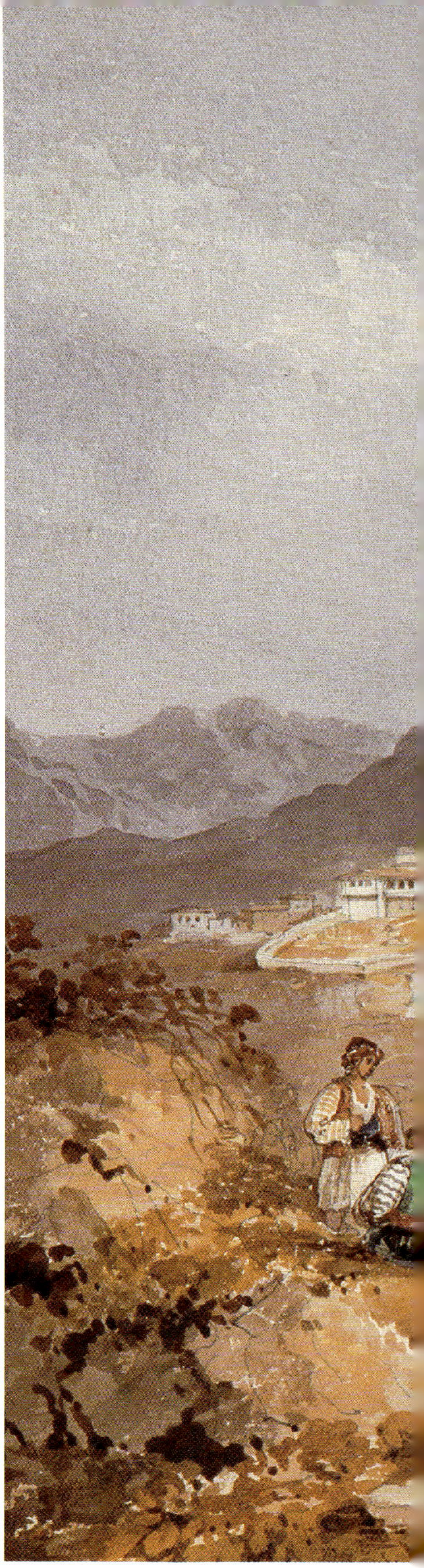

XXV

XXVI ▷

XXVII

XXVIII

XXIX

very dark
28 May. 1864
176

XXX

Farbtafeln XXVI–XXX

Die Ägäischen Inseln

Der Aphaia-Tempel in Aigina wurde gegen Ende des fünften Jahrhunderts vor Christus erbaut. Seine berühmten Skulpturen (die ›Ägineten‹) wurden 1811 von Baron Haller von Hallerstein, dem englischen Architekten Charles Robert Cockerell und Mitgliedern einer internationalen Expedition ausgegraben.

XXVI Hugh William Williams, *Der Tempel des Jupiter Panhellenius (Aphaia) in Aigina*, 1820

»Als wir den Hügel, auf dem der Tempel (des Jupiter Panhellenius) steht, bestiegen, verstellten mächtige lose Steine, Zwergpinien und Zedern unseren Weg: . . . Wir setzten uns auf ein zu Boden gefallenes Kapitell, um uns ein wenig von unserer Müdigkeit zu erholen, bevor wir uns daranmachten, die dorischen Ruinen genauer zu betrachten, und wir konnten gar nicht anders, als diese prächtige Szene vor unseren Augen zu bewundern; Attika, der Peloponnes und der Golf von Aigina, mit ihren vielen Anziehungspunkten, die sich an Auge wie Geist wenden! . . .«

Hugh William Williams, *Travels in Italy, Greece and the Ionian Islands*, 1820

Die Insel Syros verdankte ihre Bedeutung hauptsächlich ihrem Hafen Hermupolis, der von griechischen Flüchtlingen aus Chios und Psara nach der Revolution gegründet worden war.

XXVII Alexandre Gabriel Decamps, *Ein Haus in Syros*, ca. 1823

Santorin (Thera) und die Inseln in der Umgebung wurden durch einen Vulkanausbruch gebildet.

XXVIII Karl Rottmann, *Ansicht von Santorin mit dem Vulkan*, 1835

Fünf Jahrhunderte lang war Kreta unter venezianischer Herrschaft, bis es von den Türken im Jahr 1669 erobert wurde. Erst 1898 erhielt es seine Autonomie; bereits 1841 war Chania Kretas Verwaltungszentrum geworden.

XXIX Edward Lear, *Ansicht von Chania, Kreta*, 1864

»Chania, die zweitwichtigste Stadt Kretas zur Zeit der Venezianer, ist jetzt seine Hauptstadt . . . Es ist eine überfüllte Stadt, wie sie es schon zur Zeit der Venezianer gewesen war, wegen der Enge der Straßen, der Höhe von einigen der Häuser und der Begrenztheit des ursprünglichen Stadtgebiets . . . Blickt man von der Bucht aus nach Süden, . . . erheben sich vor einem die Gipfel der edlen Masse der Madara Vouna, der antiken Leuki oder Weißen Berge in einem gezackten Bogen, deren Gipfel in der zweiten Hälfte des Sommers kahl und grau erscheinen, doch im Winter und Frühling mit Schnee bedeckt sind . . .«

Captain T. A. B. Spratt, *Travels and Researches in Crete*, 1865

Naxos, die größte der Kykladen, ist in der Mythologie die Insel, auf der Theseus Ariadne verließ. Während des Mittelalters bildete die Insel das Herzogtum von Naxos, einen unabhängigen Staat unter venezianischem Protektorat.

XXX Thomas Hope, *Ansicht von Naxos mit dem Portikus des Bacchustempels*, ca. 1795

»Da es unmöglich war, eine Reise ins Innere zu unternehmen, besuchten wir zunächst die Ruinen des Bacchustempels auf einem Inselfelsen an der Nordseite des Hafens . . . Wir waren von Bewunderung erfüllt angesichts der massiven Struktur und der schlichten Größe jenes Teils des Tempels, der immer noch steht: Er wird aus drei Stücken ausschließlich *naxischen* Marmors gebildet, von denen zwei aufrecht stehen und einer quer darüberliegt . . . Die Aussicht durch dieses Portal auf Stadt und Hafen von Naxos und einen Teil der Insel ist sehr schön . . .«

Edward Daniel Clarke, *Travels in Various Countries of Europe, Asia and Africa*, 1810–1823

Die Insel Salamis gegenüber dem Piräus war hauptsächlich von historischem Interesse, da sie der Schauplatz des berühmten Seesieges der Athener über die Perser im Jahr 480 vor Christus gewesen ist.

»Der größere Teil von Salamis ist in unkultiviertem Zustand und mit Büschen bedeckt; wahrscheinlich muß das eher auf die spärliche Bevölkerung als auf die natürliche Kargheit des Bodens zurückgeführt werden. Die Insel ist nur von Griechen bewohnt, die ein großes Maß an Freiheit genießen . . . Die Hauptstadt wie die Insel selbst ist augenblicklich unter dem Namen Koloura bekannt, was auf die Form des Hafens zurückgeht, der einem gleichnamigen runden Kuchen ähnelt, der in Athen gebacken wird.«

Edward Dodwell, *A Classical and Topographical Tour through Greece,* 1819

70 William James Müller, *Ansicht der Insel Salamis,* 1838

Die Insel Aigina im Saronischen Golf war von großem archäologischen Interesse und konnte von Athen aus leicht an einem Tag besucht werden. Zufluchtsstätte während des griechischen Unabhängigkeitskrieges, wurde sie im Jahr 1828 Sitz der Regierung von Kapodistrias.

71 Karl Krazeisen, *Ansicht von Aigina,* 1826

»Die Insel *Aegina,* wenn sie gleich nicht zu den fruchtbarsten Inseln des Archipels gehört, ist dennoch ihrer Lage nach eine der angenehmsten und interessantesten derselben . . . Die neue Stadt *Aegina* ist auf dem Platze erbaut, wo einst das antike *Aegina* stand, und zwar größtenteils aus den Grundmauern desselben, oder mit Steinen aus den zahlreichen alten Gräbern . . .
Die vorliegende Ansicht von *Aegina* zeigt im Hintergrunde die Landenge von Korinth, mit den rechts gegen Athen und links gegen Morea sich hinziehenden Bergen. Der Mittelgrund stellt die Stadt und den Hafen dar; über der Stadt auf einem Hügel die einzige von dem Tempel des Neptuns noch stehende Säule . . .«

Karl Krazeisen, *Bildnisse ausgezeichneter Griechen und Philhellenen nebst einigen Ansichten und Trachten,* 1828–1831

Im siebzehnten Jahrhundert war Hydra eine Zufluchtsstätte für verfolgte Christen vom griechischen Festland. Von der Mitte des achtzehnten Jahrhunderts an gewann die Insel aufgrund des Seehandels großen Wohlstand. Während der Unabhängigkeitskriege stellte Hydra die meisten Schiffe für die griechischen Streitkräfte.

»Auf einem Felsen, so öde und bar aller Vegetation, daß ich auf seiner ganzen Oberfläche kaum einen Flecken Grüns entdecken kann, steigt diese einzigartig interessante Stadt in faszinierendem Weiß und erstaunlicher Schönheit empor . . . Der Hafen, von dessen steil abfallenden Seiten und Grund die Stadt sich wie ein Theaterrund erhebt, ist weder groß noch sicher. Tatsächlich ist es eine tiefe Bucht, an der Westseite der Insel gelegen und immer noch nach dem Westen zu offen, die in dieser Richtung keinen anderen Schutz als die gegenüberliegende Küste von Morea hat, die vier oder fünf Meilen entfernt ist. ›Was für einen Ort haben Sie da ausgesucht – (redete ich Tomabazi, den früheren Admiral der griechischen Flotte an) –, was für einen Ort haben Sie als Ihre Heimat ausgesucht!‹ – ›Es war die Freiheit, die diesen Ort aussuchte, nicht wir‹, war die augenblickliche Antwort des Patrioten; und möge für lange Zeit die Freiheit einen Ort, der ihrer so wert ist, bewahren und beschützen.«

George Waddington, *A Visit to Greece in 1823 und 1824*, 1825

72 Thomas Hope, *Ansicht von Stadt und Hafen von Hydra*, ca. 1795

73 Wilhelm von Weiler, *Ansicht von Poros mit dem Kloster von Phaneromeni,* 1836

74 Thomas Hope, *Ansicht von Insel und Stadt Tenos,* ca. 1795

Poros ist vom Festland des Peloponnes nur durch einen engen Kanal getrennt; mit seinen Pinienwäldern, die bis hinab zum Wasser reichen, und seinen winzigen, weiß gekalkten Häusern, bot es dem Besucher einen außerordentlich malerischen Anblick. Das Kloster der Jungfrau in Phaneromeni stammt aus dem achtzehnten Jahrhundert.

»*Poros,* . . . das antike *Sphaeria,* . . . ist wegen seiner Granitfelsen bemerkenswert. Es ist vom Peloponnes durch einen sehr engen Kanal abgetrennt . . . Die Küste des Peloponnes ist in diesen Teilen reich an Orangen und Zitronen; die Berghaine der letzteren sind wahrlich einen Besuch wert. In Poros kann man Maultiere mieten, auf denen es leicht ist, über eine Sandbank zur nahe gelegenen Insel *Kalauria* zu gelangen, auf der sich ein großes Kloster befindet und die Fundamente des Neptuntempels, in dem Demosthenes starb . . . Die kleine Stadt Poros besitzt ein einmaliges Erscheinungsbild, mit ihren Häusern, die wie Möwen zwischen den dunklen vulkanischen Felsen zusammensitzen . . .
Poros ist auch als Tagungsort der Konferenzen der englischen, französischen und russischen Botschafter im Jahr 1828 bekannt, aufgrund deren gemeinsamen Berichtes die Regierungen der Alliierten die Grundlage der neuen griechischen Monarchie schufen.«

John Murray, *A Handbook for Travellers in Greece,* 1854

Tenos, von den Venezianern vom dreizehnten bis zum frühen achtzehnten Jahrhundert besetzt, war die katholischste der Kykladen. Nachdem im Jahr 1824 ein Marienbild entdeckt worden war, wurde die Insel zu einem bedeutenden Wallfahrtsort für orthodoxe Christen.

»Tino . . . ist eine der bestkultivierten Inseln im Archipelagus und besitzt eine blühende Manufaktur für grobe Seidenstrümpfe und -handschuhe. Die Insel umfaßt ungefähr sechsundsechzig Dörfer, alle aus weißem Stein erbaut. Die Stadt ist aus weißem Stein erbaut und hat aus der Entfernung ein prächtiges Erscheinungsbild . . . Die Felder sind wie in Malta durch Steine getrennt: Das Äußere der Insel bietet einen felsigen Anblick, doch das Innere besitzt einen reichen Boden.«

The Rev. Samuel Sheridan Wilson, *A Narrative of the Greek Mission,* 1839

Melos, die westlichste der Kykladen, wird von einer bergigen vulkanischen Masse in der Form eines unregelmäßigen Ringes gebildet. Im frühen neunzehnten Jahrhundert hatten die Pest, türkische Ausbeutung und Wassermangel die Insel fast zu einer Wüste verkommen lassen.

». . . an diesem Morgen fahren wir in den Hafen von Melos ein und ankern nahe dem innersten Punkt der Bucht . . . Im Südwesten, . . . gegen die Hügel, steht die *khora* oder Stadt . . . Fünfundzwanzig griechische und zwei lateinische Kirchen sind übriggeblieben. Die Ruinen und das nackte Tal, das von weißen felsigen Höhen umgeben und nur von wenigen mageren Dattelbäumen bewachsen ist, geben dem Ort ein äußerst trostloses Aussehen . . . (Gegen) die nördliche Küste des Hafens stehen die Ruinen der antiken Stadt Melos, . . . ein wenig östlich von einem spitzen Hügel nahe der Mitte der Stätte . . . steht die Kirche des Hl. Elias und ein kleines Kloster mit Wohnraum für einen einzelnen Mönch.«

Colonel William Martin Leake, *Travels in Northern Greece,* 1835

75 James Skene, *Ansicht von Melos mit dem Kloster der St. Marina,* 1841

76 William Gell, *Ansicht des Klosters von Nea Moni in Chios,* 1801

Die Insel Chios war seit dem Mittelalter ein wohlhabendes Handels- und Kulturzentrum. Nach ihrer weitgehenden Zerstörung und dem Massaker an seinen Einwohnern durch die Türken im Jahr 1822 blieb es bis zum Ende des Unabhängigkeitskriegs verödet. Das Kloster von Nea Moni, gegründet in der Mitte des elften Jahrhunderts, ist eines der wichtigsten byzantinischen Monumente in Griechenland.

»Alle Ideale, die die dichterische Fantasie sich unter einem irdischen Paradies vorstellen kann, scheinen hier zur Wirklichkeit geworden . . .; überall kann man durch reiche Weinberge, in denen fruchtbeladene Feigenbäume verstreut stehen, schlendern. Die Täler sind von Pfaden durchzogen, die von Bäumen beschattet sind, deren Äste, gebeugt unter der Last von Zitronen, Orangen und Granatäpfeln, sich über den Köpfen der Wanderer ausbreiten. Die Einwohner scheinen willens, das Ihre zu den Reizen ihrer Insel hinzuzufügen . . . Die Stadt selbst ist sehr groß und bevölkert . . . Der Literatur wird in Chios vielleicht mehr gepflogen als in irgendeinem anderen Teil Griechenlands; wir sahen hier eine große Schule, die fast zweihundert Knaben umfaßte – eine Bibliothek von fast zweitausend Bänden angegliedert. Während unseres Aufenthalts statteten wir einem Kloster einen Besuch ab, das, auf der Spitze eines Hügels gelegen, den Hafen, in dem wir lagen, überblickte, und von dem aus der Betrachter eine herrliche Aussicht auf die fruchtbaren Täler von Chios, die Küste Kleinasiens und die seltsam geformte Insel Samos hat.«

Peter Edmund Laurent, *Recollections of a Classical Tour through Various Parts of Greece, Turkey and Italy,* 1821

77 William James Müller, *Ansicht des Hafens von Rhodos,* 1838

Einer der Haupthäfen der östlichen Ägäis, Rhodos, wurde dem Johanniterorden durch Suleiman II. im Jahr 1523 abgenommen und blieb bis 1912 in türkischer Hand. Da ein Großteil seiner Gebäude aus der fränkischen Zeit erhalten geblieben war, wurde es die vom Äußeren her am wenigsten griechische Insel der Ägäis.

»Bei der Landung in Rhodos erblicken wir zum ersten Mal die Festung, die für so lange das unbezwingbare Bollwerk der lateinischen Christenheit im Osten gebildet hatte, und die, obwohl von Kanonen und Erdbeben zerschmettert, uns immer noch eines der edelsten und lehrreichsten Beispiele der Festungsbaukunst im fünfzehnten Jahrhundert bietet . . . So einnehmend in der Tat ist der Reiz dieses ersten Eindrucks, so vollständig erfüllt er unsere Vorstellungskraft, daß wir eine Zeitlang des Interesses vergessen, das Rhodos als der Stätte einer der größten Seerepubliken der antiken Welt gebührt, einer Stadt, die nicht weniger für die Weisheit ihrer Einrichtungen, als für die Schönheit ihrer Architektur, die Vollkommenheit ihrer Häfen und Arsenale und die Stärke ihrer See- und Landverteidigung berühmt war.«

Charles Thomas Newton, *Travels and Discoveries in the Levant,* 1865

78 P. J. Witdoeck, *Ansicht der Straße der Ritter, Rhodos,* 1825

»Die Straße ist an bestimmten Stellen mit Wappenschildern und Inschriften geschmückt, die einer näheren Betrachtung wert sind. Die Balkone, deren Gitter so geformt sind, daß sie die Neugier der Türkinnen befriedigen, behindern eine vollständige Ansicht der Straße, doch kann man an ihrem entfernten Ende die Loge erkennen, in der die Johanniter ihre Treffen abhielten, um die Befehle des Großmeisters entgegenzunehmen; zur Linken ist die Kirche des Hl. Johannes, jetzt die Hauptmoschee der Türken, zur Rechten, ein Stück weiter hinab, ist der ehemalige Palast.«

Colonel Bernhard Rottiers, *Déscription des monumens de Rhodes,* 1830

Anmerkungen zum Text

Klassisches Vorspiel (S. 11–20)

1 *Acts of the Athens Archaeological Society*, 1838, S. 26. Iakovos Rizos-Neroulos (1778–1850), ein griechischer Schriftsteller und Politiker, war einer der Begründer der Griechischen Archäologischen Gesellschaft.
2 Siehe Steven Runciman, *The Last Byzantine Renaissance*, Cambridge, 1970.
3 John Mandeville, *The Voiage and Travaile . . . which Treateth of the Way to Hierusalem and of Marvayles of Inde, with other Ilands and Countryes*, London, 1727, S. 19–20.
4 Der Florentiner Mönch Cristoforo Buondelmonti (1380–1430) war der erste Europäer, der einen gründlichen Bericht über die griechischen Inseln zusammenstellte. Er ließ sich 1406 in Rhodos nieder. Die erste Manuskriptausgabe seines *Liber Insularum Archipelagi* erschien 1420. Das Originalmanuskript wurde nie gedruckt, doch überlebte das Werk in verschiedenen handgeschriebenen Kopien des fünfzehnten und sechzehnten Jahrhunderts: siehe E. Legrand, *C. Buondelmonti. Description des îles de l'Archipel, version grecque par un anonyme*, Paris, 1897.
5 Nicolas de Nicolay, *Les quatre premiers livres de navigations et pérégrinations orientales, Lyon*, 1567. Nicolay bereiste die Ägäischen Inseln im Jahr 1551.
6 Siehe R. R. Bolgar, *The Classical Heritage*, Cambridge, 1977, Kap. VII; Steven Runciman, *Mistra*, London und New York, 1980, Kap. X.
7 Siehe D. J. Geneakoplos, ›The Diaspora Greeks: the Genesis of Modern Greek National Consciousness‹, in Diamantouros und andere, *Hellenism and the First Greek War of Liberation*, Institute for Balkan Studies, Saloniki, 1976, S. 59–77.
8 Martinus Crusius, *Turcogrecia*, Basel, 1584.
9 Kopien der handschriftlichen Notizen von Ciriaco d'Ancona (1391–1452) wurden als *Kyriaci Anconitani itinerarium nunc primum ex Ms Cod. in lucem erutum* 1742 veröffentlicht.
10 *Etat présent des nations et églises grecque, arménienne et maronite en Turquie par Sieur de la Croix*, Paris, 1684.
11 François Olivier, Marquis de Nointel, wurde 1670 bei der Hohen Pforte als Botschafter akkreditiert. Seine größte diplomatische Errungenschaft war die Erneuerung von Verträgen über Exterritorialitätsrechte, die Frankreich zugestanden worden waren.
12 Siehe Comte de la Borde, *Athènes aux XVe, XVIe et XVIIe siècles*, Paris 1854, Band I, S. 74–81.
13 Die russischen Brüder Gregor und Alexej Orloff wurden 1770 von Katharina der Großen ausgesandt, um im Peloponnes einen Aufstand anzufachen. Die Rebellion endete in einem vollkommenen Desaster, bei dem die Griechen schrecklichen Vergeltungsschlägen durch albanische Freischärler ausgesetzt waren, die von den türkischen Behörden herbeigerufen wurden.
14 R. Halsband (Hrsg.), *The Complete Letters of Lady Mary Wortley Montagu*, 3 Bände, Oxford, 1965–67.

Die Entstehung des modernen Griechenland (S. 21–62)

1 René Canat, *La Renaissance de la Grèce antique (1820–50)*, Paris, 1911, S. 95.
2 Siehe David Watkin, *Thomas Hope and the Neoclassical Idea*, London, 1968, Kap. III.
3 The Rev. R. Tweddell, *Remains of the Late John Tweddell, Fellow of Trinity College, Cambridge*, London, 1815.
4 Robert Smirke's Tagebuch. Royal Institute of British Architects, London (CC12).
5 G. L. Taylor, *The Autobiography of an Octogenarian Architect*, London, 1870–72, Band I, S. 109–110.
6 Siehe Georges Roux, *Karl Haller von Hallerstein. Le Temple de Bassae*, Straßburg, 1976, S. 21–22; auch Emm. Protopsaltes, *Georg Christian Gropius* (in Griechisch), Athen, 1947.
7 Zu den Skulpturen von Aphaia (Aigina) und Phigaleia (Bassai) siehe J. L. Garnier, *L'Ile d'Egine*, Paris, 1857; A. Furtwängler, *Aegina, Das Heiligtum der Aphaia*, München, 1906, S. 10–21, 176–188; E. Michon, in *Revue des études grecques*, XXV (1912), S. 158–208, 401–426; P. Goessler, in *Archaeologiki Ephimeris*, 1937, A', S. 69–82.
8 H. W. Williams, *Travels in Italy, Greece and the Ionian Islands*, Edinburgh, 1820, Band II, S. 212.
9 Zu Elgins Künstlern siehe A. H. Smith, ›Lord Elgin and his Collection‹, in *Journal of Hellenic Studies*, XXXVI (1916), S. 173–175; W. St. Clair, *Lord Elgin and the Marbles*, London, 1967, S. 30–31 und passim.
10 St. Clair, *Lord Elgin*, S. 89.
11 E. D. Clarke, *Travels in Various Countries of Europe, Asia and Africa*, 1810–23, Band II, S. 483.
12 The Rev. T. S. Hughes, *Travels in Sicily, Greece and Albania*, London, 1820, Band I, S. 270.
13 Während sich die Englisch-Türkische Allianz für englische Reisende in Griechenland als besonders förderlich erwies, ließ die Kontinentalsperre während der napoleonischen Kriege Griechenland zum beliebtesten Reiseziel für die Nachfolger der *Grand Tourists* werden. Siehe *The Rediscovery of Greece*, Exhibition

Catalogue, Fine Art Society, London, 4.–29. Juni 1979.

14 Siehe P. E. Legrand, ›Biographie de L.F.S. Fauvel‹, in *Revue archéologique*, XXX (1897), S. 41–66, XXXI (1897), S. 185–223; M. Raybaud, *Mémoires sur la Grèce*, Paris, 1825, Band I, S. 242, Band II, S. 86; H. Tregaskis, *Beyond the Grand Tour*, London, 1979, S. 12–20.

15 Siehe J. P. Alaux, *La Vénus de Milo et Olivier Voutier*, Paris, 1939. Ein großer Teil der Altertümer in Melos wurde 1825 von dem holländischen Colonel Bernard Rottiers ausgegraben und entfernt; siehe B. Rottiers, *Description des monuments de Rhodes*, Brüssel, 1830.

16 Zum sogenannten ›homerischen Problem‹, d. h. ob Homer jemals lebte oder ob die homerischen Landschaften in bezug auf die tatsächliche Topographie identifiziert werden können, siehe Albin Lesky, *Geschichte der griechischen Literatur*, Bern/München 1963.

17 J. C. Hobhouse, *Journey through Albania*, London, 1813, Band I, S. 301–302.

18 Comte de Forbin, *Voyage dans le Levant*, Paris, 1819, S. 35–36.

19 A. L. Castellan, *Lettres sur la Morée*, Paris, 1808.

20 Siehe M. P. Nilsson, *A History of Greek Religion*, London, 1925; V. Scully, *The Earth, the Temple and the Gods*, Yale University Press, 1962; Ch. Karouzos, *Ancient Greek Art* (in Griechisch), Athen, 1972, S. 3–30.

21 W. Haygarth, *Greece, a Poem*, London, 1814, S. 170.

22 H. W. Williams, *Travels in Italy, Greece and the Ionian Islands*, Band II, S. 338–339.

23 W. C. Hazlitt (Hrsg.), *W. Hazlitt: Essays on the Fine Arts*, London, 1873, S. 141–144.

24 W. Linton, *The Scenery of Greece and its Islands*, London, 1856, S. 68.

25 Der Leibarzt der Königin, Dr. Henry Holland, der Griechenland 1812–13 besuchte, schrieb einmal: »Der aktive Geist der Griechen, der in großem Maße der politischen und nationalen Zielsetzung beraubt wurde, hat eine allgemeine Ausrichtung auf den Handel genommen ... sie wandern in erheblicher Anzahl in benachbarte Länder aus, in denen ihre Aktivitäten dank der Natur ihrer Regierungen größere Bewegungsfreiheit genießen, ... der bei weitem größte Teil des türkischen Außenhandels wird, im Austausch gegen Waren, von griechischen Handelshäusern abgewickelt, die ihre Hauptniederlassung zu Hause haben, während ihre Zweigniederlassungen über die verschiedensten Städte Europas verstreut sind, die sich gegenseitig auch helfen ... Viele der Händler hier (in Ioannina) haben enge Verbindungen zum Kontinent, die häufig mit familiären Verbindungen zusammenfallen. Ich erinnere mich, zu dieser Zeit eine griechische Familie näher kennengelernt zu haben, die aus vier Brüdern bestand, deren einer sich in Ioannina, deren andere sich in Moskau, Konstantinopel, ja selbst in einem Teil Deutschlands niedergelassen hatten; alle miteinander in ihrer Beschäftigung verbunden.« *Travels in the Ionian Isles, Albania, Thesaly, Macedonia, &c.*, London, 1815, S. 148–149.

26 Der französische Kaufmann und Gelehrte Pierre Augustin Guys (1720–99) besuchte Griechenland zum ersten Mal im Jahr 1748 und verbrachte die letzten Jahre seines Lebens in Zante. Guys' Buch bietet den ersten ernsthaften Bericht über die Bräuche der modernen Griechen.

27 ›*Exoriare aliquis nostris ex ossibus ultor*‹, Vergil, *Aeneis*, Buch IV, I. 625: Dido verflucht den treulosen Aeneas.

28 Michaelis nennt ihn »den Gründer der wissenschaftlichen Geographie in Griechenland«. Leake besuchte Griechenland 1802. Im September desselben Jahres befand er sich an Bord von Elgins Schiff *Mentor*, das mit einer Ladung Marmorkunstwerke vor der Küste von Kythera sank. 1804 sandte ihn die englische Regierung auf eine diplomatische und militärische Mission, auf der er die griechische Westküste erforschen, die türkischen Truppen den Gebrauch moderner Artilleriewaffen lehren und freundliche Beziehungen zu Ali Pascha herstellen sollte. 1815 kehrte er nach England zurück. Er schrieb die folgenden Werke über Griechenland: *Researches in Greece*, London, 1814; *Remarks on the Language Spoken in Greece at the Present Day*, London, 1814; *Journey through some Provinces of Asia Minor in the Year 1800*, London, 1820; *The Topography of Athens, with some Remarks on its Antiquities*, London, 1821; *Journal of a Tour in Asia Minor, with Comparative Remarks on the Ancient and Modern Geography of that Country*, London, 1824; *Travels in Northern Greece*, 4 Bände, London, 1835; *Travels in Morea*, 3 Bände, London, 1830; *Peloponnesiaca: A Supplement to Travels in the Morea*, London, 1846.

29 F. R. de Chateaubriand, *Travels in Greece, Palestine, Egypt and Barbary* ... London, 1811, S. 103.

30 Lord Byron, *Childe Harold's Pilgrimage. A Romaunt*, London, 1812. Byron, George G.: Sämtliche Werke, Bd. I: Childe Harolds Pilgerfahrt ..., Überarb. u. m. Anm. hrsg. v. Schmitz, Siegfried, 1977.

31 Die Inseln gingen 1797 von venezianischem in französischen Besitz über, um dann in Folge von der Russisch-Türkischen Flotte, den Franzosen und schließlich den Briten 1814 eingenommen zu werden. Im folgenden Jahr entstanden unter britischem Protektorat die Vereinigten Staaten der Ionischen Inseln.

32 Zum Thema Philhellenismus siehe W. St. Clair, *That Greece Might Still Be Free: The Philhellenes in the War of Independence*, London, 1972 (eine sehr umfangreiche Bibliographie); S. Laskaris, ›Le Philhellénisme allemand‹, in *Acropole, Revue du monde hellénique*, 1935, S. 363–371; I. K. Chassiotes, ›Spanish Philhellenism‹ (in Griechisch), in *Makedoniki Zoi*, 70 (März 1972); A. Dimaras, The Other British Philhellenes«, in R. Clogg (Hrsg.), *The Struggle for Greek Independence*, London, 1973.

33 *Nobles hijos de Esparta y Atenas*
De la patria la voz escuchad
Y compiendo las viles cadenas
Del combate las armas forjad.
(Zitiert in I. K. Chassiotes, op. cit.)

34 Zitiert in W. St. Clair, *That Greece Might Still Be Free*, S. 23.

35 *Revue encyclopédique*, XXXV (1827), S. 129. Eine kurze Aufzählung philhellenischer Bilder bietet H. Honour, *Romanticism*, London, 1979, S. 229–231.

36 Eine kritische Stellungnahme zu den Werken, die in der Galerie Lebrun ausgestellt waren, in *Revue encyclopédique*, XXX (1826), S. 578–580; auch *Images du philhellénisme français* (1820–40), Ausstellungskatalog, *Institut Français d'Athenes*, 21. Mai–15. Juni 1971, S. 22–23.

37 Louis Dupré stellte die folgenden griechischen Werke aus: ›Ansicht von Athen, nach der Natur‹, ›Verschiedene Kostüme, in Griechenland nach der Natur gezeichnet‹.

38 L. Dupré, *Voyage de Venise à Constantinople*, Paris, 1825.

39 Während der zwanziger und dreißiger Jahre des neunzehnten Jahrhunderts war dieses Motiv in Frankreich sehr beliebt. Delacroix verwandte es als erster im Jahr 1827.

40 Ein vollständiger Satz dieser Tapetenfolge ist im Benaki Museum, Athen, zu sehen.

41 Siehe C. M. Woodhouse, *The Battle of Navarino*, London, 1965.

42 E. Delacroix, ›Szene aus dem gegenwärtigen Krieg zwischen Türken und Griechen‹ (298); Victor Lassus, ›Die Belagerten von Missolunghi‹ (305); E. Devéria, ›Markos Botsaris kehrt nach Missolunghi zurück‹ (338); L. Dupré, ›Ein Grieche pflanzt seine Standarte auf den Mauern von Salona auf‹ u. verschiedene Ansichten, gemalt in Athen (336); Meister de Goblentz, ›Ein griechischer Offizier erhebt seine Flagge gegen die Türken‹ (715); J. Odevaere, ›Die letzten Verteidiger von Missolunghi‹ (770); M. Phalipon, ›Zwei griechische Mädchen‹ (813); M. Vinchon, ›Modernes Sujet in Griechenland‹ (1042); M. Moreau, ›Ein Grieche bewacht den Eingang eines Défilés‹ (1288) und ›Eine Griechin erwartet den Ausgang der Schlacht‹ (1289); M. Prevost, ›Corinne nach Gérard‹ (1303); F. de Lansac, ›Eine Episode aus der Belagerung von Missolunghi‹ (1496).

43 Siehe S. Papadopoulos und A. Karakatsani, *Liberated Greece and the Scientific Expedition of the Morea: The Peytier Folio* (in Griechisch), veröffentlicht durch die Nationalbank von Griechenland, Athen, 1971.

44 Er wurde auch von seinem Tutor, dem hervorragenden Humanisten Friedrich Thiersch begleitet, der ein glühender Philhellene war. Zu Thierschs Leben und Werken siehe H. W. J. Thiersch, *Friedrich Thiersch's Leben*, 2 Bände, Leipzig/Heidelberg, 1866.

Der malerische Kompromiß (S. 63–78)

1 Zu den Bayern in Griechenland, siehe Wolf Seidl, *Bayern in Griechenland*, München, 1965.

2 Georg L. von Maurer, *Das griechische Volk in öffentlicher, kirchlicher und privatrechtlicher Beziehung vor und nach dem Freiheitskampfe bis zum 31. Juli 1834*. Heidelberg, 1835, Band II, S. 39–40.

3 G. Cochrane, *Wanderings in Greece*, London, 1837, Band I, S. 149–151.

4 A. Miliarakis, ›A Ceremony on the Acropolis of Athens‹ (in Griechisch), in *Estia*, 447 (22. Juli 1884), S. 461–467.

5 Ross veröffentlichte die folgenden Werke über Griechenland: *Reisen auf den griechischen Inseln des Ägäischen Meeres*, 2 Bände, Stuttgart, 1840–43; *Reisen und Reiserouten durch Griechenland*, Berlin, 1841; *Wanderungen in Griechenland im Gefolge des Königs Otto und der Königin Amalia*, 2 Bände, Halle, 1851; *Reisen nach Kos, Halikarnossos, Rhodos und der Insel Cypern*, Halle, 1852; *Erinnerungen und Mitteilungen aus Griechenland*, Berlin, 1863.

6 I. Travlos, *Neoclassical Architecture in Greece* (in

Griechisch), Athen, 1967.

7 B. Taylor, *Travels in Greece and Russia*, New York, 1859, S. 48.

8 J. von Nordenflycht, *Briefe einer Hofdame in Athen*, Leipzig, 1845, S. 153.

9 W. H. Bartlett, *Footsteps of Our Lord and His Apostles in Syria, Greece and Italy*, London, 1850, S. 100.

10 *Art Journal*, 1851, S. 131.

11 Müllers Brief aus Xanthus, datiert von 1843 (zitiert von A. Wilton in der Einleitung zu *Classical Sites and Monuments*, Ausstellungskatalog, British Museum. London, 1971).

12 Alphonse de Lamartine, *Voyage en Orient*, Paris, 1835, S. 100.

13 Zitiert bei Canat, *La Renaissance de la Grèce antique*, S. 139.

14 Siehe *Scenes in Athens; Drawn and Tinted by Mary Hogarth, Described by David Hogarth*, London and New York, 190(?), Tafel 17, ›Die alte Kathedrale‹.

15 The Rev. S. S. Wilson, *A Narrative of the Greek Mission; or Sixteen Years in Malta and Greece*, London, 1839, S. 250.

16 Schon bald nach der Revolution sammelten sich die Griechen um die Repräsentanten der Schutzmächte, um eine Britische, eine Französische und eine Russische Partei zu bilden, deren Anführer respektive A. Mavrokordatos, I. Kolettis und T. Kolokotronis waren.

17 E. About, *Greece and the Greeks of the Present Day*, London, 1855, S. 54–55.

18 Zitiert bei R. Clogg, *A Short History of Modern Greece*, Cambridge, 1979.

19 1830 wurde Kreta von den Türken den Ägyptern überlassen, doch kam es nach der Niederlage von Mehemet Ali wieder unter türkische Herrschaft (1840).

20 Edward Lear, Brief an seine Schwester Ann, datiert aus Korfu, den 14. Mai 1848 (zitiert bei F. M. Tsigakou, ›Edward Lear in Greece‹, unveröffentlichte M. Phil. These, University College, London, 1977, S. 33).

21 Mark Twain, *The Innocents Abroad*, (1869), Kap. 31.

22 Siehe Romilly Jenkins, *The Dilessi Murders*, London, 1961.

23 Siehe Richard Jenkyns, *The Victorians and Ancient Greece*, Oxford, 1980, S. 180.

24 John Ruskin, *Modern Painters*, 1843–60, Band III, Kap. 13, § 4.

Bibliographische Hinweise

Bis jetzt gibt es noch keine umfassende Veröffentlichung über europäische Künstler in Griechenland im neunzehnten Jahrhundert oder vorher. Außerdem sind viele der hier vorgestellten Künstler kaum bekannt. Es war in einigen Fällen nicht möglich, über das Werk hinausgehende Informationen zu erhalten. Vollständige bibliographische Hinweise, so weit sie zu den Künstlern, ihren Schriften oder Werken über Griechenland verfügbar waren, sind im ›Katalog der Abbildungen‹ aufgeführt (S. 190–204). Andere Verweise können den ›Anmerkungen zum Text‹ entnommen werden (S. 187–189).

Zur allgemeinen Reiseliteratur über Griechenland siehe:

S. H. Weber, *Voyages and Travels in the Near East during the Nineteenth Century*, Princeton, N. J., 1952

Topography and Travel in Greece, the Near East and Adjacent Regions, Previous to the Year 1801, Princeton, N. J., 1953

K. Simopoulos, *Foreign Travellers to Greece, AD 333–1821* (in Griechisch), 5 Bände, Athen, 1970–79

Zu allgemeinen historischen Quellen siehe:

John Campbell and Philip Sherrard, *Modern Greece*, London, 1968

Douglas Dakin, *The Unification of Greece 1770–1923*, London, 1972

Nikos P. Mouzelis, *Modern Greece: Facets of Underdevelopment*, London, 1978

R. Clogg, *A short History of Modern Greece*, Cambridge, 1979

A. Kokkou, *The Conservation of Antiquities in Greece and the First Museums* (in Griech.), Athen, 1977

Originalquellen der Zitate

(Alle Zitate wurden für dieses Buch neu ins Deutsche übersetzt.)

Byron, Lord, *Childe Harold's Pilgrimage, A Romaunt*, London, 1812
The Giauor, London, 1813
The Dream, 1816
*Letter to *** (John Murray), on the Rev. W. L. Bowles' Strictures on the Life and Writings of Pope*, London, 1821

Cartwright, Joseph, *View in the Ionian Islands*, London, 1821

Chateaubriand, François René de, *Itinéraire de Paris à Jérusalem, et de Jérusalem à Paris*, 3 Bände, Paris, 1811

Christmas, The Rev. Henry, *The Shores and Islands of the Mediterranean*, 3 Bände, London, 1851

Clarke, Edward Daniel, *Travels in Various Countries of Europe, Asia and Africa*, 6 Bände, London, 1810–23

Cochrane, George, *Wanderings in Greece*, 2 Bände, London, 1837

Cole, William, *Select Views of the Remains of Ancient Monuments in Greece*, London, 1835

Cook, Henry, ›The Present State of the Monuments of Greece‹, in *The Art Journal*, London, 1851
Recollections of a Tour in the Ionian Islands, Greece and Constantinople, London, 1835

De Vere, Aubrey, *Picturesque Sketches of Greece and Turkey*, 2 Bände, London, 1850

Dodwell, Edward, *A Classical and Topographical Tour through Greece during the Years 1801, 1805 and 1806*, 2 Bände, London, 1819
Views in Greece, London, 1821

Du Moncel, Théodore, *De Venise à Constantinople à travers la Grèce*, Paris, ca. 1843

Dupré, Louis, *Voyage à Athènes et Constantinople*, Paris, 1825

Eastlake, Charles Lock, Tagebuch, zitiert bei Sir Charles Lock Eastlake, *Contributions to the Literature of the Fine Arts, Second Series*, London, 1870

Emerson, James, *Letters from the Aegean*, 2 Bände, London, 1829

Expédition scientifique de Morée, ordonnée par le gouvernement français, A. Blouet und andere, 3 Bände, Paris, 1831–38

Flaubert, Gustave, *Voyage en Orient*, 1849–51

Fulleylove, John, *Greece*, London, 1906

Garston, Edgar, *Greece Revisited*, London, 1842

Giffard, Edward, *A Short Visit to the Ionian Islands, Athens, and the Morea*, London, 1838

Haygarth, William, *Greece, a Poem*, London, 1814

Hobhouse, John Cam, *A Journey through Albania and Other Provinces of Turkey in Europe*, 2 Bände, London, 1813

Holland, Henry, *Travels in the Ionian Isles, Albania, Thessaly, Macedonia, &c. during the Years 1812 and 1813*, London, 1815

Hughes, The Rev. Thomas Smart, *Travels in Sicily, Greece and Albania*, 2 Bände, London, 1820

Klenze, Leo von, *Aphoristische Bemerkungen gesammelt auf seiner Reise nach Griechenland*, Berlin, 1838

Krazeisen, Karl, *Bildnisse ausgezeichneter Griechen und Philhellenen nebst einigen Ansichten und Trachten*, München, 1828–31

Latour, Antoine de, *Voyage de S.A.R. Monseigneur le duc de Montpensier à Tunis, en Egypte, en Turquie et en Grèce*, Paris, 1847

Laurent, Peter Edmund, *Recollections of a Classical*

Tour through Various Parts of Greece, Turkey, and Italy, Made in the Years 1818 & 1819, London, 1821
Leake, Colonel William Martin, *Travels in Northern Greece,* 4 Bände, London, 1835
Lear, Edward, Brief an seine Schwester Ann, Athen, 3. Juni 1848. Zit. b. F. M. Tsigakou, ›Edward Lear in Greece‹, unveröffentl. M. Phil. These, University College, London, 1977
Journals of a Landscape Painter in Albania, &c., London, 1851
Brief an seine Schwester Ann, Korfu, 19. Juni 1856. Aus ›Edward Lear, Letters to his sister Ann, 1837–1861‹, Typoskript im Besitz von Vivien Noakes
Brief an Chichester Fortescue, Korfu, 9. Oktober 1856. Zitiert bei Lady Strachey (Hrsg.), *Letters to Edward Lear,* London, 1907
Views in the Seven Ionian Islands, London, 1863
Le Roy, Julien David, *Les ruines des plus beaux monuments de la Grèce,* Paris, 1758
Linton, William, *The Scenery of Greece and its Islands,* London, 1856
Murray, John, *A Handbook for Travellers in Greece,* Neue Auflage, London, 1854
A Handbook for Travellers in Greece, Vierte Auflage, London, 1872
Newton, Charles Thomas, *Travels and Discoveries in the Levant,* 2 Bände, London, 1865
Page, William, Inschrift auf der Rückseite seines Aquarells, *Ansicht der Akropolis,* ca. 1820 (Tafel 27)
Inschrift auf der Rückseite seines Aquarells, *Der Zeustempel in Nemea,* 1820 (Tafel 60)
Inschrift auf der Rückseite seines Aquarells, *Ansicht von Korinth mit Akrokorinth,* 1820 (Tafel XXV)
Revett, Nicholas siehe Stuart, James and Revett, Nicholas
Rottiers, Bernard, *Descriptions des monuments de Rhodes,* Brüssel, 1830
Scenes in Athens; Drawn and Tinted by Mary Hogarth, Described by David Hogarth, London and New York, 190(?)
Scrofani, Saverio, *Viaggio in Grecia,* 2 Bände, London, 1799
Smirke, Robert, Tagebuch. Royal Institute of British Architects, London, MS CC 12
Spratt, Captain, T.A.B., *Travels and Researches in Crete,* 2 Bände, London, 1865
Stackelberg, Otto Magnus von, *Trachten und Gebräuche der Neugriechen,* Berlin, 1831
La Grèce. Vues pittoresques et topographiques, Paris, 1834
Stademann, Ferdinand, *Panorama von Athen,* München, 1841
Stuart, James and Revett, Nicholas, *The Antiquities of Athens Measured and Delineated,* 4 Bände, London, 1762–1816
Symonds, John Addington, *Sketches and Studies in Italy and Greece,* dritte Folge, neue Auflage, London, 1898
Townshend, Frederick Trench, *A Cruise in Greek Waters,* London, 1870
Travlos, John, *Neoclassical Architecture in Greece* (in Griechisch), Athen, 1967
Turner, William, *Journal of a Tour in the Levant,* 3 Bände, London, 1820
Waddington, George, *A Visit to Greece in 1823 and 1824,* London, 1825
Williams, Hugh William, *Travels in Italy, Greece and the Ionian Islands,* 2 Bände, Edinburgh, 1820
Wilson, The Rev. Samuel Sheridan, *A Narrative of the Greek Mission; or Sixteen Years in Malta and Greece,* London, 1839
Wordsworth, Christopher, *Greece: Pictorial, Descriptive and Historical,* London, 1839

Annotierter Katalog der Abbildungen

Teil I

S. 2 (Frontispiz) Louis Dupré, *Das Haus des französischen Konsuls in Athen,* 1819
Aus Louis Dupré, *Voyage à Athènes et Constantinople,* Paris, 1825, Tafel 19,
Kolorierte Lithographie, 33,5×40 cm

Das Haus von Louis Sébastien Fauvel, des französischen Konsuls in Athen, lag im Zentrum der alten Agora. Im Innenhof des Hauses waren eine große Zahl an Marmorfragmenten und Gipsabdrücken ausgestellt. Während der Griechischen Revolution wurde das Haus zerstört.
Louis Dupré (1789–1837) besuchte Griechenland 1819. In den Salons von 1827, 1831, 1833 und 1855 stellte er Bilder mit griechischen Motiven aus. 1825 veröffentlichte er eine Folge mit kolorierten Lithographien, die Ansichten und Kostümstudien aus Griechenland zeigten; ihr Titel war *Voyage à Athènes et Constantinople.*

S. 10 Giovanni Battista Lusieri, *Das Denkmal des Philopappos,* 1800
Wasserfarben
The Earl of Elgin and Kincardie collection

Das Denkmal des Philopappos auf dem Museion-Hügel wurde 114–116 zu Ehren des Gaius Julius Antiochos Philopappos, eines Syrers, der Bürger und Wohltäter der Stadt Athens war, errichtet.
Giovanni Battista Lusieri (1751–1821) war Hofmaler des Königs von Neapel, als er von William R. Hamilton für Elgins Expedition angeworben wurde. Reisende nannten ihn ›Don Tita‹. Er blieb in Athen, bis alle Marmorteile nach London verschifft waren.
BIBLIOGRAPHIE: H. W. Williams, *Travels in Italy, Greece and the Ionian Islands,* Edinburgh, 1820, S. 330–333; A. H. Smith, ›Lord Elgin and his Collection‹, in *Journal of Hellenic Studies,* XXXVI (1916), S. 173–175; St Clair, *Lord Elgin and the Marbles,* London, 1967, S. 30–31.

S. 12 *Karte von Griechenland*
Aus Ptolemäus, *Geographia,* Bologna, 1477
Holzschnitt, 35×40 cm

Im Zeitalter der großen Entdeckungen fußte die Kartographie auf zweierlei Kartentypen: den Portolanen und den sogenannten Ptolemäischen Karten. Letztere basierten auf den Beschreibungen des alexandrinischen Geographen Claudius Ptolemäus (er wirkte um 150 nach Christus). In seinem Werk γεωγραφική ὑφήγησις bot er eine sehr genaue Beschreibung der ἡ οἰκουμένη, d. h. der ganzen Welt, soweit sie damals den Griechen bekannt war, und gab eine systematische Anleitung zur Kartographie. Landkarten, die nach den Beschreibungen des Ptolemäus angefertigt worden waren, wurden von den Byzantinern kopiert und später von byzantinischen Gelehrten, die nach dem Fall Konstantinopels nach Italien flohen, in Westeuropa verbreitet. Die erste Ausgabe der *Geographia* des Ptolemäus, die als *Cosmographia* bekannt wurde, erschien 1477 in Bologna. In dieser Ausgabe waren die ersten einzelnen Karten der Hellenischen Welt enthalten. Seit dem dreizehnten Jahrhundert wurden die Küste Griechenlands und die Inseln des Archipelagus zunehmend von genuesischen, venezianischen und neapolitanischen Kaufleuten besucht, die vor allem wegen der strategischen Lage auf einer der wichtigsten See- und Handelsstraßen der damals bekannten Welt angezogen wurden.
Um den Ansprüchen einer wachsenden Zahl holländischer, französischer und englischer Nautiker gerecht zu werden, versuchten während der Renaissance berühmte Kartographen wie Johannes Laurenberg (1527–1658), Gerardus Mercator (1512–94), Sebastian Münster (1489–1552) und Abraham Ortelius (1527–98) ein zutreffenderes Bild der Küsten und Inseln des Mittelmeers zu geben. Auf den ältesten Karten Griechenlands waren die Städte noch unter ihren antiken Namen aufgeführt. Mit der Zeit erschienen Karten, die zwischen dem alten und dem neuen Griechenland unterschieden. Ihre Titel waren *Graecia antiqua* und *Nova Graecia* oder *Europäische Türkei.* In manchen Fällen trug ein und dieselbe Karte beide Titel, zusammen mit dem lateinischen Hinweis *olim-nunc,* damals und heute.
BIBLIOGRAPHIE: L. Bagrow und R. A. Skelton, *History of Cartography,* London, 1964; R. V. Tooley, *Maps and Mapmakers,* 6. Auflage, London, 1978; D. Flambouras, ›The First Printed Portulans of the Greek

Islands‹ (in Griechisch), in *Zygos,* 9 (Juli–August 1974), S. 26–37; C. Zacharakis, *A Printed Survey of Greece* (in Griechisch), Nikosia, 1976.

S. 13 *Ansicht von Chios*
Aus Georg Braun und Franz Hogenberg, *Civitates Orbis Terrarum,* 6 Bände, Köln, 1572–1618
Holzschnitt, 31×45,5 cm

Sehr wenig ist über die Künstler der ehrgeizigen, in sechs Bänden herausgegebenen *Civitates Orbis Terrarum* bekannt. Georg Braun (1541–1622) war Priester in Köln, Franz Hogenberg (1535–1590) ein flämischer Holzschneider. Das Werk gewinnt vor allem dadurch seine Originalität, daß es als Atlas ausschließlich Stadtansichten gewidmet war. Auf dieser Ansicht von Chios sind die berühmten Mastixbäume auf den Bergen gut erkennbar, die als Haupthandelsgut der Insel die Quelle ihres Reichtums waren.
BIBLIOGRAPHIE: A. Hibbert und R. Oehme, *Old European Cities: Twentyfour 16th-century City Maps and Texts from the ›Civitates Orbis Terrarum‹ of Georg Braun and Franz Hogenberg,* London, 1955.

S. 14 *Ein orthodoxer Priester*
Aus André Thevet, *Cosmographie de Levant,* Lyon, 1554
Holzschnitt, 12×10 cm

Der französische Geograph und Priester André Thevet (1502–1590) wurde für seine Weltkarte in der Form einer Lilie und seine genaue Karte der vier Kontinente bekannt. Zwischen 1549 und 1555 bereiste Thevet weite Teile Griechenlands. Bei seiner Rückkehr nach Frankreich wurde er zum Königlichen Historiographen und Geographen ernannt. Seine *Cosmographie* bietet die vollständigste Geographie der griechischen Welt im sechzehnten Jahrhundert.

S. 14 Michael Wolgemuth, *Ansicht von Setines* (Athen)
Aus Hartmann Schedels *Weltchronik (Liber Chronicarum),* Nürnberg, 1493
Holzschnitt, 14×22 cm

Hartmann Schedels *Weltchronik* war das am reichsten illustrierte Buch des fünfzehnten Jahrhunderts. Der Autor schuf mit ihr eine Art Enzyklopädie, die alles mythologische und geschichtliche Wissen der Zeit zusammenzufassen suchte. Ihre zweitausend Holzschnitte wurden von Michael Wolgemuth (1434–1519) und Wilhelm Pleydenwurff (gest. 1494) gestaltet, deren Atelier das berühmteste der Epoche war. Albrecht Dürer hat angeblich drei Jahre dort gearbeitet (1486–89), und es ist durchaus möglich, daß er an dem Projekt beteiligt war – wobei allerdings sein Alter in Rechnung gestellt werden sollte: er war damals ein fünfzehnjähriger Lehrling. Illustrationen acht griechischer Städte tauchen in dem Werk auf – Athen, Korinth, Candia (Kreta), Rhodos, Lakedaimon, Achaia, Thrakien und Makedonien –, doch werden dieselben Bilder auch unter anderen Städtenamen verwendet. Nur zwei von ihnen sind authentisch: *Candia* und *Rhodos,* bei denen der Künstler die Tafeln aus einem anderen bekannten Buch der Epoche kopierte. Es war dies Bernhard von Breydenbachs *Peregrinationes in Terram Sanctam,* Mainz, 1486, mit Illustrationen von Erhard Reuwich. Die anderen Abbildungen entsprangen in Darstellung und Gegenstand der Phantasie und sind damit symptomatisch für das mangelnde Wissen über Griechenland in jener Zeit (Achaia, Makedonien und Thrakien waren niemals Städte!)
BIBLIOGRAPHIE: E. Rüker, *Die Schedelsche Weltchronik,* München, 1973; E. Panofsky, *The Life and Art of Albrecht Dürer,* Princeton, N. J., 1955; D. Flamouras, ›The Chronicle of Hartmann Schedel‹ (in Griechisch), in *Zygos,* 15–17 (Juli-Dezember 1975), S. 42–53.

S. 15 Jacques Carrey, *Westliches und östliches Giebelfeld des Parthenon,* 1674
Aus des Comte de la Borde, *Athènes aux XVe, XVIe et XVIIe siècles,* 2 Bände, Paris, 1854

Jacques Carrey (1649–1726) war Schüler im Atelier von Charles Lebrun, als dieser vom Marquis de Nointel gebeten wurde, ihm einen kompetenten Künstler zu empfehlen, der ihn auf eine Expedition zu den Ägäischen Inseln und nach Kleinasien begleiten könnte.
Auf dieser Expedition führte Carrey eine große Zahl an Zeichnungen aus, deren wichtigste in der Serie über den Parthenon zu finden sind. Diese sind auch deshalb einmalig, weil Fremde damals zur Akropolis, die ja eine Festung war, keinen Zutritt hatten.
In seiner Eigenschaft als Sonderbotschafter erhielt Nointel für seinen Künstler die Erlaubnis, die alten Gebäude im Bild festzuhalten. Unter der Aufsicht eines Janitscharen zeichnete Carrey während des Dezembermonats 1674 die Friese und Giebelfelder des Parthenon. Seine Zeichnungen sind die einzigen Dokumente über die fast vollständig erhaltenen Skulpturen der Giebelfelder, die wenige Jahre später durch Morosini weitgehend zerstört wurden. Auf dem Heimweg nach Frankreich gingen Carreys Zeichnungen zwar verloren, wurden aber 1797 wiederentdeckt. 1811 wurden sie unter Carreys Namen in einem *Temple de Minerve à Athènes* betitelten Prachtband veröffentlicht. Für eine Faksimileausgabe mit dem Titel *Le Parthenon, documents pour servir à une restauration* zeichnete 1848 der Comte de la Borde verantwortlich. Carreys Zeichnungen befinden sich heute in der Bibliothèque Nationale, Paris.
BIBLIOGRAPHIE: A. Vendal, *L'Odysée d'un ambassadeur, 1670–1680,* Paris, 1900; Henri Omont, *Athènes au XVIIe siècle,* Paris, 1896; H. Viardot, ›De la destruction des œuvres d'art‹, in *Gazette des Beaux Arts* (1874), S. 392–400; Le Comte de la Borde, *Athènes aux XVe, XVIe et XVIIe siècles,* 2 Bände, Paris, 1854; Lya und Raymond Matton, *Athènes et ses monuments: du XVIIe siècle à nos jours,* Athen, 1963.

S. 16 Vicenzo Maria Coronelli, *Die Belagerung von Kalamata durch die venezianische Armee*
Aus V. M. Coronelli, *Morea,* Venedig, 1685–86
Stich, 30×40 cm

Der Franziskanermönch Vicenzo Maria Coronelli (1650–1718) war der offizielle Kosmograph der Venezianischen Republik. 1680 gründete er die erste Kartographische Gesellschaft, *Academia Cosmografica degli Argonauti.* Während des Venezianisch-Türkischen Krieges veröffentlichte er 1684 seine *Conquiste de la Republica in Dalmazi, Epiro e Morea* und *Memorie istoriografiche delli regni della Morea, e Negroponte,* das 1685–86 als zweibändiges *Morea* wiederveröffentlicht wurde. 1701 brachte er sein *Mediterraneo* heraus. Für die folgende Entwicklung der Topographie Griechenlands waren Coronellis Arbeiten von großer Bedeutung.
BIBLIOGRAPHIE: Ermanno Armao, *In giro per il Mar Egeo con V. Coronelli,* Venedig, 1951; P. Kilimis, ›The Geographical Work of V. Coronelli with Special Reference to Greece‹ (in Griechisch), in *Bulletin of the Greek Geographical Society,* Athen, 1952.

S. 17 *Die Kanonade des Parthenon durch die venezianische Armee am 26. September 1687*
Nach der während der Kanonade angefertigten Originalzeichnung von Giacomo Milheau Verneda
Stich, 25×72,5 cm

Giacomo Milheau Verneda war Artillerieoffizier der venezianischen Armee und Teilnehmer der Belagerung der Akropolis im Jahr 1687. Wahrscheinlich wurde er von Admiral Francesco Morosini aufgefordert, die Zeichnung anzufertigen. Die Originalzeichnung befindet sich heute in den Frari Archiven in Venedig.
BIBLIOGRAPHIE: Henri Omont, *Athènes au XVIIe siècle,* Paris, 1896.

S. 17 *Ansicht von Misithra* (Mistras)
Aus Bernard Randolph, *The Present State of the Morea,* Oxford, 1685
Stich, 15,5×21,5 cm

Bernard Randolph (1643–90) unternahm eine Reise durch den Peloponnes und die griechischen Inseln, die von 1671–79 dauerte. Seine Beschreibung der Insel erschien in seinem *The Present State of the Islands in the Archipelago* im Jahr 1687, in dem auch eine Originalkarte von Griechenland mit einer Ansicht von Konstantinopel enthalten ist.

S. 18 Jacob Spon, *Der Turm der Winde und Das Lysikrates-Denkmal*
Aus J. Spon, *Voyage en Italie, de Dalmatie, de Grèce et du Levant,* Lyon, 1678
Stich, 17×13 cm

Der französische Doktor Jacob Spon (1647–85) und der englische Naturforscher George Wheler (1650–1723) trafen sich 1675 in Venedig, von wo sie im selben Jahr ihre Reise durch Griechenland und Kleinasien begannen, die acht Monate dauerte. Einen Monat lang studierten sie in Athen die klas-

sischen Denkmäler, die mit einer detaillierten Beschreibung ihres damaligen Zustands in Spons Buch dargestellt sind. Wheler veröffentlichte vier Jahre später seinen eigenen Reisebericht, der mit noch ungenaueren Illustrationen versehen war.
BIBLIOGRAPHIE: Le Comte de la Borde, *Athènes aux XVe, XVIe et XVIIe siècles,* Paris, 1854, Band II, S. 1–54.

S. 19 Julien David Le Roy, *Imaginäre griechische Landschaft*
Aus J. D. Le Roy, *Ruins of Athens with Remains and Other Valuable Antiquities in Greece,* London, 1759 (gedruckt für R. Sayer)
Stich, 29×40 cm

Der französische Architekt Julien David Le Roy (1728–1803) besuchte Griechenland 1755–56. Die erste Ausgabe seiner *Ruins . . . (Les Ruines . . .)* wurde 1758 veröffentlicht.

S. 22 J. K. Haller von Hallerstein, *Ansicht des Theseion,* 1810
Wasserfarben, 34×52 cm
Bibliothèque Nationale et Universitaire de Strasbourg

Johann Karl Christoph J. Haller von Hallerstein (1774–1817) war der Lieblingsarchitekt des Kronprinzen Ludwig von Bayern. 1810–11 nach Griechenland entsandt, nahm er an den Ausgrabungen von Aigina und Bassai teil. Er blieb bis zu seinem Tod in Griechenland. Heute befindet sich der größte Teil seiner Zeichnungen in der Straßburger National- und Universitätsbibliothek. Leider sind alle seine griechischen Zeichnungen, mit Ausnahme der in Bassai angefertigten, bei einem Schiffbruch im Dezember 1812 verlorengegangen.
BIBLIOGRAPHIE: Georges Roux, *Karl Haller von Hallerstein, Le Temple de Bassae,* Straßburg, 1976; H. W. Williams, *Travels in Italy, Greece and the Ionian Islands,* Edinburgh, 1820, Band II, S. 33–34 (bietet eine zeitgenössische Wertung des Hallersteinschen Werks).

S. 23 Charles Robert Cockerell, *Ausgrabungen am Aphaia-Tempel in Aigina,* 1811
Aus C. R. Cockerell, *The Temples of Jupiter Panhellenius at Aegina, and of Apollo Epicurius at Bassae near Phigaleia in Arcadia,* London, 1860, Tafel II, Stich, 24× 36 cm

Cockerell beschreibt die Ausgrabungen folgendermaßen: »Da es unsere Absicht war, dieses seltsame Bauwerk gewissenhaft zu studieren, schlugen wir unser Zelt unter einem Felsen auf und nahmen von einer nahe gelegenen Höhle Besitz, die für unsere Diener und Janitscharen eine ausgezeichnete Unterkunft bot. In Verfolgung unseres Ziels setzten wir drei Männer ein, die graben oder Steine und Blöcke umdrehen mußten, deren Maße zum Zwecke unseres Unterfangens förderlich sein mochten: Als wir am zweiten Morgen damit beschäftigt waren, Geröll aus dem Inneren des Portikus zu entfernen, fanden wir zwei Köpfe aus parischem Marmor, die vollständig erhalten waren: Danach fanden wir ein schönes Bein mit einem Fuß und, um Sie nicht mit nebensächlichen Details unserer Fortschritte zu sehr zu ermüden, entdeckten unter den zwei Tempelfronten (die nach Osten und Westen wiesen) sechzehn Figuren und dreizehn Köpfe, Beine, Arme & c., alle im besten Zustand . . . Sie werden sich vorstellen können, daß wir während des Fortschreitens unserer außergewöhnlichen Entdeckungen nicht wenig überrascht über das Glück waren, das uns dabei zur Seite stand, daß wir nämlich unter den vielen Reisenden, die Jahrhunderte hindurch diesen berühmten Tempel besucht hatten, die ersten waren, die genug Neugier besaßen, um drei Fuß in die Tiefe zu graben.« (The Rev. Thomas Smart Hughes, Travels in *Sicily, Greece and Albania,* London, 1820, Band I, S. 283).
Charles Robert Cockerell (1788–1863) besuchte Griechenland 1810–11 und erneut 1812–13. 1830 und 1831 stellte er in der Royal Academy eine Folge von Zeichnungen aus, die die imaginäre Restaurierung des Parthenon zum Thema hatten. Die Mehrzahl seiner griechischen Zeichnungen ist heute im British Museum und dem Royal Institute of British Architects, London.
Cockerell veröffentlichte folgende Werke über Griechenland: *Antiquities of Athens, and Other Places in Greece, Sicily etc. supplementary to the Antiquities of Athens by J. Stuart and N. Revett,* London, 1830; *The Tempels of Jupiter Panhellenius at Aegina, and of Apollo Epicurius at Bassae near Phigaleia in Arcadia,* London, 1860.
BIBLIOGRAPHIE: S. P. Cockerell, *Travels in Southern Europe and the Levant, 1810–17. The Journal of C. R. Cockerell,* R. A., London, 1903, und ›The Life and Works of C. R. Cockerell, R. A.‹, in *Architectural Review,* 12 (1902), S. 43–47; D. Watkin, *The Life and Work of C. R. Cockerell,* London, 1974.

S. 24 Benjamin Robert Haydon, *Dionysos-Torso, ausgestellt im Park Lane Museum,* 1809
Bleistiftzeichnung, 44,5×62 cm
The Earl of Elgin and Kincardie collection

»Dann gingen wir in die Park Lane. Nachdem wir durch eine Halle in einen offenen Hof gelangt waren, betraten wir einen feuchten, schmutzigen Anbau, in dem die Marmorstücke in Sicht- und Reichweite gelagert waren . . . Jene Verbindung von Natur und Idee, die, wie ich fühlte, so außerordentlich nach der hohen Kunst verlangte, präsentierte sich hier vor aller Augen. Wie mein Herz schlug! Wäre mir in meinem ganzen Leben nichts anderes vor Augen gekommen, so hätte es dennoch gereicht, mich für mein restliches Leben zur Natur zu bekehren . . . Hier fand ich Prinzipien, die dem *Common Sense* der Engländer zugänglich waren; . . . hier waren die Prinzipien, die die großen Griechen in ihren besten Zeiten aufgestellt hatten, und hier war ich, der hervorragendste Student der Geschichte, der dazu vollkommen qualifiziert war, sie in ihrer ganzen Bedeutung zu würdigen . . . Wie von göttlicher Wahrheit entflammt, erkannte mein Geist, daß sie nun endlich die europäische Kunst aus ihrem düsteren Schlummer erwecken würden.« (B. R. Haydon, *Autobiography and Memoirs,* Hrsg. Aldous Huxley, London, 1926, S. 66).
Obwohl Benjamin Robert Haydon (1786–1846) Griechenland nie besuchte, war er begeistertster Verkünder der *Elgin Marbles,* über die er in den Jahren 1808–13 eine gründliche Studie erstellte. Eine Unzahl an Zeichnungen, die er von den Elgin Marbles anfertigte, sind im British Museum und der Royal Academie, London, aufbewahrt.
BIBLIOGRAPHIE: W. B. Pope (Hrsg.), *The Diary of Benjamin Robert Haydon,* 5 Bände, Cambridge, Mass., 1960–63; Eric George, *The Life and Death of Benjamin Robert Haydon,* Oxford, 1967; F. Cummings, »Phidias in Bloomsbury: B. R. Haydon's Drawings of the Elgin Marbles«, in *Burlington Magazine,* CVI (1964), S. 323–328.

S. 25 Charles Robert Cockerell, *Lord Elgins Museum an der Park Lane,* 1808
Bleistiftzeichnung, 30×35 cm
British Museum, London

Die Elgin Marbles wurden 1807 zum ersten Mal an der Park Lane in einem behelfsmäßigen Museum ausgestellt. Als 1812 die zweite Sendung in England eintraf, wurde die ganze Sammlung in den Vorhof von Burlington House gebracht.

S. 27 Antoine Laurent Castellan, *Ein griechischer Schäfer*
Aus A. L. Castellan, *Lettres sur la Morée,* Paris, 1808, Tafel 9
Stich, 9×14,5 cm

Im Begleittext zu diesem Stich schrieb Castellan: »Die Schäfer (in Morea) sind genauso wie in den Theokritischen Idyllen oder auf griechischen Reliefs.«
Antoine Laurent Castellan (1772–1838) stattete Griechenland 1796 einen kurzen Besuch ab. Er war Mitglied einer aus französischen Militäringenieuren bestehenden Expedition, die zur Reparatur und Befestigung des Hafens von Konstantinopel entsandt worden war. Castellan veröffentlichte die folgenden Werke über Griechenland: *Lettres sur la Morée et les îles de Cerigo, Hydra et Zante,* 1808; *Lettres sur la Grèce, l'Hellespont et Constantinople, faisant suite aux lettres sur la Morée,* Paris, 1811.
BIBLIOGRAPHIE: A. Boppe, *Les Peintres du Bosphore au 18e siècle,* Paris, 1911, S. 210–212.

S. 31 William Gell, *Eine Ansicht von Athen ›à la Poussin‹,* 1800
Sepia, 21,5×35 cm
Benaki Museum, Athen

Die folgende Beschreibung aus Gells Feder ist auf der Rückseite des Blattes zu lesen: »Die Ansicht zeigt Athen von der heiligen Straße von Eleusis aus. Links von der Stadt ist der Anchesmos zu sehen, die Felsen auf seinem Gipfel sind rot und gelb. Rechts von der Stadt ist die Akropolis & der Tempel der

Minerva, der aus weißem Marmor besteht, mit gelblicher Färbung hier & da. Rechts davon ist der Museion-Hügel mit einem weißen Marmordenkmal auf der Spitze. Der Hügel unterhalb des Minervatempels, der einen Turm trägt, ist der des Areopag & er ist durch ein enges Tal vom Hügel mit der Zitadelle und jenem näheren Hügel getrennt, den ich ein wenig schattiert habe.« Sir William Gell (1777–1836) besuchte Griechenland 1804 und 1806. Die Mehrzahl seiner griechischen Arbeiten sind nun im British Museum, London, doch befindet sich ein Skizzenbuch von seiner Griechenlandreise des Jahres 1804 im Besitz des Benaki Museums, Athen.
Gell veröffentlichte die folgenden illustrierten Werke über Athen: *The Geography and Antiquities of Ithaca,* London, 1807; *Itinerary of the Morea,* London, 1817; *The Itinerary of Greece, Containing One Hundred Routes in Attica, Boeotia . . . and Thessaly,* London, 1819; *Narrative of a Journey in the Morea,* London, 1823.

Farbtafeln I – VII (S. 33–40)

I Eugène Delacroix, *Ein griechischer Kämpfer,* ca. 1820
Tinte und Wasserfarben, 29,2×22,7 cm
Signiert mit Initialen
Stavros Niarchos collection

Eugène Delacroix (1798–1863) ist vielleicht der philhellenische Künstler par excellence. Er hat vom Ausbruch der Revolution 1820 bis ein Jahr vor seinem Tod eine Vielzahl griechischer Themen bearbeitet. Sein erstes großes griechisches Werk, *Das Massaker von Chios,* wurde 1824 im Salon ausgestellt und bewegte zweifellos selbst die Herzen derer, die sich der griechischen Sache gegenüber indifferent verhielten. 1826 sandte er vier Gemälde an die Galerie Lebrun zur Unterstützung der Griechen (siehe *Revue encyclopédique,* XXX [1826], S. 578–580), unter denen sich wahrscheinlich auch *Das sterbende Griechenland auf den Ruinen von Missolunghi* befand, das im folgenden Jahr im Salon ausgestellt wurde. Mehr als irgendein anderes zeitgenössisches Gemälde verkörperte dieses Meisterwerk die Betroffenheit des philhellenischen Europa über die tragische Situation der Griechen.
BIBLIOGRAPHIE: René Huyghe, *Delacroix,* London, 1963, und *Delacroix and Greece,* Athen, 1971.

II James Stuart, *Stuart beim Zeichnen des Erechtheion,* 1751
Wasserfarben, 26,5×38,5 cm

Royal Institute of British Architects, London
Diese Ansicht findet sich mit kleinen Änderungen als Stich in Stuart und Revetts *Antiquities of Athens,* Band II, (1787), Kap. II, Tafel II. James Stuart (1713–88) traf Nicholas Revett in Rom. 1748 gaben die beiden die *Proposals for Publishing an Accurate Description of the Antiquities of Athens* heraus. Ihr Vorschlag zog die Aufmerksamkeit der Liebhabergesellschaft, *Society of Dilletanti,* auf sich. Mit Hilfe einiger ihrer Mitglieder konnten die beiden dann nach Athen reisen, wo sie vom März 1751 bis zum Herbst 1753 ihren Aufenthalt nahmen. Stuart fertigte dabei die künstlerischen Zeichnungen für die *Antiquities* an, während Revett die architektonischen beisteuerte. 1755 kehrten sie nach England zurück, nachdem sie auch die Inseln des Archipelagus besucht hatten. Obwohl Revett verantwortlich für die architektonisch vermaßten Zeichnungen war, die den *Antiquities* ihre unvergleichliche Bedeutung gaben, sollte es doch Stuart sein, der durch die Veröffentlichung berühmt wurde. Fortan trug er den Namen ›der Athenische Stuart‹.
BIBLIOGRAPHIE: James Stuart und Nicholas Revett, *The Antiquities of Athens Measured and Delineated,* 4 Bände, London, 1762–1816; Lesley Lawrence, »Stuart and Revett: Their Literary and Architectural Careers«, in *Journal of the Warburg and Courtauld Institutes,* 2 (1938), S. 128–146; D. Wiebensohn, *Sources of Greek Revival Architecture,* London, 1969; J. Mordaunt Crook, *The Greek Revival,* London, 1972.

III Louis François Cassas, *Hadrians Aquädukt,* 1775
Wasserfarben, 46×65 cm
Museum der Stadt Athen

Louis François Cassas (1756–1827) besuchte Griechenland um das Jahr 1775. Eine Folge von Werken in Aquatinta nach seinen griechischen Ansichten wurde 1813 veröffentlicht. Ihr Titel war:
Grandes vues pittoresques des principaux sites et monumens de la Grèce et de la Sicile et des sept collines de Rome. Dessinées et gravées . . . par MM. Cassas et Bence.
BIBLIOGRAPHIE: *Revue encyclopédique,* 37 (1828), S. 317–318; A. Boppe, *Les peintres du Bosphore au 18e siècle,* Paris, 1811, S. 151–153, 209–210.

IV Charles Lock Eastlake, *Byrons Traum,* 1829
Öl auf Leinwand, 114×167 cm
Ausgestellt in der Royal Academy, London, im Jahr 1829
Tate Gallery, London

Der dorische Tempel auf der rechten Seite ist der Tempel am Kap Sunion, während die Kolonnade am äußersten linken Rand das Tor zur Agora in Athen darstellt. Die Berge im Hintergrund malte Eastlake nach einer Skizze, die er im März 1824 in Neapel angefertigt hatte: »Die Berge an der Ostseite der Bucht sind genau, was ich mir für meine griechische Landschaft (›Byrons Traum‹) wünsche«, hatte er damals geschrieben (*Contributions to the Literature of the Fine Arts, 2nd Series,* mit einer Erinnerung von Lady Eastlake, London, 1870, S. 105).
Das Gemälde scheint sich an Turners *Ansicht des Tempels des Jupiter Panhellenius auf der Insel von Aigina mit dem griechischen Nationaltanz Romaika und der Akropolis von Athen in der Ferne,* das 1816 in der Royal Academy ausgestellt worden war, anzulehnen. Die Komposition ist stark geprägt durch eine Baumgruppe auf der linken Seite, der Jupitertempel erscheint in einem lichtüberfluteten Gebiet, und Turners waldige Hügel und Baumgruppen im Mittelgrund wurden durch ragende Zypressen ersetzt. Dennoch erreichte Eastlake eine erstaunliche Einheit von Effekt und Farbe: Der leuchtende Himmel, die dunkelblaue See, die rostfarbene Oberfläche der Säulen sind kunstvoll wiedergegeben, die klare Atmosphäre wie in natura vergegenwärtigt.
Sir Charles Lock Eastlake (1793–1865) erhielt 1819 von seinem Förderer, Jeremjah Harman, den Auftrag, Griechenland zu besuchen, um Skizzen der Landschaft anzufertigen. Eine Aufzählung aller griechischen Gemälde der Jahre 1820–21, 1826–29 und 1837 erscheint in Lady Eastlakes *Memoir* (siehe Bibliographie). Eine Folge seiner Aquarellskizzen griechischer Kostüme befindet sich in einer Privatsammlung in London.
BIBLIOGRAPHIE: Lady Eastlake, *A Memoir of Sir Charles Lock Eastlake,* London, 1869; *Sir Charles Lock Eastlake, P. R. A. 1793–1865,* Ausstellungskatalog, City Art Gallery, Plymouth, 1965; F. M. Tsigakou, ›Edward Lear in Greece‹, unveröffentlichte M. Phil. These, University College, London, 1977, S. 55–58; David Robertson, *Sir Charles Lock Eastlake and the Victorian Art World,* Princeton, N. J., 1977.

V E. F. Green, *Landschaft mit einem griechischen Mädchen,* 1835
Öl auf Leinwand, 61,5×48,5 cm
Signiert und datiert
Privatsammlung, Athen

Über E. F. Green ist, außer der Tatsache, daß er in der ersten Hälfte des neunzehnten Jahrhunderts künstlerisch tätig war, wenig bekannt. 1834 und 35 stellte er in der British Institution und der Society of British Artists eine Reihe von Werken mit griechischen Motiven aus.

VI Christian Perlberg, *Fest beim Olympieion,* 1838
Öl auf Leinwand, 51,5×59,5 cm
Nationalhistorisches Museum, Athen

Christian Johann Georg Perlberg (1806–84), ein Genremaler, besuchte Griechenland im Jahr 1834.
BIBLIOGRAPHIE: Johann Jakob Merlo, *Kölnische Künstler in alter und neuer Zeit,* Düsseldorf, 1895, S. 663ff.

VII Joseph Mallord William Turner, ›'S ist Hellas, doch es lebt nicht mehr!‹, 1822
Wasserfarben, 39×28 cm
Signiert und datiert
Museum der Stadt Athen

Turner hat Griechenland niemals besucht; allerdings war er einmal sehr nahe daran, als er 1799 in den Anfängen seiner Karriere von Lord Elgin gefragt wurde, ob er ihn als Zeichner auf seiner geplanten Expedition nach Athen begleiten wolle. Es ist kennzeichnend für Turner, daß er das Angebot aus finanziellen Gründen ablehnte.
Später erklärte Lord Elgin einem Ausschuß des Unterhauses, das den Ankauf seiner Sammlung erwog: »Ich wandte mich an solche Künstler hier, die mir als interessiert an meinem Vorhaben empfohlen worden waren, besonders aber an William Turner, ob sie auf meine Kosten mitreisen wollen. Mr. Tur-

ner hielt dagegen, daß der Gegenstand allgemeiner Natur sein würde und er nicht damit einverstanden sei, daß die Ergebnisse der Arbeit aller Künstler gesammelt und mir überlassen würden; statt dessen wünschte er, einen Teil seiner Arbeit zu eigenen Zwecken gebrauchen zu dürfen; außerdem dachte er an eine Entlohnung zwischen sieben- und achthundert Pfund, unabhängig von den bezahlten Spesen, was natürlich über meine Verhältnisse gegangen wäre.« (siehe A. H. Smith, ›Lord Elgin and his Collection‹, in *Journal of Hellenic Studies,* XXXVI [1916], S. 166). Dennoch benutzte Turner eine Anzahl griechischer Motive in seinen Werken, die er den Skizzen anderer Künstler entnahm. Die *Ansicht des Tempels des Jupiter Panhellenius auf der Insel von Aigina mit dem griechischen Nationaltanz Romaika und der Akropolis von Athen in der Ferne* (Öl auf Leinwand, 182×178 cm) war das einzige Turnersche Bild mit griechischem Motiv, das in der Royal Academy ausgestellt wurde (1816).
Turners spätere Griechenbilder sind im engen Bezug zu der zeitgenössischen Woge, die von Byrons *Childe Harold* ausgelöst wurde, zu sehen. Obwohl man angenommen hatte, daß Byronsche Themen erst nach der Ausstellung von Eastlakes *Byrons Traum,* besonders aber während der frühen dreißiger Jahre (siehe John Gage, ›Turner's Academic Friedships: C. L. Eastlake‹, in *Burlington Magazine,* CX [1968], S. 667–685) in Turners Werk Eingang fanden, ist es eine Tatsache, daß Turner bereits 1825 Illustrationen zu Byrons Gedichten anfertigte. Insgesamt waren es sechsundzwanzig Zeichnungen für drei verschiedene Ausgaben Byronscher Gedichte, die zwischen 1825 und 1834 veröffentlicht wurden: *Lord Byron's Works,* 11 Bände (mit sieben Stichen von Turner), London, John Murray, 1825; *The Works of Lord Byron: with his Letters and Journals and his Life, by Thomas More,* 17 Bände (mit siebzehn Vignetten von Turner), London, John Murray, 1832–34; *Finden's Landscape and Portrait Illustrations of the Life and Works of Lord Byron,* 3 Bände (mit den sieben Stichen der Ausgabe von 1825 und zwei neuen Tafeln), London, John Murray and Charles Tilt, 1833–34.

S. 42 J. L. David, nach einer Zeichnung von Antoine de Favray, *Ein griechisches Begräbnis*
Aus Pierre Augustin Guys, *Voyage littéraire de la Grèce, ou lettres sur les Grecs anciens et moderns,*
2 Bände, Paris, 1776
Stich, 16×20 cm

Der französische Maler Antoine de Favray (1706–98) trug den Titel eines Ritters des Malteserordens. Er lebte viele Jahre auf dieser Insel. Zwischen 1762 und 1771 ließ er sich in Konstantinopel als Maler des französischen Botschafters nieder. Dort traf er Guys, der ihn bat, eine Porträtfolge der Damen der phanariotischen Familien Konstantinopels anzufertigen. Favrays griechische Arbeiten erschienen in Guys' *Voyage,* die 1776 veröffentlicht wurde und 1783 eine revidierte Auflage erfuhr, als Illustrationen.
BIBLIOGRAPHIE: A. Boppe, *Les Peintres du Bosphore au 18e siècle,* Paris, 1911, S. 57–100.

S. 43 *Das sterbende Griechenland zwischen klassischen Ruinen,* 1782
Aus des Comte de Choiseul-Gouffier, *Voyage pittoresque de la Grèce,* 3 Bände, Paris, 1782–1802, Band I (1782), Frontispiz
Stich, 20×20 cm

Der Comte de Choiseul-Gouffier (1752–1817) besuchte Griechenland zum ersten Mal im Jahr 1776 als Mitglied der Französischen Wissenschaftlichen Expedition in den Mittelmeerraum. Zwanzig Jahre später wurde er zum französischen Botschafter in Konstantinopel ernannt, wo er bis 1793 blieb.
Eine genaue Bibliographie findet sich bei A. Koumarianou, ›Choiseul-Gouffier's Travels‹ (in Griechisch), in L. Droulia und andere, *Travels in Greece,* Athen, 1968, S. 46–48.

S. 44 Louis Dupré, *Ein Klephte*
Aus F. C. H. L. Pouqueville, *Voyage dans la Grèce . . . avec cartes, vues et figures,* 6 Bände, Paris, 1826–27, Band I, Frontispiz

Die Abbildung zeigt das Frontispiz des ersten Bandes von Pouquevilles *Voyage . . .,* die 1820–21 zum ersten Mal veröffentlicht wurde.
Der französische Arzt François Charles Henri Pouqueville war Mitglied der Napoleonischen Ägyptenexpedition. Auf der Rückreise nach Frankreich wurde sein Schiff 1799 von Piraten gekapert. Als diese die Küste der Morea anliefen, um sich Proviant zu besorgen, wurden alle ihre französischen Gefangenen von den Türken verhaftet, weil soeben der Türkisch-Französische Krieg ausgebrochen war. Pouqueville verbrachte sieben Monate in Tripolitza, bevor er nach Konstantinopel verlegt wurde, wo er ein weiteres Jahr im Gefängnis verbrachte. Nach seiner Rückkehr nach Frankreich veröffentlichte er einen Bericht seiner Abenteuer, den er *Voyage en Morée, à Constantinople, en Albanie et dans plusieurs parties de l'Empire othoman* betitelte und Napoleon widmete (erschienen Paris, 1805). Obwohl Pouqueville nur einige der Plätze auch wirklich besucht hatte, die er in seinem Buch beschreibt, war es so erfolgreich, daß es in die meisten europäischen Sprachen übersetzt wurde. Pouqueville wurde von Napoleon mit der Konsulschaft in Ioannina belohnt, wo er zehn Jahre (1806–1816) verbrachte. Während dieser Zeit hatte er Gelegenheit, ganz Griechenland zu bereisen und einen zuverlässigeren Bericht über das Land zu erstellen, der dann unter dem Titel *Voyage dans la Grèce* 1820 am Vorabend der Revolution erschien.

S. 45 Ferdinand Bauer, *Vignette mit einer Ansicht des Parnaß,* 1806
Aus *Flora Graeca,* Band I, London, 1806, Frontispiz
Kolorierte Lithographie, 34×21 cm

Der englische Botaniker John Sibthorp (1758–96) unternahm 1786–87 eine große Griechenlandreise, die er 1794–95 wiederholte. Auf der ersten Reise begleitete ihn der österreichische Künstler Ferdinand Bauer (1760–1826), der im ganzen Land Aquarellzeichnungen botanischer Musterstücke anfertigte. Sibthorp starb bald nach der Rückkehr nach England von seiner zweiten Reise. Die Ergebnisse seiner Studien der griechischen Flora wurden, versehen mit Bauers Illustrationen, zwischen 1806 und 1840 in zehn reichbebilderten Bänden herausgegeben. Ihr Titel war *Flora Graeca.*

S. 47 H. L. V. J. B. Aubry-Lecomte, *Chateaubriand und Mme de Staël unter Griechen,* 1827
Nach dem Originalgemälde von F. P. S. Gérard, *Korinna am Kap Miseno*
Lithographie, 25,5×29,5 cm

Das Originalgemälde von F. P. S. Baron de Gérard wurde von Madame Récamier erworben.
Die im Salon von 1827 ausgestellte Lithographie erhielt hohes Lob: »Eine der bemerkenswertesten Arbeiten, die aus französischen Steindruckpressen gekommen sind«, schrieb der *Courrier francais* (7. Dezember 1827) (siehe auch *Revue encyclopédique,* 35, [1827], S. 819). Die Originalvorlage war in Frankreich außerordentlich populär; Varianten dieser Komposition erscheinen vielfach auf Glas- und Porzellanarbeiten. Zusätzlich erfuhr die Figur Chateaubriands dankbare Nachahmer im lithographischen Gewerbe. Doch die beliebteste aller Figuren auf dem Bild war die des jungen Mannes auf der linken Seite: Viele lithographische Versionen seines Porträts erschienen unter dem Titel ›Le jeune Grec‹.
Der neoklassizistische Maler François Pascal Simon, Baron Gérard (1770–1837), hat Griechenland nie besucht. H. L. V. J. B. Aubry-Lecomte (1787–1858) war einer der besten französischen Lithographen des frühen neunzehnten Jahrhunderts.

S. 50 Eugène Delacroix, *Griechischer Kämpfer zu Pferde,* 1856
Öl auf Leinwand, 65,5×81 cm
Nationalgalerie, Athen

Delacroix behandelte ein ähnliches Thema in einem Gemälde, das er im Salon von 1827 unter dem Titel *Eine Episode aus dem gegenwärtigen Krieg zwischen Griechen und Türken* ausstellte (siehe René Huyghe, *Delacroix and Greece,* Athen, 1971).

S. 51 Louis Dupré, *Landschaft mit einem Griechen,* ca. 1830
Öl auf Leinwand, 51,5×36 cm
Benaki Museum, Athen

Das Bild ähnelt in Stil, Komposition und Pose sehr einem anderen in Duprés *Voyage à Athènes et Constantinople,* 1825, Tafel X, das ›Un Grec de Janina‹ betitelt ist.

S. 51 Antoine Charles Horace Vernet, *Die Niederlage,* 1827
Öl auf Leinwand, 44×34 cm
Signiert und datiert
Benaki Museum, Athen

Eine kritische Stellungnahme zu diesem Gemälde findet sich in den *Annales de l'Ecole française des Beaux Arts,* (1827), S. 67–69. Nach einer zeitgenössischen Beschreibung ist ein Grieche dargestellt, der über einem toten Türken steht und dessen Diener auffordert, den Kopf seines Herrn mit dem Schwert abzuschlagen.
Antoine Charles Horace Vernet (1758–1836), bekannt als ›Carle‹ Vernet, hat Griechenland nie besucht. Er zeigte im Salon von 1828 und der Ausstellung ›*au profit des Grecs*‹ in der Galerie Lebrun 1826 griechische Motive. Im erzbischöflichen Palast von Nikosia auf Zypern hängt eines seiner Gemälde mit dem Titel *Eine Szene aus dem griechischen Unabhängigkeitskrieg.*

S. 51 Richard Parkes Bonington, *Porträt eines jungen Griechen,* ca. 1825–26
Öl auf Leinwand, 35,5×27,5 cm
Benaki Museum, Athen

Das Bild ähnelt Delacroix' *Fürst Palatiano* (1826) und wurde ihm tatsächlich auch einmal zugeschrieben.
Richard Parkes Bonington (1801–28) hat Griechenland nie besucht, doch wurden von einem gewissen Monsieur Auguste, der weite Reisen in den Balkan unternommen hatte, viele Kostüme mit zurückgebracht. Bei seiner Arbeit am *Massaker von Chios* benutzte sie Delacroix, und auch Bonington mag sie zur selben Zeit als zeichnerische Vorlagen verwendet haben.

S. 52 Karl Krazeisen, *Griechen im Kampf zwischen klassischen Ruinen,* 1829
Öl auf Leinwand, 28,5×22 cm
Mike Krassakis collection, Köln

Dieselbe Komposition erscheint als Lithographie in Krazeisens *Bildnisse ausgezeichneter Griechen und Philhellenen nebst einigen Ansichten und Trachten,* München, 1828–31, Tafel III.
Karl Krazeisen (1794–1878) war 1826–27 in Griechenland als Subalternoffizier des Philhellenischen Regiments unter dem Kommando von Karl von Heydeck. Die Mehrzahl der von ihm angefertigten Zeichnungen befindet sich heute in der Nationalgalerie, Athen.
BIBLIOGRAPHIE: *Warriors of 1821: Twenty Pencil Drawings by Karl Krazeisen* (in Griechisch), Ausstellungskatalog, zusammengestellt von der Fine Art School, Athen, 1971.

Bronzenes Tintenfaß mit einer Statuette des sterbenden Markos Botsaris
Französisch, ca. 1835–40
Höhe: 10,5 cm

Nach einer Skulptur von David d'Angers, *Ein junges Mädchen bückt sich über einen Grabstein und entziffert den Namen von Botsaris,* heute in der Nationalgalerie, Athen.

Louis Dupré, *Die Jungfrau des Thyamis*
Aus L. Dupré, *Voyage à Athènes et Constantinople,* Paris, 1825
Lithographie, 21,5×21,5 cm

Thyamis ist der Name eines Flusses im Epirus.

S. 53 Joseph Denis Odevaere, *Byrons Tod,* 1826
Öl auf Leinwand, 166×234,5 cm. Signiert
Grœninge Museum, Brügge

Die Komposition erinnert an Davids *Marats Tod* (1793). Die Inschriften auf den Medaillons, die das Bett schmücken, sind Titel Byronscher Gedichte. Die Hand des Dichters ruht auf einer Lyra mit zerrissenen Saiten. Die antike Skulptur darüber, an der das Schwert des Dichters lehnt, trägt die griechische Inschrift ›Eleutheria‹, Freiheit. Der belgische Künstler Joseph Denis Odevaere (1775–1830) arbeitete für kurze Zeit in den späten siebziger Jahren unter David in Paris. Ein anderes seiner Bilder mit griechischem Motiv, *Die letzten Verteidiger von Missolunghi,* das von 1826 datiert, hängt im Rijksmuseum, Amsterdam.

S. 54 Lodovico Lipparini, *Byrons Eid in Missolunghi,* 1824
Öl auf Holz, 17×22 cm
Benaki Museum, Athen

Das Bild zeigt Byron, wie er auf dem Grab von Botsaris in Missolunghi einen Eid schwört. Die suliotische Familie der Botsaris weist eine lange Liste berühmter Kämpfer im griechischen Unabhängigkeitskrieg auf. Markos (1790–1823) war der heldenhafteste. Nach dem Fall von Suli im Juli 1822 trat er den griechischen Streitkräften in Missolunghi bei und wurde zum General ernannt. Er fiel am 9. August 1823 und wurde in Missolunghi begraben.
Eine andere Version dieses Motivs ist im Museo Civico von Treviso. Lodovico Lipparini (1800–56) malte eine ganze Folge von Werken, die durch die griechische Revolution inspiriert waren, unter denen auch *Tod eines Sulioten* (1839), *Ein Grieche sinnt über dem Schicksal seines Landes, Botsaris' Abschied, Der Tod von Markos Botsaris, Die Flucht aus Parga* und *Der Eid der Griechen gegenüber dem Erzbischof Germanos* zu finden sind (Zu Lipparinis historischen Themen siehe P. Barrocchi und andere, *Romanticisomo storico,* Florenz, 1974, S. 175, 306ff.).

S. 54 Ary Scheffer, *Ein junger Grieche verteidigt seinen verwundeten Vater,* 1827
Öl auf Leinwand, 45×37 cm
Benaki Museum, Athen

In einer athenischen Privatsammlung findet sich ein Wandteppich mit demselben Motiv (siehe oben Abb. S. 66). Obwohl Scheffer Griechenland nie besucht hat, malte er in den Jahren 1825 und 1830 eine Reihe von Werken, die durch die griechische Revolution inspiriert waren, darunter: *Die letzten Verteidiger von Missolunghi im Augenblick, als sie Feuer an das Pulver legen, das ihren Tod bringen wird; Junge griechische Mädchen erflehen während einer Schlacht den Schutz der hl. Jungfrau; Suliotische Frauen.*
BIBLIOGRAPHIE: *Ary Scheffer 1795–1858,* Ausstellungskatalog, Institut Néerlandais, Paris, Oktober-November 1980.

S. 55 Cesare dell' Acqua, *Griechische Mutter,* 1860
Öl auf Leinwand, 100×60 cm
Signiert und datiert
Georges Kouremetis collection, Brüssel

Der italienische Maler Cesare dell' Acqua (1821–1904) hat Griechenland nie besucht, doch führte er eine Folge von Bildern aus, die den zeitgenössischen Geschehnissen in Griechenland gewidmet waren.

S. 56 Ludwig Vogel, *Porträts griechischer Flüchtlinge in Zürich,* 1823
Bleistiftzeichnungen, 14,8×9,2 cm
Schweizerisches Landesmuseum, Zürich

Nach Ypsilantis erfolglosem Versuch, in die Moldau einzufallen, zerstreuten sich im März 1821 seine Streitkräfte. Nach einer Wanderschaft durch Rußland, Polen und Deutschland erreichten 160 seiner Männer – Griechen aus Makedonien, Thrakien, Epirus und von den Inseln – im Frühjahr 1823 die Schweiz. Dort finanzierte das Schweizer Philhellenische Komitee ihre militärischen Übungen, die unter der Führung von Major Faezi standen. Dieser Faezi gab dem schweizerischen Historienmaler Ludwig Vogel (1788–1879) den Auftrag, die Porträts der Krieger zu malen. Man plante, die Gemälde lithographieren zu lassen und zugunsten der Griechen zu verkaufen. Ob dies auch geschah, ist nicht bekannt. Zu dieser Zeit begann Vogel auch an einer großen historischen Komposition zu arbeiten, die er erst 1832 vollendete. Im selben Jahr wurde sie in Zürich dem Publikum vorgestellt. Nach einer zeitgenössischen Beschreibung zeigte es einen griechischen Kämpfer, der einer Gruppe von Knaben die heldenhaften Taten der Revolution erzählt. Einer der Knaben, der für die Komposition Modell stand, war der Sohn von Markos Botsaris, den Vogel 1830 in München getroffen und gezeichnet hatte (siehe ›Schweizerische Griechenhilfe 1822–28 im Spiegel der Schweizer Kunst‹, in *Neue Zürcher Zeitung,* 14. Februar 1944).

S. 56 Giovanni Boggi, *Porträt von Theodoros Kolokotronis,* 1825
Sepiazeichnung, 18×14 cm
Museum der Stadt Athen

Theodoros Kolokotronis (1770–1843), der den Beinamen ›Der alte Mann von Morea‹ trug, ist eine der Zentralfiguren der griechischen Geschichte im frühen neunzehnten Jahrhundert. Er begann seine lange Karriere als ›Bezwinger der Türken‹, indem er abwechselnd als Armatole (Angehöriger einer türkischen Hilfstruppe, die zumeist aus Christen bestand) und Klephte (griechischer Freiheitskämpfer) auftrat. 1810 trat er dem Griechischen Regiment bei, das Sir Richard Church auf den Ionischen Inseln ausgehoben hatte. Während der ganzen Revolution hielt er den Rang eines Generals der griechischen Truppen in Morea. In der Zeit der Bayerischen Regentschaft wurde er gefangengesetzt und zum Tode verurteilt, doch von König Otto begnadigt.
Giovanni Boggi (gest. 1832) hat Griechen-

land wahrscheinlich in den ersten Jahren der Revolution besucht, in denen er die Porträts der berühmtesten griechischen Führer zeichnete. Er veröffentlichte folgende Werke über Griechenland: *Collection de portraits des personnages Turcs et Grecs les plus renommées soit par leur cruauté, soit par leur bravoure dans la guerre actuelle de la Grèce, dessinés d'après nature par Boggi*, Paris, 1826–29.

S. 57 Adam Friedel von Friedelsburg, *Porträt der Lascarina Bouboulina*, 1827
Aus A. de Friedel, *The Greeks: Twenty-four Portraits . . . of the principal leaders and personages who have made themselves most conspicuous in the Greek Revolution*, London, 1825–27
Kolorierte Lithographie, 23×18,5 cm

Lascarina Bouboulina (1771–1825) war eine der Heldinnen des griechischen Unabhängigkeitskrieges. Tochter einer reichen hydriotischen Familie von Reedern und Kaufleuten, stellte sie ihre und ihres Mannes Schiffe der griechischen Marine während der Revolution zur Verfügung. Als Kapitän ihres eigenen Schiffes nahm sie an vielen Seeschlachten teil. Sie wurde von einem Angehörigen ihrer eigenen Familie ermordet.
Über den dänischen Philhellenen Adam Friedel von Friedelsburg, der sich Baron Friedel nannte, bis er von einem echten dänischen Fürsten, Waldamar von Qualen, entlarvt wurde, ist sehr wenig bekannt. Als Freund von Ypsilanti war er während der Revolutionskriege in Griechenland, ließ sich aber später in England nieder. Dort veröffentlichte er eine Serie lithographierter Porträts *The Greeks: Twenty-four portraits (in four parts of six portraits each) of the principal leaders and personages who have made themselves most conspicuous in the Greek Revolution, with or without biographical descriptions*, 1825–27
BIBLIOGRAPHIE: W. St. Clair, *That Greece Might Still Be Free*, London, 1972, S. 89, 376.

S. 58 Bronzene Uhr, geschmückt mit einer Statuette des Konstantinos Kanaris,
Französisch, ca. 1835–40
Angeliki Amandri collection, Athen

Konstantinos Kanaris (1790–1877), ein Matrose aus Psara, wurde als Anführer von Angriffen, die mit brennenden Schiffen gegen die türkische Marine vorgetragen wurden, berühmt. Er zerstörte das Flaggschiff von Kapitän Pascha 1822. Nach dem Unabhängigkeitskrieg trat er in die Politik ein. Er starb im Amt 1877.

Bronzene Uhr, geschmückt mit einer Szene aus dem griechischen Unabhängigkeitskrieg
Russisch, ca. 1825–30
Mike Krassakis collection, Köln

Porzellanvase mit einer Darstellung ›Kampf von Giaur und Pascha‹
Sèvres, Empire-Stil
Georges Kouremetis collection, Brüssel

S. 59 Porzellanteller mit einem Gruppenbild des Französischen Philhellenischen Komitees
Französisch, Mantereau-Manufaktur, ca. 1830

Die Inschrift lautet ›Griechisches Komitee, über das M. de Chateaubriand präsidiert‹. Chateaubriand erscheint etwas rechts über dem Tisch.

Notenheft zu ›Le dernier cri des Grecs‹,
Veröffentlicht in Paris, 1828

Die Illustration auf der Titelseite scheint sich an Charles Langlois' Gemälde *Die Griechen vernehmen die Neuigkeiten über die Schlacht von Navarino* (1827) zu orientieren.

Die Niederlage, Kaminschirm mit einer Darstellung nach dem Gemälde von Antoine Charles Horace Vernet
50×40 cm
Georges Kourmetis collection, Brüssel

S. 60 George Philip Reinagle, *Die Schlacht von Navarino*, 1827
Öl auf Leinwand, 126×203 cm
Ausgestellt in der Royal Academy, London, 1829 (424)
Fine Art Society, London

George Philip Reinagle (1802–35) begleitete die englische Flotte nach Griechenland und malte die Schlacht von Navarino. Zusammen mit anderen Motiven, die mit dieser Schlacht verknüpft waren, stellte er das Gemälde 1829–31 in der Royal Academy und der British Institution aus. Er veröffentlichte außerdem folgende Werke über Griechenland: *Illustrations of the Occurrences at the Entrance of the Bay of Patras, between the English Squadron and Turkish Fleets . . . 1827 . . . Dedicated . . . (to) . . . Vice Admiral Sir Edward Codrington*, London, 1828; *Illustrations of the Battle of Navarin . . . Dedicated . . . (to) . . . H. R. H. the Duke of Clarence*, London, 1828.

S. 60 George Cruickshank, *Das Mahl der Großmächte nach der Schlacht von Navarino*, 1827
Kolorierte Lithographie, 24×34 cm

Der Untertitel zu Cruickshanks Karikatur lautet: ›Die *alliierten Vielfraße* nehmen ihr Mahl ein; oder der *Truthahn* (die Türkei) in *Gefahr*‹. Auf der Darstellung sitzt der russische Admiral Berenski zwischen Sir Edward Codrington und De Rigny; der Vertreter Österreichs hinter De Rignys Stuhl beobachtet neidvoll die Szene. Die Bilder an der Wand tragen die Titel ›Jack im Serail‹ und ›Schlacht von Navorina‹ (sic).

S. 61 Charles Langlois, *Das Treffen von General Maison und Ibrahim Pascha an der Bucht von Patras*, 1828 (Detail)
Lithographie, 23,5×19 cm

Im August 1828 wurde eine französische Expeditionsstreitmacht unter dem Befehl von General Maison nach Patras entsandt. Am 5. Oktober nahmen die französischen Truppen Besitz von der Stadt.
Das Originalgemälde von Charles Langlois (1789–1870) befindet sich heute im Musée de Versailles, zusammen mit seinem Gegenstück *Das Treffen von General Maison und Ibrahim Pascha in Navarino*. Ein weiteres griechisches Gemälde von Langlois, der selbst nie in Griechenland war, ist heute im Palais de Compiègne.

S. 62 Unbekannter französischer Maler, *Küstenszene in Morea mit griechischen und französischen Soldaten*, 1828
Öl auf Leinwand, 45,5×52 cm
Privatsammlung, München

Die äußerste Erschöpfung Griechenlands hielt die Regierung Kapodistrias davon ab, die Ägypter vom Peloponnes zu vertreiben. Direktes Handeln der Alliierten war nötig, um das Land zu befreien.
Die französische Regierung entschloß sich, zur Vertreibung Ibrahims eine Armee zu entsenden, da andernfalls eine Befriedung Griechenlands durch den Neid der Russen und Engländer aufeinander unbegrenzt verzögert worden wäre. Am 19. Juli 1828 wurde ein Protokoll unterzeichnet, in dem Frankreichs Angebot angenommen wurde; und am 30. August landete eine vierzehntausend Mann starke Armee unter dem Befehl von General Maison in Petalidi am Golf von Koron. Die Konvention, die Codrington in Alexandria verabschiedet hatte, war unwirksam geblieben. Also mußten die imposanten Streitkräfte des französischen Generals Ibrahim zur Unterzeichnung einer neuen Konvention zwingen, die den sofortigen Abzug aus Morea forderte.
Dieses Abkommen wurde am 7. September 1828 unterzeichnet, woraufhin die erste Division der ägyptischen Armee, die aus fünftausendfünfhundert Männern bestand, sich am 16. des Monats in Navarino einschiffte . . . Navarino, Modon und Koron fielen in die Hände der Franzosen . . . Frankreich hatte auf diese Art die Ehre, Griechenland von den letzten seiner Unterdrücker zu befreien und verstärkte die Dankesschuld noch durch das bewundernswerte Betragen der französischen Soldaten. (George Finlay, *A History of Greece from its Conquest by the Romans to the Present Time*, London, 1857, Band VII, S. 26–27).

S. 64 Karl Friedrich Schinkel, *Entwurf zu einem Königspalast auf der Akropolis*, 1834
Aus K. F. Schinkel, *Entwurf zu einem Königspalast auf der Akropolis zu Athen*, Berlin, 1878
Kolorierte Lithographie, 32×75 cm

Karl Friedrich Schinkel (1781–1841) hat Griechenland nie besucht. Als Freund des bayerischen Kronprinzen Maximilian wurde er von diesem gebeten, für dessen Bruder Otto einen Plan für einen Königspalast auf der Akropolis in Athen zu entwerfen. Der Plan wurde nie ausgeführt.
Schinkel veröffentlichte die folgenden Werke über Griechenland: *Entwurf zu einem Königspalast auf der Akropolis zu Athen. Für die Ausführung erfunden von Karl Friedrich Schin-*

kel. Vierte Ausgabe, Berlin, 1878; *Sammlung architektonischer Entwürfe, enthaltend theils Werke, welche ausgeführt sind, theils Gegenstände, deren Ausführung beabsichtigt wurde,* Berlin, 1828–40.
BIBLIOGRAPHIE: ›Schinkels Traum von einem Königspalast auf der Akropolis zu Athen‹, in *Atlantis,* 6 (1934), S. 129–134; Paul Ortwin Rave, *Ein Blick in Griechenlands Blüte,* Berlin, 1946; R. Carter, ›K. F. Schinkel's Project for a Royal Palace on the Acropolis‹, in *Journal of the Society of Architectural Historians* (USA) XXXVIII, I (März 1979), S. 34–46.

S. 65 Peter von Hess, *König Ottos Ankunft in Nauplion am 6. Februar 1833,* 1839
Öl auf Leinwand, 273×416 cm
Bayerische Staatsgemäldesammlungen, München

»König Otto verließ die englische Fregatte, die ihn am 6. Februar 1833 nach Griechenland brachte. Sein Einzug in Nauplion war ein wohlkalkuliertes Spektakel, das die Griechen mit Begeisterung erfüllen sollte. . . .
Die Szene selbst bot ein herrliches Bild . . . Griechen und Albanier, Leute aus den Bergen und von den Inseln, Soldaten, Matrosen, auch Bauern, die in den verschiedenartigsten malerischen Trachten gekommen waren, bejubelten den jungen Monarchen . . . Zwischen den fröhlich geschmückten Fregatten des alliierten Geschwaders glitten Boote mit ganzen Familien, die farbenfroh gekleidet waren, über den ruhigen Meeresspiegel dahin. Musik von vielen Kapellen auf den Schiffen und an der Küste belebte die Szenerie, während das von allen Seiten zu hörende Krachen der Kanonen zu der Zeremonie mit beeindruckendem Pomp beitrug. Die Uniformen vieler Armeen und Marinen, dazu der Klang verschiedenster Sprachen, bezeugten das Interesse, das die meisten zivilisierten Nationen durch die Entsendung von Teilnehmern an diesem Fest der griechischen Wiedergeburt gezeigt hatten.
Die Natur war in vollkommener Harmonie. Die Sonne schien warm, die Luft war erfüllt von frühlingshaften Düften und eine leichte Brise erfrischte das Land von See her. Die Landschaft war schön und erinnerte an die glorreiche Vergangenheit. Die weißen Gebäude der türkischen Stadt von Nauplion schimmerten am Fuß der venezianischen Befestigungen und der Zyklopenmauern, die das felsige Vorgebirge bekrönen. Die Bergzitadelle des Palamedes blickte finster über beide hin und das Inselfort von Burdjé, das sich in die Geschichte der Revolution eingeschrieben hat, stand wie eine Wache im Hafen.« (George Finlay, *A History of Greece from its Conquest by the Romans to the Present Time,* London, 1857, Band VII, S. 104–105)
Peter von Hess (1792–1871) begleitete im Januar 1833 König Otto nach Griechenland und verbrachte dort neun Monate, während derer er an einem Auftrag Ludwig I. von Bayern arbeitete: Er sollte Ottos Ankunft in einem Gemälde festhalten und außerdem eine Reihe historischer Motive entwerfen, die sich mit Ereignissen aus dem Revolutionskrieg beschäftigten. Seine Werke befinden sich heute in der Neuen Pinakothek, im Stadtmuseum und der Graphischen Sammlung in München. Seine Bildfolge aus dem Revolutionskrieg wurde lithographiert und unter dem Titel *Die Befreiung Griechenlands in 39 Bildern, entworfen von Peter von Hess* veröffentlicht.
BIBLIOGRAPHIE: B. Reinhardt, *Der Münchner Schlachten- und Genremaler Peter von Hess,* München, 1977; M. Papanikolaou, »Portraits of the Warriors of 1821 by Peter von Hess« (in Griechisch), in *Zygos,* 39 [Januar-Februar 1980], S. 86–90).

Peter von Hess, *König Otto wird vom griechischen Patriarchen am 13. Januar 1835 vor dem Theseion empfangen,* 1835
Öl auf Leinwand, 250×410 cm
Bayerische Staatsgemäldesammlungen, München.

S. 66 Alexandre Marie Colin, *Landschaft mit einem griechischen Jungen,* 1831
Öl auf Leinwand, 44×36 cm
Benaki Museum, Athen

Der französische Maler Alexandre Marie Colin (1798–1873) hat Griechenland nie besucht. In den zwanziger Jahren des letzten Jahrhunderts war er Mitglied eines Zirkels romantischer Maler in Paris, zu dem auch Delacroix, Géricault und Bonington gehörten; alle drei wurden übrigens von Colin porträtiert. Seine besondere Zuneigung gehörte Bonington, doch wurden dessen gesamte Briefe an ihn später von seinem Sohn vernichtet. 1825 verbrachten die beiden Freunde zwei Monate zusammen in London, während derer sie in Acton Street Nr. 7, einer Nebenstraße der Gray's Inn Road, wohnten. 1826 stellte Colin verschiedene Motive nach Byrons Gedichten in der Galerie Lebrun aus. Als erfahrener Lithograph fertigte er von vielen Werken Géricaults Lithographien an. Siehe auch *Historical Illustrations of Lord Byron's Works in a Series of Etchings, by Reveil, from Original Paintings, by A. Colin,* London, Charles Tilt, 1833.

Ein junger Grieche verteidigt seinen verwundeten Vater, Bildteppich nach dem Gemälde von Ary Scheffer
320×200 cm
Privatsammlung, Athen
Siehe auch unten Abb. S. 54.

S. 67 Charles Lock Eastlake, *Griechische Flüchtlinge,* 1833
Öl auf Leinwand, 95×134 cm
Ausgestellt in der Royal Academy, London, im Jahr 1833
Benaki Museum, Athen

William Finden meint zu diesem Werk in seiner Royal Gallery of British Art (1838): »Mr. Eastlake hat hier seine Vorstellung einer Szene voller Angst und Leiden wiedergegeben und in der Brust eines jeden Betrachters eine tiefe Anteilnahme am Schicksal der Beteiligten dieses Dramas erweckt.«

S. 67 Lodovico Lipparini, *Alter griechischer Kämpfer,* 1842
Bleistiftzeichnung, 9×13 cm
Signiert und datiert
Benaki Museum, Athen

S. 68 Unbekannter französischer Maler, *Französische Touristen besuchen die Akropolis,* ca. 1860
Gouache, 25×40 cm
Georges Kouremetis collection, Brüssel

Der Reiter in der Mitte ist der Direktor des *Figaro.*

S. 69 John Linton, *Schäfer und Schäferin,* ca. 1850
Öl auf Leinwand, 22×30 cm
Benaki Museum, Athen

In der Ferne ist die Akropolis, umgeben von imaginären klassischen Bauwerken, zu sehen. Das Relief im linken Vordergrund ist mit einem pastoralen Thema geschmückt.

S. 70 Ludwig Köllnberger, *Das berühmte Athener Kaffeehaus ›Orea Hellas‹,* 1837
Wasserfarben, 20×20 cm
Nationalhistorisches Museum, Athen

Diese Szene zeigt die athenische Gesellschaft zur Zeit König Ottos gleichsam auf einen Raum zusammengedrängt: Die Männer rechts sind Pallikaren, die Fustanellas tragen, links verwestlichte Griechen, die französische Kleider tragen; zur äußersten Linken sind einige bayerische Soldaten versammelt. Der Billardtisch in der Mitte muß einer der ersten Athens gewesen sein. Im politischen Leben des modernen Griechenland haben Kaffeehäuser eine wichtige Rolle gespielt. Das ›Orea Hellas‹, das ›Schöne Griechenland‹, war ein Kaffeehaus, in dem man die ausländische Presse studieren konnte. Von hier aus nahmen viele der politischen Unruhen in Griechenland während der Regierungszeit Ottos ihren Ausgang.
Ludwig Köllnberger (1811–1892) wurde 1833 als Subalternoffizier der Bayerischen Armee nach Griechenland entstandt und blieb dort bis 1838. Das Nationalhistorische Museum, Athen, bewahrt eine Reihe seiner Aquarelle auf.
BIBLIOGRAPHIE: I. Meletopoulos, *The Early Years of the Othonian Period as Illustrated in the Watercolours by Köllnberger* (in Griechisch), Athen, 1976.

S. 73 Ludwig Thiersch, *Porträt einer griechischen Dame,* ca. 1870
Öl auf Leinwand, 124×83 cm
Nationalgalerie, Athen

Modell für dieses Bild war Kleoniki, die Schwester des griechischen Gelehrten und Diplomaten Ioannes Gennadios (1844–1932).
Ludwig Thiersch (1825–1909), der Sohn des Philhellenen F. Thiersch, ging im Jahr 1852 nach Athen. Er verbrachte dort drei Jahre

als Professor für Malerei an der Schule der Schönen Künste. Einige seiner Werke befinden sich heute in der Nationalgalerie, Athen. Thiersch malte den Freskenschmuck der Russischen Kirche in Athen (1854–55), der griechischen Kirche der Heiligen Dreieinigkeit in Wien (1856), der griechischen Kirche der Hagia Sophia in Manchester (1880–81) und der griechischen Kirche des Hl. Stephan in Paris (1892).
BIBLIOGRAPHIE: D. Papastamos, *The Effect of Nazarene Thought on Modern Greek Church Painting* (in Griechisch), Athen, 1977.

S. 74 Gustave Doré, *Szene mit griechischen Banditen*
Aus Edmond About, *Le Roi des montagnes*, 5. Auflage, Paris, 1861
Radierung.

S. 75 Gustave Doré, *Szene mit griechischen Banditen*
Aus Edmond About, *Le Roi des montagnes*, 5. Auflage, Paris, 1861
Radierung.

S. 76 Jean Léon Gérome, *Das Atelier von Tanagra*, ca. 1850
Öl auf Leinwand, 74×104 cm
Fine Art Society, London

Jean Léon Gérome (1824–1904) war einer der Köpfe der Neugriechischen Schule in Frankreich.

S. 77 Lord Leighton, *Griechische Mädchen beim Ballspiel*, 1889
Öl auf Leinwand, 74×78 cm
Dick Institute, Kilmarnock

Frederick Lord Leighton (1830–96) besuchte Rhodos und Athen im Jahr 1867. Nach seiner Rückkehr nach England malte er viele Werke klassischer Thematik.
BIBLIOGRAPHIE: Leonée und Richard Ormond, *Lord Leighton*, London, 1975.

Teil II

Tafeln 1–6 (S. 82–87)

1 Joseph Cartwright, *Stadt und Zitadelle von Korfu*, 1820
Wasserfarben, 21×35,5 cm
Benaki Museum, Athen

Joseph Cartwright (1789–1829) war Generalzahlmeister der englischen Garnison in Korfu von 1816 bis 1820. 1821 veröffentlichte er seine *Views in the Ionian Islands*, 1822 die *Selections of the Costume of Albania and Greece*. Die umfangreichste Sammlung seiner Aquarellansichten Griechenlands und der Ionischen Inseln befindet sich heute im Benaki Museum, Athen.
BIBLIOGRAPHIE: Joseph Cartwright, *Views in the Ionian Islands*, mit einer Einführung von A. Delivorrias und F. M. Tsigakou, Athen, 1980.

2 John Frederick Lewis, *Ansicht der Zitadelle von Korfu aus der Ferne*, 1840
Wasserfarben, 25×40,5 cm
Mit Inschrift ›*Corfu J. F. Lewis July 14 1840*‹
British Museum, London

John Frederick Lewis (1805–76) besuchte Korfu und Epirus 1840 auf der Durchreise nach Kleinasien.
BIBLIOGRAPHIE: Hugh Stokes, ›J. F. Lewis‹, in *Walker's Quarterly*, 1929.

3 Edward Lear, *Capo Ducato oder Sapphos Sprung auf Santa Maura (Leukas)*, 1863
Aus Edward Lear, *Views in the Seven Ionian Islands*, London, 1863, Tafel XI
Lithotinto, 23,5×36,5 cm

Edward Lear (1812–88) besuchte Griechenland zum ersten Mal 1848–49. Von 1855–58 und wieder von 1861–64 lebte er auf Korfu. Lear reiste durch weite Teile Griechenlands. Bis zu seiner Rückkehr nach England 1864 hatte er zweitausend Zeichnungen mit griechischen Motiven und Landschaften vollendet. Lears Werk bietet dem Interessierten die vollständigste Sammlung griechischer Landschaften in der Mitte des neunzehnten Jahrhunderts. Der größte Teil seines Werks befindet sich heute in Harvard, im Benaki Museum, der Gennadeios Bibliothek und dem Stadtmuseum, alle in Athen. Außerdem sind viele seiner Werke in griechischem und englischem Privatbesitz.
Lear veröffentlichte zwei Werke über Griechenland: *Journals of a Landscape Painter in Albania, & c.*, London, 1851, und *Views in the Seven Ionian Islands*, London, 1863.
BIBLIOGRAPHIE: Lady Strachey (Hrsg.), *Letters of Edward Lear*, London, 1907, und *Later Letters of Edward Lear*, London, 1911; Vivien Noakes, *Edward Lear. The Life of a Wanderer*, London, 1968; F. M. Tsigakou, »Edward Lear in Greece«, unveröffentlichte M. Phil. These, University College, London, 1977.

4 Edward Dodwell, *Ansicht von Ithaka*, 1801
Aus E. Dodwell, *Views in Greece*, London, 1821
Kolorierte Aquatinta, 25×40 cm

Edward Dodwell (1767–1832) besuchte Griechenland 1801 und wieder 1804–1806. Er veröffentlichte folgende Werke über Griechenland: *A Classical and Topographical Tour through Greece*, 2 Bände, London, 1819; *Views in Greece*, London, 1821.

5 Edward Lear, *Ansicht von Parga*, 1864
Öl auf Leinwand, 17,8×28 cm
Signiert mit Monogramm und datiert
Privatsammlung, London.

6 Edward Lear, *Die Felsen von Suli*, 1849
Wasserfarbe und Gouache, 16×25 cm
Versehen mit der Inschrift ›Suli 1849‹ und mit Monogramm signiert
Ashmolean Museum, Oxford.

Farbtafeln VIII–XIV (S. 89–96)

VIII Joseph Schranz, *Stadt und Zitadelle von Korfu vom Hafen aus*, ca. 1840
Öl auf Leinwand, 33×49 cm
Museum der Stadt Athen

Außer seiner malteser Herkunft und der Entstammung aus einer Künstlerfamilie ist wenig über Joseph Schranz bekannt. Schranz besuchte 1834 Kreta zusammen mit Robert Pashley, wahrscheinlich besuchte er auch die Ionischen Inseln und Athen, da viele seiner Gemälde mit Ansichten dieser Orte noch heute im Benaki Museum, dem Stadtmuseum von Athen und in griechischen Privatsammlungen zu finden sind. Schranz lieferte zu folgenden Werken Illustrationen: Robert Pashley, *Travels in Crete*, 2 Bände, London, 1837; Captain T. A. B. Spratt, *Travels and Researches in Crete*, 2 Bände, London, 1865.

IX Edward Lear, *Ansicht der Stadt Zante vom Burghügel aus*, 1863
Bleistift, Feder und Wasserfarben, 35,8×53,9 cm
Mit der Inschrift »Da ich in der Sonne sitzen mußte, war es mir wegen der Fliegen nicht möglich, zu zeichnen. Zante, 26. Mai 1863«
versehen.
Fine Art Society, London.

X Edward Lear, *Ansicht von Argostoli auf Kephalenia*, 1864
Öl auf Leinwand, 68,6×113 cm
Signiert mit Monogramm und datiert
Fine Art Society, London.

XI William Gell, *Das Tal von Tempe*, 1805
Wasserfarben, 18,5×26,5 cm
Benaki Museum, Athen.

XII Edward Lear, *Das Kloster Dionysiu, Berg Athos*, 1862
Öl auf Leinwand, 67×112 cm
Signiert mit Monogramm und datiert
Museum der Stadt von Athen.

XIII Edward Lear, *Ansicht des Parnaß und der Ebene von Böotien*. 1862
Öl auf Leinwand, 24,5×38,5 cm
Signiert mit Monogramm und datiert
Privatsammlung.

XIV Karl Rottmann, *Die Ebene von Chaironeia und der Kopais-See*, 1835
Wasserfarben, 25,9×36,2 cm
Staatliche Graphische Sammlung, München.

Karl Rottmann (1797–1850) war 1834–35 in Griechenland. Er hatte den Auftrag, für die Galerie der Königlichen Gärten in München eine Serie mit Landschaftsbildern auszuführen.

Tafeln 7–34 (S. 98–127)

7 William Haygarth, *Ansicht von Ioannina*, 1810
Sepia und Wasserfarben, 17,5×25 cm
Datiert ›Aug. 1810‹.
Gennadeios Bibliothek, Athen

Sehr wenig ist über William Haygarth (1784–1825) bekannt. Er besuchte Griechenland 1810–11, 1814 veröffentlichte er *Greece, a Poem, in Three Parts; with Notes, Classical Illustrations, and Sketches of the Scenery*. Die Originalzeichnungen Haygarths in Sepia für dieses Buch befinden sich zusammen mit einem Skizzenbuch von 1811 in der Gennadeios Bibliothek, Athen.
BIBLIOGRAPHIE: T. Spencer, *Fair Greece, Sad*

Relic, Bath, 1974, S. 281; M. C. Magnin, ›De la Grèce véritable‹, in *Causeries et méditations historiques et littéraires*, Band II, 1843, S. 1–10.

8 William Page, *Der See von Ioannina*, ca. 1820
Aus *Finden's Illustrations to Murray's First Complete and Uniform Edition of the Life and Works of Lord Byron*, 17 Bände, London 1832–34
Stich, 8,5×13,5 cm

Wann genau William Page (1794–1879) Griechenland besucht hat, ist nicht bekannt, doch muß es vor 1822 gewesen sein.
BIBLIOGRAPHIE: J. H. Money, ›The Life and Work of William Page‹. *Old Watercolour Society Club*, 1972 (mit einem Katalog von Pages griechischen Werken); C. W. J. Eliot, ›Lord Byron, Father Paul and the Artist William Page‹, in *Hesperia: Journal of the American School of Classical Studies at Athens*, XLIV, 4 (Oktober-Dezember 1975), S. 409–425.

9 Charles Robert Cockerell, *Ein griechisches Haus in Ioannina*, 1811
Aus The Rev. Thomas Smart Hughes, *Travels in Sicily, Greece and Albania*, London, 1820, Band I
Radierung, 18×23,5 cm

10 Edward Lear, *Ansicht von Meteora*, 1848/63
Mit Weiß gehöhte Wasserfarben, 16,5×25,4 cm
Signiert mit Monogramm und datiert ›1848 1863‹.
Privatsammlung.

11 Otto Magnus von Stackelberg, *Das Kloster des Barlaam in Meteora*, 1812
Aus O. M. von Stackelberg, *La Grèce. Vues pittoresques et topographiques*, Paris, 1834
Lithographie, 32×25 cm

Otto Magnus Baron von Stackelberg (1787–1837) reiste 1810 in Begleitung Haller von Hallersteins durch Griechenland. Im Frühjahr 1811 unternahm er eine kurze Tour nach Kleinasien und kehrte 1812 nach Griechenland zurück, wo er bis 1814 blieb. Er veröffentlichte die folgenden Werke über Griechenland: *Der Apollotempel zu Bassae in Arkadien und die daselbst ausgegrabenen Bildwerke*, Rom, 1826; *Costumes et usages des peuples de la Grèce moderne*, Rom, 1825; *Trachten und Gebräuche der Neugriechen*, Berlin, 1831; *Le Grèce. Vues pittoresques et topographiques*, Paris, 1834; *Die Gräber der Hellenen*, Berlin, 1837.
BIBLIOGRAPHIE: G. Rodenwaldt, *O. M. von Stackelberg*, der *Entdecker der griechischen Landschaft*, München/Berlin, 1957.

12 Joseph Cartwright, *Ansicht von Larissa mit dem Peneios*, 1820
Wasserfarben, 42×64 cm
Benaki Museum, Athen.

13 Simone Pomardi, *Das Dorf Portaria am Berg Pelion*, 1806
Aus Edward Dodwell, *Views in Greece*, London, 1821
Kolorierte Aquatinta, 25×31 cm

Simone Pomardi (1760–1830), ein Aquarellist, besuchte Griechenland an der Wende zum neunzehnten Jahrhundert. Er gehörte zu den vielen Künstlern, die ihren Lebensunterhalt damit bestritten, an Reisende Bilder der Landschaft und der klassischen Kunstdenkmäler zu verkaufen.
BIBLIOGRAPHIE: E. Dodwell, *A Classical and Topographical Tour through Greece*, London, 1819, Band II, S. 457.

14 Edward Lear, *Ansicht von Saloniki mit dem Thermäischen Golf*, 1848
Wasserfarben und Gouache, 17,5×37,5 cm
Signiert mit Monogramm
Ashmolean Museum, Oxford.

15 Edward Lear, *Das Kloster von Kutlumusiu, Berg Athos*, 1856
Mit Weiß gehöhte Wasserfarben, 33,7×50,8 cm
Mit der Inschrift ›Koutloumousi, Sept. 1. 1856. (2).‹ versehen
Privatsammlung, Oxford.

16 Hugh William Williams, *Eine Straße in Patras*, 1817
Wasserfarben, 35,8×49,8 cm
Benaki Museum, Athen

Hugh William Williams (1773–1829) unternahm 1817 eine ausgedehnte Reise durch Griechenland und veröffentlichte folgende Werke über das Land: *Travels in Italy, Greece and the Ionian Islands, in a Series of Letters*, 2 Bände, Edinburgh, 1820; *Select Views in Greece*, Edinburgh, 1827–28; 1822 veranstaltete er eine Ausstellung seiner griechischen Bilder in Edinburgh (siehe *Views in Greece, Italy, Sicily, and the Ionian Islands, Painted in Watercolours by H.W. Williams*, Ausstellungskatalog, Calton Convening Rooms, Waterloo Place, Edinburgh, 1822).
Die Mehrzahl von Williams' griechischen Werken befindet sich heute in der National Gallery of Scotland, Edinburgh.
BIBLIOGRAPHIE: William Hazlitt, *Essays on the Fine Arts*, Hrsg. W. C. Hazlitt, London, 1873, S. 141–144; D. und F. Irwin, *Scottish Painters*, London, 1975.

17 William Purser, *Ansicht von Missolunghi mit Lord Byrons Haus*, 1824
Wasserfarben, 14×22 cm
Auf der Rückseite signiert und datiert ›21 May 1824‹.
Benaki Museum, Athen

Der englische Architekt William Purser (ca. 1790–1834) reiste von 1817 bis 1820 durch Italien und Griechenland.
BIBLIOGRAPHIE: H. M. Colvin, *A Biographical Dictionary of English Architects, 1660–1840*, London, 1954.

18 Edward Dodwell, *Ein Mahl in einem griechischen Haus in Krissa*, 1801
Wasserfarben, 26×40 cm
Benaki Museum, Athen

Diese Szene erscheint als Stich in Dodwells *Views in Greece*, London, 1821, Tafel 2.

19 Edward Lear, *Ansicht des Dorfes Kastri, Delphi*, 1849
Feder und Wasserfarben, 40,6×50,6 cm
Mit der Inschrift, ›Delphi, April 16. 1849‹ versehen.
Gennadeios Bibliothek, Athen.

20 André Louis de Sinety, *Der Kastalische Quell in Delphi*, 1847
Aus *Voyage de S. A. R. Monseigneur le duc de Montpensier à Tunis, en Egypte, en Turquie et en Grèce*, Paris, 1847.
Kolorierte Lithographie, 43,5×26,5 cm

Der französische Marineoffizier André Louis de Sinety besuchte Griechenland 1845–46 als Kapitän der *Gomer*, auf der der Sohn des Königs Louis-Philippe, der Duc de Montpensier, eine Mittelmeerkreuzfahrt unternahm. Die Skizzen, die De Sinety auf dieser Reise anfertigte, erschienen als eine Lithographienfolge unter dem Titel *Voyage de S. A. R. Monseigneur le duc de Montpensier à Tunis, en Egypte, en Turquie et en Grèce*, die Antoine de Latour 1847 in Paris herausgab. Die meisten der Originalskizzen befinden sich heute in athenischen Privatsammlungen.

21 John Fulleylove, *Die Stoa der Athener in Delphi*, 1895
Bleistift und Wasserfarben, 19,3×27,9 cm
Signiert und datiert ›6 May 95‹
Fine Art Society, London

John Fulleylove (1847–1908) besuchte Griechenland 1895. 1898 stellte er in der Royal Academy ein Werk mit griechischem Motiv aus.
BIBLIOGRAPHIE: *Catalogue of the Work by the Late J. Fulleylove*, R. I., Langham Chambers, London, 1908 (Verkaufskatalog).

22 William Walker, *Ansicht von Levadia*, 1803
Aus W. Walker, *Six Picturesque Views of Greece*, London, 1804
Kolorierte Aquatinta, 38×50 cm

William Walker (1780–1868) besuchte Griechenland 1803 zusammen mit dem Architekten Robert Smirke. Er stellte in der Royal Academy achtzehn Werke mit griechischer Thematik aus, und zwar in den Jahren 1805, 1807, 1829, 1830 und 1833.
BIBLIOGRAPHIE: J. L. Roget, *A History of the ›Old Watercolour‹ Society*. London, 1891, Band I, S. 357–358.

23 Hugh William Williams, *Ansicht von Theben*, 1819
Wasserfarben, 48×70 cm
Signiert und datiert
Benaki Museum, Athen (Geschenk von Sir Steven Runciman)

24 Théodore du Moncel, *Ansicht von Eleusis*, ca. 1843
Aus Th. du Moncel, *De Venise à Constantinople à travers la Grèce*, Paris, (1843?), Tafel 25
Kolorierte Lithographie, 25×38 cm

Théodore Achille Louis Vicomte du Moncel (1821–84) besuchte Griechenland 1843 und wieder 1845. Er stellte 1846–49 griechische Themen im Salon aus und veröffentlichte die folgenden illustrierten Werke über Griechenland: *Excursion par terre d'Athènes à Nauplie*, Paris, (1845?); *Vues pittoresques des monuments d'Athènes*, Paris, 1845; *De Venise à Constantinople à travers la Grèce*, Paris, (1843?).

25 Raffaello Ceccoli, *Ansicht der Akropolis mit dem Theater des Herodes Atticus*, ca. 1850
Öl auf Leinwand, 60,5×80,5 cm
Nationalgalerie, Athen

Über den italienischen Künstler Raffaello Ceccoli, der wegen einer Krankheit seiner Tochter 1839 mit ihr nach Korfu zog, ist wenig bekannt. Sie blieben bis 1843 auf den Ionischen Inseln. Dann brachte Cecccoli seine Tochter auf die Insel Poros, während er selbst an der Schule der Schönen Künste in Athen eine Stelle als Lehrer annahm. Die Tochter starb 1849, er selbst kehrte 1852 nach Italien zurück. Ein von Ceccoli gemaltes Porträt seiner Tochter hängt im Kloster von Poros, einige seiner Ansichten von Athen und Porträts von Helden der Revolution in der Nationalgalerie und dem Benaki Museum, Athen.

26 Henry Cook, *Ansicht von Athen von der Straße nach Eleusis aus*, 1850
Wasserfarben, 42×68 cm
Privatsammlung, Athen

Auf seinem Weg nach Konstantinopel stattete der englische Architekt Henry Cook 1850 Griechenland einen kurzen Besuch ab. Er veröffentlichte eine Artikelserie über ›The Present State of the Monuments of Greece‹ im *Art Journal*, 1851, S. 130–132, 187–188, 228–229, und einen Folioband mit dem Titel *Recollections of a Tour in the Ionian Islands, Greece and Constantinople* zwei Jahre später.

27 William Page, *Ansicht der Akropolis*, ca. 1820
Wasserfarben, 28×40 cm
Signiert auf der Rückseite
Privatsammlung, Athen.

28 Hugh William Williams, *Der Parthenon*, 1819
Wasserfarben, 80×115 cm
Signiert
Privatsammlung.

29 Hugh William Williams, *Ansicht des Erechtheions*, 1819
Wasserfarben, 80×115 cm
Signiert
Privatsammlung, Athen.

30 Ippolito Caffi, *Die Propyläen*, 1843
Öl auf Leinwand, 23×31 cm
Signiert und datiert
Museo d'Arte Moderna Ca'Pesaro, Venedig

Ippolito Caffi (1809–66) besuchte Griechenland kurz im Jahr 1838 auf dem Weg in den Mittleren Osten und nach Ägypten und erneut 1843 auf seinem Rückweg nach Italien. Eine Reihe seiner Ansichten von Athen befinden sich im Museo d'Arte Moderne Ca'Pesaro, Venedig.
BIBLIOGRAPHIE: Commune di Venezia, Assessorato alla Cultura ed alle Belle Arti (Hrsg.), *Ippolito Caffi (1809–66)*, mit einer Einleitung von Guido Perocce, Venedig, 1979.

31 Ippolito Caffi, *Das Innere des Parthenon*, 1843
Öl auf Leinwand, 24×34 cm
Signiert und datiert
Museo d'Arte Moderna Ca'Pesaro, Venedig.

32 Ippolito Caffi, *Der Parthenon und das Erechtheion*, 1843
Öl auf Leinwand, 36,5×60,5 cm
Signiert und datiert
Museo d'Arte Moderna Ca'Pesaro, Venedig.

33 J. N. H. de Chacaton, *Der Tempel der Apteros Nike* (der Ungeflügelten Siegesgöttin), 1839
Wasserfarben, 22×37 cm
Benaki Museum, Athen

Jean Nicolas Henri de Chacaton (geb. 1813) war 1838–39 in Athen. 1846 stellte er im Salon ein Werk mit griechischer Thematik aus. Eine Folge mit Aquarellen befindet sich im Benaki Museum, Athen.
BIBLIOGRAPHIE: The Hon. Mrs. G. L. Dawson Damer, *Diary of a Tour in Greece, Turkey, Egypt and the Holy Land*, London, 1841, Einführung.

34 Carl Haag, *Ansicht der Akropolis*, 1861
Wasserfarben, 98,4×60,3 cm
Signiert und datiert
Privatsammlung, London

Es ist nicht sicher, ob Carl Haag (1820–1915) jemals Griechenland besuchte. Gelegenheit dazu bestand jedenfalls 1854 während seines Besuches von Dalmatien und Montenegro und einer Reise nach Ägypten und Kleinasien 1858–60.
BIBLIOGRAPHIE: *The Rediscovery of Greece*, Ausstellungskatalog, Fine Art Society, London, 1979.

Farbtafeln XV–XXII
(S. 129–136)

XV Johann Jacob Wolfensberger, *Ansicht von Athen vom Ilissos*, 1834
Öl auf Leinwand, 22,5×29,5 cm
Privatsammlung, Athen

Johann Jacob Wolfensberger (1797–1850) besuchte Athen 1832, blieb für zwei Jahre und unternahm dann eine Rundreise durch Kleinasien im Jahr 1834. Nach seiner Rückkehr nach Zürich stellte er rund zweihundert Aquarelle über Griechenland und Kleinasien aus. Griechische Werke Wolfensbergers kann man heute im Musée des Beaux Arts, Zürich, finden.
Wolfensbergers Illustrationen finden sich in folgenden Werken: G. N. Wright, *The Shores and Islands of the Mediterranean*, 2 Bände, London, 1840, und *The Rhine, Italy and Greece*, 2 Bände, London, 1840; J. Sherer, *The Classic Lands of Europe and Southern Shores of the Mediterranean*, 2 Bände, London, 1879–81.

XVI Hugh William Williams, *Ansicht der Propyläen*, 1819
Wasserfarben, 85×120 cm
Signiert und datiert
Privatsammlung, Athen.

XVII Jean Baptiste Hilaire, *Eine Hochzeit in Athen*, ca. 1800
Gouache, 57,5×64,5 cm
Signiert unten links
Stavros Niarchos collection

Jean Baptiste Hilaire (1753–1822) war 1776–77 als Mitglied von Choiseul-Gouffiers Expedition auf den Ägäischen Inseln in Griechenland. Er war verantwortlich für die meisten Illustrationen in Choiseul-Gouffiers *Voyage pittoresque de la Grèce*, 3 Bände, Paris, 1782–1822. Werke von Hilaire mit griechischer Thematik befinden sich im Benaki Museum und im Nationalhistorischen Museum, Athen.

XVIII Théodore Aligny, *Griechische Mädchen tanzen die ›Romaika‹*, 1850
Öl auf Leinwand, 111×75 cm
Museum der Stadt Athen

Claude François Théodore Aligny (1798–1871) wurde 1844 von der französischen Regierung nach Griechenland entsandt, um eine Reihe von Zeichnungen der klassischen Stätten anzufertigen. 1845 veröffentlichte er *Vues des sites les plus célèbres de la Grèce antique dessinées sur nature . . .*
BIBLIOGRAPHIE: Faksimileausgabe der *Vues*, mit einer Einleitung von P. Prevelakis (in Griechisch), Athen, 1971.

XIX Charles Lock Eastlake, *Das Erechtheion*, 1820
Öl auf Leinwand, 64,7×87,6 cm
Nach einem Auftrag von Frederick North, fifth Earl of Guildford
Sir Ellis Waterhouse collection

XX J. N. H. de Chacaton, *Die Hadriansbibliothek*, 1839
Wasserfarben, 22,5×35,5 cm
Benaki Museum, Athen

XXI Vicenzo Lanza, *Ansicht der Gegend um das Theseion*, 1869
Wasserfarben, 24×35 cm
Benaki Museum, Athen

Vicenzo Lanza (1822–1902), Lehrer an der Akademie der Schönen Künste in Venedig, ging 1848 als politischer Flüchtling nach Griechenland. Nachdem er sich in Athen einen Namen gemacht hatte, wurde er von König Otto und Königin Amalie außerordentlich gefördert. Von 1863 bis 1900 war er Professor an der Schule der Schönen Künste und Professor für Malkunst an der Militärakademie, Athen. Lanza war in der zweiten Hälfte des neunzehnten Jahrhunderts ein sehr populärer Künstler in Griechenland. Seine Werke mit griechischen Motiven hängen in der Nationalgalerie, dem Benaki Museum und vielen Privatsammlungen Griechenlands. Er arbeitete auch an den Fresken in der Russischen Kirche von Athen. Illustrationen Lanzas finden sich in: W. M. Wyse (Hrsg.), *An Excursion in the Peloponnesus in the Year 1858*, 2 Bände, London, 1865.
BIBLIOGRAPHIE: S. Lydakis, *A Dictionary of Greek Painters and Printers* (in Griechisch), Athen, 1976, S. 441.

XXII James Skene, *Ansicht von Kephissia,* 1839
Wasserfarben, 26×52 cm
Mit der Inschrift ›Kephissia & Pentelicus, Oct. 1839‹ versehen
Nationalhistorisches Museum, Athen

James Skene (1775–1864) lebte in Athen von 1828–45. Sein Sohn Henry heiratete die Prinzessin Rhalou Rizos-Rangavis aus einer phanariotischen Familie Athens; seine Tochter Caroline heiratete Alexandros, Rhalous Bruder, einen Staatsmann und *homme de lettres.*
Eine große Zahl Skenescher Aquarelle aus Familienbesitz wurde 1967 dem Nationalhistorischen Museum, Athen, geschenkt. Gleichzeitig erhielt die Griechische Akademie seine griechischen Tagebücher. Eine Folge griechischer Zeichnungen von Skene befindet sich im British Museum, London.
BIBLIOGRAPHIE: *Views of Greece by James Skene,* Katalog einer von der Anglo-Hellenic League veranstalteten Ausstellung zur Feier ihres Jubiläums 1913–1963, London, 1963.

Tafeln 35–69 (S. 138–167)

35 Ferdinand Stademann, *Eine Panoramaansicht von Athen,* 1835
Aus F. Stademann, *Panorama von Athen,* München, 1841
Lithographie, 45×95 cm

Ferdinand Stademann (1791–1872) besuchte Griechenland 1832. Er hatte von König Otto den Auftrag erhalten, eine Folge von Panoramaansichten Athens auszuführen, die er 1841 unter dem Titel *Panorama von Athen* in München veröffentlichte. Im Stadtmuseum, München, befinden sich Werke Stademanns mit griechischer Thematik.

36 Karl Wilhelm von Heydeck, *Ansicht des Parthenon mit der Kirche der Jungfrau,* 1834
Wasserfarben, 45×60 cm
Signiert mit Monogramm und datiert
Benaki Museum, Athen

Karl Wilhelm Freiherr von Heideck (Heydeck) oder Heidegger (1788–1861) besuchte Griechenland zum ersten Mal als Kommandant eines Korps von Militärberatern, die Ludwig gesandt hatte, um die Griechen in Kriegstaktik zu unterweisen. 1833 kehrte er als einer der drei Regenten, die Otto begleiteten, nach Griechenland zurück. Seine Werke mit griechischen Motiven hängen in der Neuen Pinakothek, München, und im Stadtmuseum von Athen. Heydeck veröffentlichte folgendes Werk über Griechenland: ›Die bayerische Philhellenenfahrt 1826–29‹, in *Darstellungen aus der bayerischen Kriegs- und Heeresgeschichte,* Band 6 (1891), S. 244.
BIBLIOGRAPHIE: J. M. Forster ›Die bayerische Expedition nach Griechenland‹: in *Das Bayerland,* Band 2, 1891, S. 244.

37 Thomas Hartley Cromek, *Das Olympieion,* 1844
Wasserfarben, 43×67 cm
Signiert und datiert
Museum der Stadt Athen

Thomas Hartley Cromek (1809–73) besuchte Griechenland 1834 und erneut 1845.
BIBLIOGRAPHIE: *Thomas Hartley Cromek, 1809–1873. Exhibition of watercolours and drawings of Italy, Greece and the Mediterranean,* Ausstellungskatalog, P. u. D. Colnaghi, London, 1972.

38 Alfred Beaumont, *Das Choregische Lysikrates-Denkmal,* 1834
Feder und Wasserfarben, 21,5×48,5 cm
Mit der Inschrift ›Coragic Monument of Lysicrates‹ versehen
Museum der Stadt Athen

Über den englischen Architekten Alfred Beaumont (tätig in den dreißiger Jahren) ist wenig bekannt. 1834 war er in Athen und stellte daraufhin Ansichten griechischer Baudenkmäler in der Royal Academy aus (London, 1838). 1979 wurde eine Reihe von Zeichnungen Beaumonts in der Fine Arts Society, London, gezeigt (siehe Ausstellungskatalog, *The Rediscovery of Greece*).

39 Ippolito Caffi, *Hadrianstor,* 1844
Öl auf Leinwand, 22×36 cm
Signiert und datiert
Museo d'Arte Moderne Ca'Pesaro, Venedig.

40 Ippolito Caffi, *Das Theater des Herodes Atticus,* 1843
Öl auf Leinwand, 26×58 cm
Signiert und datiert
Museo d'Arte Moderna Ca'Pesaro, Venedig.

41 Thomas Hartley Cromek, *Der Hügel des Areopag,* 1846
Wasserfarben, 23×48 cm
Mit der Inschrift ›Areopagus. Nov. 1846‹ versehen
Privatsammlung

42 Ippolito Caffi, *Das Tor zur Agora,* 1843
Öl auf Leinwand, 24×33 cm
Signiert und datiert
Museo d'Arte Moderna Ca'Pesaro, Venedig.

43 Sebastiano Ittar, *Fest mit einem Seiltänzer beim Theseion,* 1800
Sepiatusche und Tinte, 15×23 cm
Signiert, datiert und mit der Inschrift versehen: ›Ballo incorda rapresentato in Atene nella piazza di Teseo‹ (Seiltanzvorführung in Athen auf dem Platz des Theseion)
Privatsammlung, London

Sebastiano Ittar (tätig um 1800) gehörte zu einer Künstlergruppe, die von William R. Hamilton, Lord Elgins Privatsekretär, in Italien angeworben wurde, um an der Akropolis von Athen zu arbeiten. Die Gruppe blieb drei Jahre, von 1800–1803, in Athen. Heute befindet sich eine Folge von Ittars griechischen Zeichnungen im British Museum, London.
BIBLIOGRAPHIE: A. H. Smith, ›Lord Elgin and his Collection‹, in *Journal of Hellenic Studies,* XXXVI (1916), S. 173–175; W. St. Clair, *Lord Elgin and the Marbles,* London, 1967, S. 30–31.

44 Joseph Scherer, *Griechischer Tanz in Athen,* 1849
Bleistiftzeichnung, 27,5×22,5 cm
Benaki Museum, Athen

Joseph Scherer (1814–91) unternahm 1842–44 eine Griechenland- und Kleinasienrundreise. 1842 arbeitete er am Freskenschmuck des königlichen Palastes in Athen. Im Benaki Museum, Athen, befindet sich eine umfangreiche Sammlung Schererscher Ansichten und Straßenszenen.

45 J. P. E. F. Peytier, *Ein athenisches Viertel,* 1833
Wasserfarben, 35,6×51,6 cm
Privatsammlung, Athen

Jean Pierre Eugène Félicien Peytier (1793–1864), ein Militäringenieur, wurde 1828 von der französischen Regierung zur Ausbildung griechischer Ingenieure nach Griechenland gesandt. Im folgenden Jahr trat er der Französischen Wissenschaftlichen Expedition in Morea als Kartograph bei. 1833–36 arbeitete er an einer Landkarte des Griechischen Königreichs, die von der griechischen Regierung in Auftrag gegeben worden war. Sie wurde 1852 veröffentlicht.
BIBLIOGRAPHIE: S. Papadopoulos und A. Karakatsani, *Liberated Greece and the Scientific Expedition of the Morea: The Peytier Folio* (in Griechisch), Athen, 1971.

46 Ernst Ziller, *Entwürfe für zwei athenische Villen,* 1895
Wasserfarben, 39×56 cm
Nationalgalerie, Athen

Ernst Ziller (1837–1923) besuchte Griechenland 1861, um dort den Bau der Athenischen Akademie zu beaufsichtigen. 1868 kehrte er nach Athen zurück. Als wahrer Modearchitekt der Zeit entwarf er eine Reihe öffentlicher Gebäude und Privathäuser in ganz Griechenland. Die größte Sammlung seiner griechischen Entwürfe befindet sich heute in der Nationalgalerie, Athen.
BIBLIOGRAPHIE: D. Papastamos, *Ernst Ziller* (in Griechisch), Athen, 1973.

47 Leo von Klenze, *Entwurf für die Kirche des Hl. Dionysius Areopagites,* 1844
Wasserfarben, 47,5×70,5 cm
Museum der Stadt Athen

Leo von Klenze (1784–1864) wurde 1834 von Ludwig I. von Bayern nach Griechenland gesandt. Er verbrachte drei Monate in Athen. Während seines Aufenthalts vereinfachte er den grandiosen Plan von Athen, den die Architekten S. Kleanthis und E. Schaubert entworfen hatten, schlug Änderungen am Plan des Piräus vor und zeichnete selbst den Plan für den Königspalast und die Kirche des Dionysius Areopagites. Er fertigte eine gründliche Studie über den Schutz der Altertümer Athens an, wobei die Akropolis sein größtes Interesse auf sich zog. Klenze war auch einer der ersten, der die Asymmetrie in den antiken Gebäuden der Akropolis, wie in den Propyläen oder im Erechtheion, bemerkte und studierte. Er veröffentlichte das folgende Werk über Griechenland: *Aphoristische Bemerkungen gesammelt auf seiner Reise nach Griechenland,* Berlin 1838
BIBLIOGRAPHIE: F. von Quast, *Mitteilungen über Alt- und Neuathen,* Berlin, 1834; *Leipziger Illustrirte Zeitung,* 26 (1856), No. 675, S. 380–

381; A. Miliarakes, ›A Ceremony on the Acropolis of Athens‹ (in Griechisch), in *Estia*, 18 (1884), S. 461–467; G. Leidinger, ›Über die Klenzeana der Münchner Staatsbibliothek‹, in *Jahrbuch der Bildenden Künste*, München, 1912; O. Hederer, *Leo von Klenze*, München, 1969.

48 Wilhelm von Weiler, *Das Zentralkrankenhaus, Athen*, 1836 (Detail)
Wasserfarben, 50×70 cm

Mit der Inschrift ›Militair hospital in Athen entworfen und erbaut anno 1836‹ versehen
Nationalhistorisches Museum, Athen
Über den deutschen Architekten Wilhelm von Weiler ist außer der Tatsache, daß er 1836 für die Stadtpläne von Hermupolis in Syros verantwortlich war, praktisch nichts bekannt.

49 Giorgio Peritelli, *Syntagma* – (Verfassungs-) *Platz*, 1863
Öl auf Leinwand, 55×76 cm
Privatsammlung, Athen

Über den italienischen Künstler Giorgio Peritelli ist sehr wenig bekannt. 1863 wurde er von Nikolas Argyriou nach Athen eingeladen, dessen Haus im Vordergrund auf der rechten Seite des Platzes zu sehen ist.

50 Mary Hogarth, *Der athenische Markt in der Äolus-Straße*, ca. 1890
Wasserfarben, 51,5×36,5 cm
Privatsammlung, Athen

Mary Hogarth, die Schwester des Direktors der British School of Archaeology, David Hogarth, besuchte Athen um 1890. Bald darauf veröffentlichten sie und ihr Bruder einen Folioband mit griechischen Ansichten, betitelt: *Scenes in Athens: Drawn and Tinted by Mary Hogarth, Described by David Hogarth.*

51 Mary Hogarth, *Die Kirche des St. Eleutherios oder die Alte Kathedrale*, ca. 1890
Wasserfarben, 37,5×57,5 cm
Privatsammlung, Athen.

52 Ludwig Köllnberger, *Das Zollhaus im Piräus*, 1837
Wasserfarben, 14,5×21,5 cm
Nationalhistorisches Museum, Athen.

53 Joseph Mallord William Turner, *Der Minervatempel am Kap Sunion*, 1832
Aus *Finden's Illustrations to Murray's First Complete and Uniform Edition of the Life and Works of Lord Byron*, 17 Bände, London, 1832–34
Stich, 9,5×13,5 cm.

54 William Henry Bartlett, *Der Minervatempel am Kap Kolonna* (Kap Sunion), späte dreißiger Jahre (Detail)
Wasserfarben und Gouache, 72×126 cm
Benaki Museum, Athen

Byron schrieb in einer seiner Anmerkungen zu *Childe Harold* (Canto II, Anm. 6), daß beim Anblick von Kap Kolonna der Besucher »angesichts der Erinnerung an Falconer Pallas und Plato vergißt«. William Falconers *The Shipwreck, a Poem in Three Cantos* beschreibt dessen Erfahrungen auf See und bei einem Schiffbruch am Kap Sunion, den nur er, zusammen mit zwei anderen, überlebte. Das Gedicht war so populär, daß es zwischen 1762 und 1800 zwölf Auflagen erlebte.
William Henry Bartlett (1809–54) besuchte Griechenland auf seiner Rückreise von Ägypten in den späten dreißiger Jahren. Er beschrieb seinen Griechenlandbesuch in *Footsteps of Our Lord and His Apostles in Syria, Greece and Italy*, London, 1850, S. 100–120.

55 Karl Wilhelm von Heydeck, *Ansicht von Nauplion*, 1834
Aus A. Blouet und andere, *Expédition scientifique de Morée, ordonnée par le gouvernement français*, Paris, 1831–38
Lithographie, 18×51 cm.

56 Karl Krazeisen, *Ansicht der Festung des Palamedes in Nauplion*, 1828
Aus K. Krazeisen, *Bildnisse ausgezeichneter Griechen und Philhellenen nebst einigen Ansichten und Trachten*, Teil I, München 1828
Lithographie, 31,5×25,5 cm.

57 Théodore du Moncel, *Ansicht von Mykene*, ca. 1843
Aus Th. du Moncel, *De Venise à Constantinople à travers de la Grèce*, Paris (1843?), Tafel 33
Kolorierte Lithographie, 34×50,5 cm

58 Otto Magnus von Stackelberg, *Das Löwentor von Mykene*, 1812
Aus O. M. von Stackelberg, *La Grèce. Vues pittoresques et topographiques*, Paris, 1834
Lithographie, 32×63 cm.

59 Edward Dodwell, *Inneres des Schatzhauses des Atreus*, 1834
Aus E. Dodwell, *Views and Descriptions of Cyclopian, or, Pelasgic Remains in Greece and Italy; . . . from Drawings by the Late E. Dodwell*, London 1834.

60 William Page, *Der Zeustempel in Nemea*, 1820
Wasserfarben, 28×40 cm
Privatsammlung, Athen.

61 Edward Lear, *Ansicht von Sparta vom alten Theater aus*, 1849/80
Wasserfarben und Gouache, 30×51 cm
Signiert und datiert
The Earl of Derby collection.

62 Otto Magnus von Stackelberg, *Ansicht von Mistras*, 1812
Aus O. M. von Stackelberg, *La Grèce. Vues pittoresques et topographiques*, Paris, 1834
Lithographie, 32×60 cm.

63 Prosper Baccuet, *Ansicht von Mistras*, 1831
Aus A. Blouet und andere, *Expédition scientifique de Morée, ordonnée par le gouvernement français*, Paris, 1831–38
Lithographie, 23,5×36 cm

Prosper Baccuet (1789–1854) besuchte Griechenland 1830 als Mitglied der Französischen Wissenschaftlichen Expedition in Morea.

64 Edward Dodwell, *Der Apollotempel in Bassai*, 1806
Bleistift und Wasserfarben, 23×44 cm
Signiert, datiert ›Feb. 1806‹ und mit der Inschrift versehen ›Die Berge mit Wald bedeckt – kleine Getreibeebene . . . O. große Linse (*O. great lens*)‹
Fine Art Society, London.

65 Edward Lear, Der *Apollotempel in Bassai*, 1854/55 (Detail)
Öl auf Leinwand, 146,4×229,6 cm
Signiert mit Monogramm und datiert
Fitzwilliam Museum, Cambridge.

66 Otto Magnus von Stackelberg, *Ansicht von Andritsaina*, 1812
Aus O. M. von Stackelberg, *La Grèce, Vues pittoresques et topographiques*, Paris, 1834
Lithographie, 26,5×39,5 cm.

67 Otto Magnus von Stackelberg, *Der Basar von Korinth*, 1812
Aus O. M. von Stackelberg, *Trachten und Gebräuche der Neugriechen*, Berlin, 1831
Kolorierte Lithographie, 15×22 cm.

68 William Cole, *Der Apollotempel in Korinth*, 1833
Aus W. Cole, *Select Views of the Remains of Ancient Monuments in Greece*, London, 1835
Kolorierte Aquatinta, 22,5×30,5 cm

Der englische Architekt William Cole besuchte Attika und den Peloponnes im Jahr 1833. Seine Zeichnungen wurden als Folioblätter in Aquatinta veröffentlicht: *Select Views of the Remains of Ancient Monuments in Greece as at Present Existing*, London, 1835
BIBLIOGRAPHIE: J. Hemingway, *History of Chester*, London, 1831

69 Ludwig Lange, *Ein Taubenschlag in Tenos*, 1835
Wasserfarben, 24×32 cm
Staatliche Graphische Sammlung, München

Der deutsche Architekt Ludwig Lange (1808–68) begleitete 1834 Karl Rottmann nach Griechenland. Er blieb, als Zeichenlehrer an einem Gymnasium, bis 1839 in Athen. 1865 nahm er an einem Wettbewerb für das Archäologische Museum in Athen teil. Für F. Stademanns 1841 erschienenes *Panorama von Athen* steuerte er einige Illustrationen bei.
BIBLIOGRAPHIE: ›Das neue archäologische Museum für Athen nach dem Projekt von Professor L. Lange in München‹, in *Leipziger illustrirte Zeitung*, 45 (14. Oktober 1865), S. 263–264; Nachruf in der *Leipziger illustrirten Zeitung*, 50 (2. Mai 1868), S. 303–306; C. W. J. Eliot, ›Who Designed the Anglican Church of St. Paul in Athens?‹, in *Polis and Imperium: Studies in Honour of T. Salmon*, Toronto, 1974.

Farbtafeln XXIII–XXX (S. 169–176)

XXIII William Linton, *Ansicht der Stadt von Arkadien* (Kyparissia), 1840
Öl auf Leinwand, 27×37 cm
Signiert und datiert und mit der Inschrift ›Arkadische Fantasie‹ versehen
Privatsammlung, Athen
William Linton (1788–1876) unternahm 1840 eine ausgedehnte Reise durch Griechenland. 1851 veröffentlichte er einen

illustrierten Bericht seiner Reise, betitelt *The Scenery of Greece and its Islands*. Eine Würdigung von Lintons griechischen Werken findet man in: F. M. Tsigakou, ›Edward Lear in Greece‹, unveröffentlichte M. Phil. These, University College, London, S. 58–60.

XXIV Karl Rottmann, *Ansicht der Ebene von Olympia mit dem Fluß Alpheios*, 1835
Wasserfarben, 21,3×29,7 cm
Staatliche Graphische Sammlung, München.

XXV William Page, *Ansicht von Korinth mit Akrokorinth*, 1820
Wasserfarben, 28×40 cm
Privatsammlung, Athen.

XXVI Hugh William Williams, *Der Tempel des Jupiter Panhellenius* (Aphaia) *in Aigina*, 1820
Wasserfarben und Gouache, 51×80 cm
Signiert und datiert
Privatsammlung, Athen.

XXVII Alexandre Gabriel Decamps, *Ein Haus in Syros*, ca. 1823
Wasserfarben, 24,5×32 cm
Privatsammlung, Athen

Alexandre Gabriel Decamps (1803–60) besuchte Griechenland nur kurz, zusammen mit A. L. Garneray, im Jahr 1827.
BIBLIOGRAPHIE: D. F. Mosby, ›Alexandre Gabriel Decamps‹, Dissertation, Harvard University, 1973.

XXVIII Karl Rottmann, *Ansicht von Santorin mit dem Vulkan*, 1835
Wasserfarben, 27,7×38 cm
Staatliche Graphische Sammlung, München.

XXIX Edward Lear, *Ansicht von Chania, Kreta*, 1864
Feder und Wasserfarben, 35×53 cm
Mit der Inschrift versehen: »Khanea 28 Mai 1864 17.30–18.00 Uhr (176) . . . finde goldhelles Gras & Asphodelen . . . die ganze Ferne ist sehr bleich blau-grau . . . Olivenstämme, indigo, und rot & ocker sehr dunkel«
Gennadeios Bibliothek, Athen.

XXX Thomas Hope, *Ansicht von Naxos mit dem Portikus des Bacchustempels*, ca. 1795
Wasserfarben, 41,5×29 cm
Benaki Museum, Athen

Thomas Hope (1769–1851) besuchte Griechenland um das Jahr 1795. Er fertigte dort eine große Zahl von Zeichnungen und Aquarellen an, von denen über dreihundert in der Sammlung des Benaki Museums, Athen, erhalten sind.
BIBLIOGRAPHIE: David Watkin, *Thomas Hope 1769–1831 and the Neo-Classical Idea*, London 1968, S. 65, n. 11.

Tafeln 70–78 (S. 178–185)

70 William James Müller, *Ansicht der Insel Salamis*, 1838
Wasserfarben, 35×55 cm
Benaki Museum, Athen

William James Müller (1812–45) stattete Griechenland im September und Oktober 1838 einen Kurzbesuch ab. Eine große Zahl seiner griechischen Zeichnungen wurden beim Verkauf seiner Werke bei Christies vom 1.–3. April 1846 und am 1. April 1859 angeboten.
BIBLIOGRAPHIE: N. Neal Solly, *Memoir of the Life of W. J. Müller*, London, 1875; Cyril G. E. Bunt, *The Life and Work of W. J. Müller*. London, 1949.

71 Karl Krazeisen, *Ansicht von Aigina*, 1826
Aus K. Krazeisen, *Bildnisse ausgezeichneter Griechen und Philhellenen nebst einigen Ansichten und Trachten*. München, 1828
Lithographie, 25,5×31,5 cm.

72 Thomas Hope, *Ansicht von Stadt und Hafen von Hydra*, ca. 1795
Sepiazeichnung, 19×29 cm
Benaki Museum, Athen.

73 Wilhelm von Weiler, *Ansicht von Poros mit dem Kloster von Phaneromeni*, 1836
Wasserfarben, 52×65 cm
Benaki Museum, Athen.

74 Thomas Hope, *Ansicht von Insel und Stadt Tenos*, ca. 1795
Sepiazeichnung, 26×43 cm
Benaki Museum, Athen.

75 James Skene, *Ansicht von Melos mit dem Kloster der St. Marina*, 1841
Wasserfarben, 50×40 cm
Mit der Inschrift ›S'Marina Kloster, Insel von Milo 30 Juni 1841‹ versehen
British Museum, London.

76 William Gell, *Ansicht des Klosters von Nea Moni in Chios*, 1801
Federzeichnung, 27×52 cm
British Museum, London.

77 William James Müller, Ansicht des Hafens von Rhodos, 1838
Wasserfarben, 25×35 cm
Mit der Inschrift ›Des Paschas Palast Rhodos‹ versehen
Museum der Stadt Athen.

78 P. J. Witdoeck, *Ansicht der Straße der Ritter, Rhodos*, 1825

Der illustrierte Folioband *Monumens de Rhodes* wurde als Ergänzung zu Colonel Bernard Rottiers *Description des monumens de Rhodes* (Brüssel, 1830) veröffentlicht. Beide Werke waren Ergebnis einer holländischen archäologischen Expedition in die Ägäis im Jahr 1825, die von Rottiers geleitet wurde und deren Schirmherr der König der Niederlande war. Der holländische Zeichner P. J. Witdoeck (1803–40) scheint bei dieser Expedition dabeigewesen zu sein.

Register

Die Buchstaben a, b und c beziehen sich auf die einzelnen Kolumnen der Seiten 187 bis 203

A

B

C

D

E

F

G

H

I

J

K

L

M

N

O

P

Q

R

S

T

U

V

W

X

Y

Z